K u l t u r k a m p f

経済文化の闘争

資本主義の多様性を考える

ヴェルナー・アーベルスハウザー［著］
雨宮昭彦・浅田進史［訳］

東京大学出版会

Kulturkampf, 2. Auflage
by Werner Abelshauser

First published by Kulturverlag Kadmos Berlin
Translation by Akihiko AMEMIYA and Shinji ASADA
University of Tokyo Press, 2009
ISBN 978-4-13-040246-0

序　文

二一世紀の経済に向かって、ドイツは決して特別な経路をたどってきたわけではない。ドイツ経済の発展過程が示す特性は、様々な濃淡はあれ、多くの国々にも共通して認められる。ドイツ経済について言われうることはたいてい、本質的には、他のヨーロッパやアジア諸国の経済にも当てはまる。とりわけ、グローバル経済のベスト・プラクティス（最高のやり方）として唯一の尺度にまで自分のやり方を高めようとするアメリカ的ビジネス手法と対比するならば、そうである。アメリカ*とのベンチマーキングすなわちベスト・プラクティスをめぐる能力比較は、ヨーロッパでもアジアでも、決して目新しいことではない。だが、「黒船」の到来に深く揺り動かされた徳川期の日本とは異なって、ヨーロッパでは、ヨーロッパ市場でのアメリカの台頭に、ヨーロッパ人は準備なしに突然に遭遇したわけではなかった。ヨーロッパでは、「アメリカの挑戦」は一つの典型的な、問題提起の源泉、すなわちアレクシス・ドゥ・トクヴィル(Alexis de Tocqueville)やフリードリヒ・リスト(Friedrich List)の鋭い分析以来、ドイツとヨーロッパの観察者の想像力に繰り返し点火してきた一つのトポスなのである。大西洋を跨いだ貿易戦争、経済的浸透、文化的競争の一〇〇年以上にわたる歴史は、そのための豊かな素材を提供してきた。今日、二つの経済文化は、まさに理念型的に分岐した形で、対置されている。

＊以下、本書で「アメリカ」という場合には、特に断りのない限り、アメリカ合衆国(USA)を示す。

しかし、アメリカとドイツの経済は、ポスト工業時代に向かう競争のなかで、その出発点においては、ほとんど区別されていなかった。一八世紀と一九世紀初めには、これら二つの経済は、両方とも、工業化の新参者であり、経済と社会の最も有力な制度としての近代への突破をほとんど同時に経験した。だが、一九世紀末には新しい目標に向けて異なった道を開拓していくことになった。この新しい時代の主人公は、こちら側のドイツでもあちら側のアメリカでも、ニュー・インダストリー(新産業)であって、それは、例えば、化学・機械・自動車あるいは電気技術のように生産要素である「科学」に基礎を有し、世界市場を指向し、経済生活に新しい画期的な秩序をもたらすものであった。新産業発展の基礎にあるそうした原理は、この間に、両国でほぼ経済全体に浸透した。その結果生まれてきた「新しい経済」を本書では「ニュー・エコノミー」と呼ぶことにする。本書のテーマの一つは、こうした事情を背景にしてドイツ生産体制の本質を明らかにすることである。

ポスト工業経済へのドイツの歴史的発展過程に関する本書のスケッチは、読者に若干の事柄を要求することになる。それは、それまで親しんできた考え方を根本的に破壊するような新しい経済世界のイメージをもとにして思考することである。我々の現代経済を説明するさいの引き立て役は、これまで親しまれてきた一八世紀末の産業革命ではもはやなく、むしろ、一九九三年のノーベル経済学賞受賞者ダグラス・C・ノース(Douglass C. North)の言葉を用いるならば「第二次経済革命」である。それは、一九世紀末に近代という時代を閉じて、非物質的な生産様式の新しい時代を拓いた。このパラダイムの理論的基礎は、確かに、二〇年以上の時間をかけて構築され、新制度経済学の理論的枠組みの中で、十分に固められてはきた。しかし、この新しい知見を歴史的事例にそくして証明する実証研究はなお未だに少ない。

まさにドイツこそは、この新しい見方の研究成果を次の二つの意味で理解するのに適している。第一に、その新しい見方は、研究が近代へのドイツの「特殊な道」という考え方を長らく退けてきた後に、ドイツ経済史の謎を新たに解き明かすことを我々に課している。第二に、その見方は、現代の経済的試練を理解しそれを歴史的に位置づけるために、我々に新しいパースペクティヴを開示している。これらの歴史的次元を認識することなしには、新しい経済制度を機能的に形成するいかなる試みも、無駄のままで終わるに違いない。とりわけドイツの事例が我々に示すことができるのは、ニュー・エコノミーへの極めて多様な歴史的特徴をもつ経路が存在しており、それは、まさにグローバリゼーションの条件下で、世界市場での競争に対処する多様な経済文化の意味を強調しているということである。経済の未来が決定される場所である市場が多様であるために、「資本主義の多様性」という考え方は、「スタンダードな資本主義」を求める硬直した要求よりも、実際に現実をよりいっそう適切に描いているように思われる。

読者の中には、本書が、たとえ短い寄り道ではあっても、ヨーロッパ経済史の長い道程を中世や近世にまで遡ることを、訝しく感じられる方がいるかもしれない。それは異常なことのように思われるかもしれない。なぜなら、ここで問題になっているのは、ニュー・エコノミーのように、現在でもまだほとんど未来に属しているような現象を理解することであるからだ。しかし、それにもかかわらず、このような[遥かな過去という]「遠い鏡」への眼差しは、次のような大きな力をもつ諸制度を探り出すために必要なのである。すなわち、今日のグローバルなパースペクティヴから見た場合でも、経済発展の経路、集団的行為の思考・行動様式、経済生活の基本規則を、多様化した経済文化に従って明瞭に区別することが可能であるような有力な諸制度である。もちろん、全ての制度が歴史に深く根ざしているわけではない。ドイツ経済の、今日でもなお有効に機能している制度の枠組みは、ドイツ帝国において生まれた。すでに背後に数百年の時間を有するアメリカの制度の枠組みもまた同様にその起源を遥かな過去に有するであろう。このドイツ帝国で——これが本書の中心的命題であるが——ニュー・エコノミーへのアプローチが始まったのであり、その特徴は市場のグローバル化と生産の科学化である。この新時代を規定する組織の革新はどれも直接に、中世や近世の営業慣行のモデルと結びついたわけではないし、それは当然のことである。しかし、自律性・自治・協調・社会性のような特有の文化的組織原理を、新しい、工業化以後の諸制度の実際的運用のなかに統合するというドイツ経済の傾向と能力は、比較的肯定的に評価しうる歴史的経験を踏まえてのみ、理解できるのである。この時期に台頭し始めた新産業が、まさにこのような社会的長所に力強く報いるような市場のなかで活動する場合には、いっそうそのように言いうる。それ故に、ドイツ帝国における「第二次経済革命」の原因、経過、結果を読者に示すだけで満足するわけにはいかない。この革命の二つのパイオニアであるドイツとアメリカは、その仕上げのために、彼らにその都度利用可能であった、歴史的に成長してきた確かな基本的確信の武器庫をも用いたのである。

両国は、自分たちがその都度の費用の制度的・物質的比較優位を十分に発揮することを可能にするような全く異なった市場に狙いを定めている。そうしたさいの主導的な生産方法は、ドイツでは多様化した高品質生産であり、アメリカでは標準化された大量生産であるが、そのような結果を生みだした両国の異なった前提は、それ故に、比較分析を必要としている。一九七〇年代まではフォーディズムのグローバルな勝利の展開こそが、ドイツ型のニュー・エコノミーの展開局面におけるアメリカの挑戦を示していた。それにもかかわらず、二〇世紀を通じて注意を引くのは、その組織原理ならびにそのアクターによって守られた慣行が長期にわたり高い水準で維持されたことである。それ故に、この原因の探究も、本書において大きな関心を注ぐに値する事柄である。

このニュー・エコノミーの歴史的発展過程は、ドイツの政治史とは異なって、驚くほどまともであり、不屈であった。二〇世紀の巨大な政治的転換はその方向を変化させなかったし、本質的に阻止することはなかった。しかし、政治的変動は、しばしば、その輪郭を、見分けがつかなくなるまでに消し去り、戦略的に的はずれな経済政策の決定が促す特別の経済成長の条件を生み出した。それ故に、ドイツの政治が現在最も必要としているのは、ドイツ経済が有する各種資産の明確なイメージである。この経済には何ができて、何ができないのか――こうしたことは、政治の英雄的決定（あるいは経済的エリート）によりも、市場や組織に関する歴史的に積み重ねてきた経験に依存しているのであり、その経験は、企業文化や経済文化として、企業や経済政策における成功を約束された戦略に関して選択可能な範囲の大枠を決めているのである。「企業文化」という概念はもちろん、故意にあいまいな言葉へと堕落し、せいぜいのところ、コーポレート・デザインとかコーポレート・アイデンティティーのような短命で周辺的な現象を記述するというような危険性にたえず陥る。以下で比較考察の対象となる「企業文化」や「経済文化」は、そのような概念とはまったく異なっている。それらは、むしろ、コーポレート・ガバナンスであろうが、金融システムであろうが、利益政策であろうが、労使関係であろうが、教育システムであろうが、社会的生産システムの最も重要な諸領域の取り違えようのない制度的本質の全体あるいは一部を表しているのである。

経済と文化が取り結んでいる関係は決して自明ではない。曖昧に拡大された文化概念もこの結びつきを解明するための助けにはならない。人文科学のあの文化主義的転回にともなって必然的に表れた文化概念[*]もそうした類であって、まさにそのような文化概念は何の役にも立たないのである。経済と文化との間には結びつきが存在し、それは経済発展の過程でむしろいっそう強まっていった。経済と文化は本来同じ根から発生したのである。人間の経済的な基礎条件、すなわち希少な資源を経済的に扱うというインセンティヴなしには、自然状態からの人間の解放の本質的表現としての文化は、ほとんど考えられない。ドイツ語では文化と経済とが概念的に近い[**]ということも、今述べたことを支持している。経済は(そして技術も)――それが「ホモ・ファーベル」すなわち「工作するものとしての人間」が制作した個々の作品であれ、人間自身によって作り出され、人間に元来なくては困るような生活の枠組みであれ――全く明白に、文化の中心領域を代表しているのである。アーノルト・ゲーレン (Arnold Gehlen) によれば、「組織形態としての精神」が、人間の思考や行動の連続性を維持するための制度的枠組みを創出し、それによって社会生活を保障しているのであるが、そのような精神は経済の中にも、否まさに経済の中にこそ、みなぎっている。希少性という条件の下で、経済的行動は、常に、費用にそくして方向付けられねばならないのであり、この費用は、人間の需要を充足するために取りうる可能な方法を選択するさいの要因である。近代においては(すでに伝統的社会の農業制度の下でそうであったように)、人間と自然との物質代謝(カール・マルクス Karl Marx)の費用に、経済学者の注意が集中していたとするならば、二〇世紀になってますますいっそう前面に出てきたのは、制度の視点から見た費用の比較優位の重要性であった。制度的に費用の比較優位を得ることは、確かに次のような社会的な実力を前提する。すなわち、自然との物質代謝において物的に費用の比較優位を獲得しようとする努力よりも、よりいっそう狭い意味において「文化」に根ざした社会的実力である。ちなみに、物的な費用の比較優位という考え方は、一九世紀初めに、デヴィッド・リカード(David Ricardo)の「比較生産費説」と古典派経済学を支配していた思想である。

＊このプラグマティックで主観的な文化概念については次を参照。G・イッガース、早島瑛訳「歴史思想・歴史叙述における言語論的転回」『思想』第八三八号、一九九四年。

＊＊ドイツ語の「文化」(Kultur)には開墾とか栽培の意味があり、同じく「経済」(Wirtschaft)には、農業(Landwirtschaft)の意味がある。

「非物質的な」費用の比較優位を達成するための、狭い意味での文化的前提として挙げられるのは、効果的な制度を創出する能力である。そのような制度を基礎にして高度な「社会性」が可能になり、したがって、費用引下げを可能にする信頼に満ちた経済的共同作業が生まれる(次を参照。Francis Fukuyama, *Trust. The Social Virtues and the Creation of Prosperity*, New York 1995, Kapitel 3)。個人的自由の自発的な自己制御としての制度は、次のような思考様式や行動様式、習慣や「慣行」、非公式的な規範や法的規範を生み出す。すなわち、それらに関するインセンティヴと受容が生まれるのは、単に経済的優位や強制からだけではない。このインセンティヴや受容は、むしろ、人間の(共同)生活の解釈や意味賦与の一部であり、その多様な特質が、歴史的に成長した「文化集団」を相互に区別するのである。このように狭義の了解における文化は、ただ単に「意味」を生み出すだけでなく、「効用」をも作り出す。何故なら、安定性と信頼は、まさに高度に発達した経済的取引を低コストで可能にするからである。

このような関係を探究することは科学的に興味深いことであるが、二〇世紀には常に流行したわけではない。ドイツ歴史学派経済学にとって、経済学を何よりもこのような文化的パースペクティヴから研究することは、全くの自明の事柄であった。それ故に、制度の意味や起源や変化の条件を問うことは、研究の中心テーマであった。その傑出した代表者にとっては、経済科学の核心へと突き進むことが問題になった場合には、経済的事実の背後にある文化コードを解明することこそが重要だったのである。一〇〇年前にはまだ、こうした理由から、経済学のメイン・ストリームは、次のような確信を共有していた。すなわち、この学問の水準をさらに発展させるのは、商品や資本の性質に関する研究ではなく、商品の生産と分配の過程を支配し影響を与える多様な人間と制度の因果関係についての問いであるとの確信である。

だが、たいていの経済学者がむしろ商品と資本の散文的な性格の研究に傾倒するようになる一方で、旧い制度経済学のスターが急速に没落していったとするならば、その理由は、経済が展開しえた制度的枠組みが、二〇世紀には比較的安定しており、それに対していっそうの注意が必要であるとは思われなかったからである。このような認識は、もちろん二〇世紀末頃には、劇的に変化した。制度的な問題設定は、それ以来、大学のゼミナール、企業や団体の指導層、政府のシンクタンクのなかで勢力を取り戻し、それにともなって、経済的思考の文化的パースペクティヴが息を吹き返したのである。現実的な生産関数の計算において文化的要因のルネサンスが起こった原因の一つは、本書が以下の本文の中で示すような性格の闘争のなかに求めることができる。この文化闘争のシステム的性格は、その闘争の舞台を、皮相的に、日常政治の出来事の世界に置くことを禁じている。もしもドイツとアメリカが、その相互関係を、もう一度新たに規定し直す場合に、政治の戦術的・戦略的な考察の中心に置かれるのは、諸利害そのものであって、その文化的な埋め込みのあり方ではない。そのような問題関心の文化的な埋め込みのあり方もまた、その都度の国民的な利害を長期的に形成しうるとしてもである。

世界経済における、異なった行動様式・思考様式の間の深刻化する文化闘争に関するこの研究は、私がドイツの都市エッセンで行ったポット記念講義から発展したものであり、本書は成熟度の点で全く一様ではない構成部分に依拠している。その講義の問題設定から刺激をえた新しい考察と、学問的作業の中で徹底的な吟味を行った議論や事実とが併存している。驚くべきことには、アメリカ的生産体制の生成と発展に関する経済史的研究の現在の水準は、いまだなお、ニュー・エコノミーに関する両パイオニア国の発展経路の間の十分な比較を行うことを可能にしてはいない。それ故に、本書では、重心がドイツの道に置かれる一方で、アメリカの展開は背景をなしている。本書の総合的な結論が成功しているかどうか、ニュー・エコノミーへのドイツの道に関するスケッチが多くの未解決の問題に十分に応えているかどうか。これらは読者の判断に委ねたい。

本書が完成したことについては、とりわけヨルン・リューゼンに感謝したい。彼の友好的な懇請があり、ポット記念講義を出版物にするという義務から、思いがけなくも一冊の書物が誕生した。エッセン市のアルフリート・クルップ・フォン・ボーレン・ウント・ハルバッハ財団は、アメリカ生産体制の生成に関する私の研究プロジェクトを援助してくれた。原稿の作成と電算処理に関してはマティアス・バント、ペトラ・モニカ・ヤンダー、J・ヴェスリー・レーヴェン、クリステル・シュヴィゴンの諸氏が助けてくれた。私の同僚でドイツとヨーロッパの経済文化に深い理解をもつ雨宮昭彦さんと浅田進史さんは、本書のドイツ語版を確実で読みやすい日本語に翻訳してくれた。また東京大学出版会の黒田拓也さんと依田浩司さんには本書の日本語版出版にご尽力いただいた。これら全ての方々に心から御礼を申し述べたい。

二〇〇九年三月　ドイツ、ビーレフェルトにて

ヴェルナー・アーベルスハウザー

凡例

一　翻訳にさいしては、〔　〕を用いて理解を助けるための言葉を訳者が補った。

一　訳注は、各段落末尾に、＊で示した。原注は、各章末に一括して掲げた。

一　本書で略記号により言及される諸団体＊

ADGB	Allgemeiner Deutscher Gewerkschaftsbund（ドイツ労働総同盟）
RDI	Reichsverband der Deutschen Industrie（ドイツ工業連盟）
VDA	Vereinigung der Deutschen Arbeitgeberverbände（ドイツ使用者団体連合）
ZAG	Zentralarbeitsgemeinschaft der industriellen und gewerblichen Arbeitgeber und Arbeitnehmer Deutschlands（ドイツ産業使用者・被雇用者の中央労働共同体）

一　注記で指示される文書館・雑誌・事典・研究所出版物の略号一覧

AfS	Archiv für Sozialgeschichte
APuZ	Aus Politik und Zeitgeschichte
BA	Bundesarchiv
EHR	Economic History Review
FAZ	Frankfurter Allgemeine Zeitung
GG	Geschichte und Gesellschaft
GZ	Gewerkschafts-Zeitung (Berlin)
HdSt	Handwörterbuch der Staatswissenschaften
JEH	Journal of Economic History
MEW	Marx Engels Werke

NBER　National Bureau of Economic Research
WZB　Wissenschaftszentrum Berlin für Sozialforschung
VfZ　Vierteljahrshefte für Zeitgeschichte
ZStAM　Zentrales Staatsarchiv Merseburg

＊団体・会社・タームについては、基本的に一回のみしか言及されておらず、本文中で説明が加えられているものは省いた。(例) DQP、HAPAG、EEC、EFTA、EPA、USPTO、NSDAP。また、一般的な慣用表現となっているケースについても同様である。(例) OECD、EU、GE、GM、BMW。索引も参照されたい。

目次

I　生きている過去

1　「歴史の終わり」を超えて

東側陣営が一九九〇年代の初めに解体したときに、アメリカの哲学者フランシス・フクヤマは「歴史の終わり」について語った(1)。彼がこの言葉によって理解していたのは、全くヘーゲル的な意味における、東と西の――第一世界と第二世界の間の――経済システムの巨大な対立の止揚であり、したがって、経済発展――それは次第に第三世界をもその呪縛の圏内に引き込まないではいなかった――の弁証法的に媒介された進歩を指向する総合という考え方の終わりであった。東と西の闘争が、世界規模の政治的・経済的ヘゲモニーをめぐるイデオロギー的対立をも支配した限りで、「西側の」生産体制の変種は――その歴史的に成長した制度的枠組みの条件は、近寄って観察するならば、異なって見えたにもかかわらず――ただ単に、市場経済的に構成された、「自由世界」の共通した経済システムという側面で認識されただけだった。この一枚岩的なブロック思考のパースペクティヴを、急速に表舞台から後退させたのは次のような考え方である。すなわち、第二次世界大戦は、資本主義大家族の異なった傍系の間の内戦でもあって、ドイツ経済システムの「団体調整主義的な」特殊性の除去は、アメリカの戦争目的のリストのなかで、かなり上の方に置かれていた。したがって、アメリカは、一九四五年以後、はっきりとドイツ工業家を告発した。その資本主義の自由主義的教義に対する異教に、アメリカは、ナチズムの台頭と犯罪に対する連帯責任を負わせた。しかし、すでに、ニュルンベルク工業家裁判の終了する前に、世界政治の風向きが変わり、資本主義の純粋教義をめぐるブロック内部の対立を後退させたのである。冷戦が始まり、それは、世界市場での主導権をめぐる競争において新たなより激しい前線を作り出した。今や唯一重要となったのは、自分の陣営の経済的安定と軍事的防衛に全力で貢献する経済的効率と能力であった。冷戦の最終局面になって初めて、この経済システムの東西対立は、ブロック内部の相違を広い範囲にわたって覆い隠すことができなくなったのであった。

この東西対立に代わって、最近表れてきたのが新しい経済世界像である。すなわち、制度的に多様化し、歴史的に成長した多くの経済文化の間のグローバルな競争というパースペクティヴである。このような文脈で「文化闘争」を議論することは、あの「文明の衝突」を想起させる。それは、サミュエル・ハンチントン(Samuel Huntington)が、来るべきグローバルな政治において最も危険な核心的次元と考えたものであった。(2) しかし、本書で重要なのは、グローバル化の過程にある国際社会の異なった文明に由来する諸集団の間の闘争ではない。また、新たに発生しつつある世界秩序の見方を、怪物じみたものや病理学的なものへと狭隘化することでもない。これは、強力に膨れあがった国際的なグローバリゼーション批判によって示唆されている点である。この文化闘争というキーワードは、むしろ、市場の事象に関するルールや慣行をめぐる競争を特徴づけているものである。この競争は、世界経済の舞台上で今日まで持ちこたえることができた、少数の歴史的に成長した経済文化・企業文化の間で勃発している。市場におけるヘゲモニーをめぐるこの対立の結果は、最終的に、次の点を決定することになる。すなわち、経済文化圏は、自身のその都度の比較優位を、世界市場において、いかなる範囲でまたどの程度首尾よく、発揮できるのかという点である。この競争は、確かに、激しい闘争にいたるようなこともあるが、通常は、洗練されたやり取りの範囲で行なわれ、その境界を超えることはない。ボーダフォン社によるマンネスマン社の敵対的乗っ取りや、ダイムラー・ベンツ社によるクライスラー社の、ポリティカリー・コレクトな表現である「企業合同」と宣言された合併をめぐる戦闘の結果は、一時、確かに裁判所を悩まし、株主を興奮させた。しかし、それは、「何も手を打たずに無為に委ねられる」(business as usual) ということはなく、常に、共通の価値観の基礎に立って克服されている。もちろん、法文化には、経済システムと同様、相互に広範な隔たりが存在し、その結果、アメリカの陪審裁判所の判決主文には幾つも、ヨーロッパの眼から見ると、合法化されたゆすりの性格を帯びているものがある。そのやり取りの様式には、確かに、アメリカ市場へのドイツ企業の進出に対抗するために、ドイツの過去を明らかに道具として用いるようなことがあって、問題を孕んでいる。このことは、例えば、ドイツ銀行によるバンカーズトラストの併合や、ベルテルズマン社によるアメリカのメディア市場への進出に対するアメリカ側の反応に示されている。

学問的なパースペクティヴから見ると、市場での成功をめぐるこのような競争からはいかなる洞察が得られるであろうか。新古典派経済学理論の前提によれば、世界市場で競争力を長期的に確保する道は、たった一つしか存在しないとされている。なぜなら、それは、企業家行動の同質的な「ベスト・プラクティス」であり、そこには規制のない市場と企業家の無制限な特権という新古典派の理想が表現されているからであるという。しかし、先の競争は、新古典派経済学理論が前提とするこのたった一つの道だけしか存在しないわけではないということを示唆している。むしろ歴史的経験から我々は次のことを知っている。すなわち、異なった市場の条件は、相互に偏差した制度的変種を供給サイドに発生させる可能性がある。そして、制度的に強力で高度に規制された生産体制は、多くのヨーロッパ諸国で成立しているように、それが、組織化や操舵能力という点でとりわけ市場とヒエラルキーをあてにするアメリカのような制度的に弱い国民経済よりも、競争において必然的に劣っているというようなことはないのである。

二一世紀初頭の世界市場における主導的な諸国の生産体制[3]は二大モデルに分類される。それらは制度的・組織的な類型的特徴に即して適切に区別されうる。しかし、そこにも多くの経験的な変種の余地は残されている[4]。第一の類型は「団体調整的市場経済」(korporative Marktwirtschaft) である。英語圏では「(経済的に)調整された市場経済」([business-] cordinated market economy) と呼ばれている。* その経済の実際的ルールとアクター間の関係は、企業とその市場の組織団体によって調整される。これはたいていの大陸ヨーロッパの国民経済、とくにドイツ、スイス、オーストリアならびにスカンディナヴィア諸国に該当するが、日本や韓国のような儒教の伝統をもつ東アジア諸国もこれに含まれる。団体調整的市場経済の特徴は、まず、経済的アクターによる広範に自律的で自治的な組織であり、彼らはその関係を団体調整の精神に基づいて形成している。もう一つの特徴は、国家の積極的役割である。もっとも、それが、生産的な経済秩序の枠組みを形成するための政策を超えるようなことは滅多にない。被雇用者と労働組合は、この利害調整システムのなかに相対的に広範に「包摂」されている。

*「調整された市場経済」(あるいは「調整型市場経済」)というタームは、非英米型資本主義を示す概念として日本でも、比較制度論や比較政治経済学などの分野ですでに使用されている。しかし、アーベルスハウザーは、次のように述べている。「ドイツ語のタームである“korporative Marktwirtschaft”(直訳は、「団体的市場経済」)は、個人によっても国家によってもその基調が設定されないような仕方で組織された経済に関わっている。この経済が運行するさいのルールは、制度と組織の稠密なネットワークに由来しており、そのアクターは市民社会のなかで個人と国家という両極の間に存在している。ヘーゲルは、このアクターを「団体」(Korporationen)という概念で言及した」、と。Werner Abelshauser, *The Dynamics of German Industry: Germany's Path toward the New Economy and the American Challenge*, New York, Oxford 2005, p. 19, N. 5. また、別の論文では、“(business-)coordinated market economy”という英語について、次のように指摘している。それは「[“korporative Marktwirtschaft”と]同一のものを意味している」が、[そのドイツ語概念の英訳である限りで]「アクターの集団を、容認できない仕方でカットし縮めてしまっている」、と。Abelshauser, Gibt es eine Wirtschaftsethik des Rheinischen Kapitalismus? Berliner Republik 3/2006, http://b-republik.de/b-republik.php/. 以上の点を考慮して、この“korporative Marktwirtschaft”というキーワードを、ここでは、折衷的ではあるが、「団体調整的市場経済」とした。

第二の類型である自由主義市場経済モデルは、「調整されない」、完全競争の自由主義的原理に依拠した市場指向性という点で、第一のモデルから区別される。その際、このモデルにおけるアクター同士の関係は、完全に規制されていないわけではないし、それには制度が全く欠けているわけでもない。そもそも市場自身が制度的に作られたものであるし、機能を維持し続けるためには規制を必要としているだけになおさらそうである。ここでもまた国家に積極的な役割が課されている。しかしながら、国家はその役割を理念型的にはとりわけ、契約と市場の自由を保障するという目的で組み込んでいるのである。本質的にアングロサクソン諸国はこのモデルに属している。もちろん二〇世紀末以降、このモデルは世界的に大きな吸引力を発揮している。

この広域的な、国民的ないしは(国境を超えて)地域的な経済文化の競争力の尺度は、新しい試練に対して持ちこたえる能力であり、その文化の担い手は、経済発展の水準に従ってその新たな試練に直面することになる。今日、経済発展の水準は、市場の世界的なネットワーク化の拡大であり、生産の科学化の増大であって、そのためにグローバリゼーション、コミュニケーション革命、知識社会のような概念が作られた。

このような経済発展との関わりが生み出す試練も問題も、経済史家にとっては、全く新しい現象ではない。だが、そのために中世の世界経済をわざわざ思い起こす必要はない。ちなみに、この中世の世界経済には、領域国家の台頭以前に、その時に知られていた全世界に拡がった、都市の市場関係がよく機能するネットワークが存在していた。[5]また、ここでの関連で、重商主義の「資本主義世界経済」が台頭してきた大航海時代にまでわざわざ思いをはせる必要もない。[6]むしろ、それよりもずっと近くに、確かに過去に根ざしてはいるが、非常に広く現代にまで影響を及ぼしており、現代になおも属しているような歴史過程や出来事が存在しているのである。この過ぎ去らない過去は、二〇世紀を超えて現代と結びついているが、それは、一方では、一〇〇年以上にもわたって経済的アクターの思考と行動を規定している諸制度であり、他方では、二一世紀初めの我々の経済を試練に晒しているあの長期的な経済過程である。この経済過程は、すでに一九世紀末には始まったにもかかわらず、ようやく最近になって、我々の日常的意識に入り込んできたのであった。すなわち、市場のグローバル化と生産の科学化である。

今日至る所で感じられるグローバリゼーションへの不快感や匿名の市場と権力への従属に対する抵抗もまた、歴史的パースペクティヴから見ると、新しい現象ではない。「グローバリゼーション」は世界市場の絡み合いの増大を反映しており、その結果、我々にはもはや制御不可能な発展に、我々は結びつけられる。とりわけ我々は、国民レベルであれ企業レベルであれ、いずれにせよ我々の経済的決定においてますますいっそう自律的ではなくなっている。［経済と社会が相互に緊密に絡み合った］経済国家・社会国家は初めから、それをますます包摂していこうとする世界経済に対して緊張関係にあった。しかし、いっそう危険であるように思われたのは、その巨大な経済的潜在力であって、それは、ヨーロッパの周辺部でますますいっそうのダイナミズムを発展させ、長期的に見ると旧大陸の自立性を危うくさせた。すでに一八四〇年代にはフリードリヒ・リストが、未来の経済的挑戦はアメリカから来るであろうと認識していた。彼はそこに、（台頭しつつあった「巨大国家」アメリカとロシアから生じた権力政治的な危険と並ぶ）本来の問題を見ており、開発政策的戦略とヨーロッパ大経済圏形成に向けた提案によって対処しようとしていた。(7) こうした診断に関して、リストは、決して孤立していたわけではない。アレクシス・ドゥ・トクヴィルも、リストと同じようにアメリカを自分の眼で見て直接に知っており、一八三五年にはヨーロッパの経済的・政治的自立性が、長期的にはその両側の強国によって脅かされると見ていた。「それら強国は全く異なった出発点から生まれ、その発展経路は異なっている。しかしどれも、いつの日か、世界の半分の歴史を規定するという運命に選ばれているように思われる」。(8) 一九世紀末になって初めてアメリカとの通商政策上の衝突が起こることになった。この時、アメリカは、その高率関税政策の防壁の中で、また海上交通における経費削減の追い風を受けて、農産物と消費財の増大する大量生産のための販売市場として、ヨーロッパに狙いを定めていた。グローバリゼーションの歴史は、ヨーロッパから見ると、その最初からアメリカの挑戦と密接に結びついていたのである。

同様に生産の科学化の過程も、一〇〇年以上前に、グローバリゼーションの過程とほぼ同時に始まった。化学工業や機械工業や電機工業のような新産業が登場し、それに伴って新しい生産パラダイムが現れた。それは生産要素としての科学であり、非物質的な価値創造によって規定されたポスト工業経済である。新産業は、その原理を引き継いだ現代のニュー・エコノミーの出発点である。その新しい理想像は、もちろん工業経済の陰に隠れていた。しかし幾度も後退することはあったが、阻止されることはなく、次のような方向が準備された。すなわち、国民総生産に占める物質的生産の比率が、絶えず後退し、それに代わって非物質的生産に基づく価値創造がますます我々の富の基礎を形成するようになった。(9) それ以来重要となったのは、経済と科学との生産的な共生である。この関係は、二〇世紀の経過の中で、それ独自の制度を生み出し、新しい社会的生産システムの基礎となった。それは一八世紀末の産業革命の社会システムからは明瞭に区別される。この新しい経済基盤は、一九世紀末に新産業の台頭とともに形成され、二〇世紀が経過する中でほとんど全ての企業の経済的標準(ニュー・エコノミー)へと発展した。それは、一〇〇年後の新たなニュー・エコノミーの台頭とともにその終わりを迎えるということはなかった。

歴史的社会科学がこの発展に照準をあわせるのに長い時間はかからなかった。この新しい研究パラダイムに先行したのは、経済史研究の伝統的に維持されてきた一般的アプローチであって、それは、産業革命に関して確かであると考えられてきたほとんど全ての事実を疑問視するに至った。(10) 最終的には、産業革命の画期的性格は決定的に相対化され、「離陸」(W・W・ロストウ Walt Whitman Rostow)という考え方は断固として拒否されて、一七五〇年から一八五〇年までの一〇〇年は、人的・物的資本蓄積に関する非常に長期的なトレンドが広い範囲で連続的に進展した時代として見なされることになった。(11) それと結びついた歴史像の修正は、広範に及ぶ帰結を伴った。それは、現代の社会関係にとっての経済的基礎として、またその出発点としての産業革命の意義を疑問視することになった。(12) とりわけダグラス・ノースを中心とする新制度学派は、物的生産の意義の長期的下降を背景に、我々の時代の経済的基礎が決定的に形成された一九世紀末に新たな時代転換期を求める考え方を支持した[13]。「第二次経済革命」という彼のパラダイムは、社会の潜在的生産力における根本的な変化を反映していた。それは、社会の知識水準の本質的な変化の結果であるが、潜在的生産力のこの新たな次元を実現し得るために必要な制度的枠組みを構築する能力の本質的な変化の結果でもあった。したがって、この経済発展の革命的性格は、一九世紀末以降はただ単に科学と技術の密接な結びつきにのみあるのではなく、とりわけ、市場においてこの生産性の蓄積を流動化するための新しい組織的前提条件としての制度的変化の実現、すなわち企業と経済全体における変化としての新産業と社会的生産システムにも求めることができるのである。

同時代の人々は、この試練に対して決して一様には対応しなかった。当時は今日と同様に、たいていの人々は、新技術が自分たちの仕事を奪う「ジョブ・キラー」であることをすでに早くから認識し恐れていたが、その科学技術革命を熱狂して迎えた。それに反して、グローバリゼーションの利益については最初から激しい論争になった。ドイツでは、二〇世紀へと転換する以前の時期における新しい(輸出)工業の台頭と世界市場の巨大なダイナミズムが、ドイツ経済の未来についての激しい論争を引き起こした。この論争は、「学者政治」のアカデミックな討論の場を超えて広い公共の場へと持ち込まれた[14]。この論争における対立は、半ばアウタルキー(自給自足)の工業化された農業国支持者と輸出依存の工業国支持者との間で起こった。この論争の核心にある重要な点は、とりわけ、世界市場を指向する戦略の有効性の度合い、あるいは――今日の用語法で言えば――グローバリゼーションの可能性と危険性である。一八九〇年代の工業(輸出)国家論争におけるグローバリゼーションへの不安とそのイデオロギー的な硬直性は、確かに、ドイツ経済の世界市場を指向する進路に対して何ら目に見える影響を与えたわけではなかった。しかし、ドイツ人の政治的メンタリティーとドイツ政治の心象地図(メンタル・マッピング)に対してそのことが及ぼした長期的影響を、一九三三年前後で見過ごすことはできない[*]。

＊この点の一つの例証を挙げておこう。世界恐慌期のドイツでは、農業分野を超えて極めて広範な人々がアウタルキーをめぐる議論に熱中し、その実現を情熱的に待望した。一九三三年九月にドレスデンで開催された社会政策学会ではそのテーマとして、「ドイツと世界恐慌」と並んで「アウタルキー化」を取り上げたが、その報告者ディーツェ（C. v. Dietze, イェーナ大学教授）は、次のように述べている。「アウタルキーという言葉、そしてそれが想起させる争点はもちろん戦後や近年に初めて新たに考案されたものではない。とくに、一九—二〇世紀転換期の通商政策をめぐる論争では、国際分業とその対極にある国民的自給との基本思想が、すでに、広範かつ非常に示唆に富んだ討議を通じて表現されていた」、と。*Schriften des Vereins für Sozialpolitik*, Bd. 187, München und Leipzig 1932, S. 110.

第二次世界大戦の終了で、同じ作品の新たな上演を開始するために、改めて舞台のカーテンが開かれた。ニューイングランドにあるブレトンウッズにおいて、一九四四年末に、開放的で多数の国々が参加する新しい世界経済秩序の実現が、ハリー・デクスター・ホワイト（Harry Dexter White）とジョン・メイナード・ケインズ（John Maynard Keynes）の間で討議の議題にあがった。ホワイトは、アメリカの財務長官ヘンリー・モーゲンソー（Henry Morgenthau）の最も緊密な協力者であった。彼は、世界市場において顕著となったアメリカのヘゲモニーを背景に、新しい通貨秩序を遥かに超えて、グローバルな市場経済構築のための前提を作り出そうとした。この構想では、もちろんドイツは、イギリスの新しい指導的役割に有利となるように、そのグローバルな市場経済から排除されることになっていた。(15) ケインズはイギリスとヨーロッパの利害の擁護者となり、ホワイトの構想に反対して、イギリスの戦時社会最新の成果である完全雇用政策とその双子の兄弟である福祉国家を確かなものとすべく、自律的な国民的政策決定の余地を維持するために闘った。ケインズは、この力の差が歴然とした交渉ゲームに敗北した。しかし、長い五〇年代＊における世界経済の展開は、彼の主張が正しかったことを実証した。一九四七年夏、アメリカによって強制された英国ポンドの交換性は、その回復後わずか六週間後に大失敗に終わり、その後何年もの間、第一次大戦前の時代のような通貨の移動の自由への急速な復帰の期待は断たれたのであった。ブレトンウッズの精神が、そして、それと並んで、アメリカ式ビジネス手法（アメリカン・ウェイ・オブ・ビジネス）が実現しうるまでには長い時間がかかった。大きな域内市場形成の見通しを持ったヨーロッパ経済共同体（EEC）の創設とほとんどのヨーロッパ通貨の強化は、一九五〇年代末から一九七〇年代初頭における唯一の指導的世界通貨としてのUSドルの退位に至るまでの期間、ブレトンウッズの世界通貨秩序がうまく機能し、アメリカの多国籍企業がヨーロッパ市場に勢力を伸張させるための好条件を生み出したのである。多くの原因から——特に重要なのは冷戦の結果として——国民国家による規制と、規制緩和を強いるグローバリゼーションの「客観的強制」との間の対立は、それでも漸く、一九八〇年代になって初めて、勃発した。マーガレット・サッチャー（Margaret Thatcher）のイギリスは、最初のヨーロッパ経済強国として、その結果を引き出した。ドイツでは、東西ドイツ再統一の自己陶酔が醒め、長い五〇年代の「経済の奇跡」が全ドイツレベルで繰り返されうるとの期待が幻想であることが明らかになった後に初めて、論争が始まったのである。(16)

＊二つのドイツ国家が創設される一九四九年から西ドイツ戦後経済の再建過程が最初のリセッションによって終了する一九六〇年代半ばまでの時期。本書で頻繁に使用される著者特有のターム。次を参照。W. Abelshauser, *Die Langen Fünfziger Jahre. Wirtschaft und Gesellschaft der Bundesrepublik Deutschland 1949–1966*, Düsseldorf 1987.

2　ライン資本主義の栄光と悲惨

アメリカ経済が一九九〇年代半ばにその停滞を克服し、驚くべき好況を経験する一方で、ドイツ経済の成長が国際比較の中で後退すると、ドイツ生産体制への圧力はいっそう増大した。世界市場の二つの指導国の発展における開きが拡大していく点について、世間でよく行われたのは、生産のドイツ的社会システムの特性から説明することであった。自由主義の立場にたつ批判者の見解によれば、このシステムは、グローバル化する市場と生産の科学化の試練にドイツがうまく対応することを阻むというのである。それ以来、「産業立地ドイツ」は、増大していく批判に晒されていることを自覚し、その「将来性」の綿密な検証を甘受しなければならなくなった。とりわけ経済（生産体制）の特殊ドイツ的組織原理への懐疑が声高になった。革新的な新製品市場のダイナミズムは、グローバリゼーションの条件下で企業家の決定過程の高度なフレキシビリティーを要求するが、一九七〇年代末に始まりそれ以来執拗に続いてきた大量失業を背景にして、ドイツの生産体制にはそのような新しい市場に適応する能力がないものと見なされることが多くなっていった。まだ一九九〇年頃には、もちろん、世間の議論では、経済的・社会的な「ライン型モデルの優越性」（ミシェル・アルベール Michel Albert）に寄せた信頼が優勢であったし、多くの専門家の間では、今日にいたるまで、その評価は維持されている[17]。しかし、同時に、「競争者アメリカの政治的・メディア的・文化的影響」の下で、そのモデルは、後退を開始しなければならないのかどうかについて、懐疑もまた大きくなっていった[18]。ビジネスのアメリカ的方法とヨーロッパで主導的なドイツ的方法との間の文化闘争は、新しい段階に入ったのである。

一九九〇年代に至るまで、二つのモデルは同じ高さの目線で相対峙していた。それ以前の二〇年間は、ドイツの生産体制が、次いではとりわけ日本の生産体制が、病弱なアメリカ経済の模範でさえあった。その没落は、多くの観察者の見解によれば、もしもアメリカが「ドイツ・モデル」に指向するならば、あるいは「日本から学べ」との教訓に従うならば、まだくい止めることはできると言われた。今日、世論の批判は、その核心において、まさに、それ以前の数十年間には他にとっては模範的ですらあったようなドイツ・モデルの諸要素に向けられている。すなわち、意思決定における企業家の視野の（あまりにも）長期的な性格と協同的制度である。ドイツ生産体制のこれら全ての要素は、独自のものであって、それらの相互に依存し合う密接なからみ合いを通じて、その全体システムが新しい条件に短期的に適応するのを困難にしている[19]。

これがとりわけ該当するのは、企業の支配・統治のあり方（コーポレート・ガバナンス）である。金融システムに関しては、ドイツのそれは、一般的には銀行に指向し、重心はユニバーサルバンク・システム(総合銀行制度)に置かれるが、とりわけニュー・エコノミーに対するリスク資本の供給不足と言われている事態はそうした金融システムに原因があると言われている。労使関係システムに関しては、そのドイツの最も重要な要素は共同決定であるが、それは、企業の迅速な最高意思決定を妨げているとされる。産業部門レベルでの企業の組織化(企業間システムあるいはブランチ・システム)については、ドイツの企業組織におけるあまりにも高度な団体調整は競争を阻害し、労働市場の過剰な規制を招くとされている。二元的な職業教育システムについては、このドイツ的制度は、職業資格の標準化と企業への長期勤続によって、ドイツ的生産体制を構成する以上のような諸要素の全てをいっそう強化し永続化するとされる。

専門研究者の間で——例えば「資本主義の多様性」というスローガンのもとで——様々な生産体制の比較制度的な優位についての問題が立てられ、ドイツ生産体制にとって有利な答えが出されるようなよくあるケースでさえも、その議論には、通例、深い歴史的分析が欠けている。[20] そうした皮相性は、アメリカとドイツの間の経済の成長経路における違いを分析するさいにもすでに認められる。アメリカの好況の原因についても、[21] ドイツの成長の脆弱さの根拠についても明晰さを欠いている。歴史的パースペクティヴは、経済の歴史的に発展した枠組み条件とその組織的基盤が現に持っている能力についての情報や知識を与えるためにも必要である。また、歴史的視点は、制度が変化する過程を理解するためにも不可欠である。なぜなら、現代と未来は、制度の存続を通じてとりわけ密接に過去と結びついているからである。[22] ドイツの生産体制の歴史的起源を問うことが、その歴史的変化を問うことと同様に重要な課題となるのは、そのためである。

ドイツ経済の制度的枠組みの連続性と変化に関する最も重要なデータの図式的な概観(表1)は、(長い)二〇世紀*を通して見ると、意外な驚きをもたらす。明らかに、ドイツの社会的生産システムは、そのたいていの構成要素とも

表 1　ドイツの団体調整的市場経済の制度的枠組み

社会的生産システム	生産様式	法秩序	社会保障	研究環境
金融制度：ユニバーサルバンク(1870年代/1934年/1952年以降) **[1945–1952年]**	多様化高品質生産(DQP)(19世紀末以降)	コーポレート・ガバナンス：株式法(1884年/1897年/1931年/1937年/1965年以降)	疾病保険(1883年以降)	大学での研究(18世紀/1810年/1920年/1969年以降)
経済的利害政策：経済の優位(1879年/1897年以降)；政治の優位(1931年/1933年/1949年以降) **[1933–1951年]**	非物質的価値創造の比率の増大(20世紀)	競争秩序(1897年/1923年/1958年以降) **[1945–1951年]**	傷害保険(1884年以降)	大学の研究義務：研究と教育の統一性(1810年以降)
同一産業部門の企業間関係：「団体調整」(1879年/1918年/1934年/1936年/1949年/1951年以降) **[1945–1951年]**	DQPと標準化された大量生産との二元性 **[1933/1941–1970年代まで]**	商法(1897年以降)	老齢保険(1889年/1911年/1948年/1957年/1972年/1992年以降)	応用研究：職業専門大学(19世紀以降)；フラウンホーファー協会(1949年以降)
労使関係：共同決定(1890年/1905年/1916年/1920年/1951年/1952年/1976年以降) **[1933–1947年]**	標準化された大量生産の危機 **[1970年代]**	民法(1900年以降)	失業保険(1927年以降)	産業研究(19世紀末以降)
職業資格制度：二元的職業教育(1897年/1938年/1969年以降) **[1945–1951年]**	非物質的価値創造を基調としたDQP(1970年代以降)	社会国家の公準：社会的留保条件の付いた契約の自由(1919年/1949年以降)	介護保険(1995年以降)	トップクラスの研究：カイザー・ヴィルヘルム協会(1911年/1920年以降)；マックス・プランク協会(1946年/1948年以降)

凡例：表は各列ごとに下方へと年代順に配置．(　)内の年は，その年の制度変化とそれ以降の連続性を示し，[　]内の年は連続性の途切れを示す．

に、アメリカのシステムと同様、すでに一〇〇年以上前に発生し、それ以来、その根本的な変化を迫るあらゆる試練に耐えてきたのである。この試練の機会は、敗北した二度の世界戦争の後、および世界経済危機（一九二九―一九三八年）の後に与えられた。この経済危機は、周知のように、ドイツでは一九三三年まで特別に厳しい経過を辿った。とりわけ、一九四五年以降、占領諸国は、ドイツの生産体制の諸部分――例えば、ユニバーサルバンク・システム、経済団体の強力な立場、あるいは部門内部の企業間協力の伝統的形態を、他の政治的にあまり負担のかからない制度によって代替させようとする大規模な試みを行った。このことは連続性の断絶を招いた。それは、もちろん、イデオロギー的な残滓よりも経済効率の問題のほうがアメリカにおいても再び優先権を獲得したときに、わずかの例外（カルテル）を残して一九五〇年代初期にはドイツ側の参加者の合意で再び後退したのだった。これを背景にして、ドイツ経済は、たいていの介入をうまく排除し、長い五〇年代の「経済の奇跡」を、本質的には一九世紀末からの連続性の中にある社会的生産システムによって演出しえたのである。ここで重要なことは、「変化のなかの連続性」であって、それは、出発点で選択された経路の上で変化が継続して展開したという限りで、次第に大きくなっていく諸制度の変化を含んでいるが、このことは、特別に強調する必要はないであろう。そのような変化は確かに本質的な性格を有している。だが、共同決定（経営制度法[23]）や競争秩序（カルテル法[24]）や老齢年金（動態化[25]）の場合に見られるように、そのような本質的諸変化も、それまでに支配的な組織原理に固執しその限りで起こったのである。

＊アーベルスハウザーは、一八八〇年代に現代への転換期を見ている。この時期には、第II章で見るように、ドイツ経済の制度的枠組み全体が新たに形づくられ、経済の新しい時代が開始された（21頁の表2参照）。しかし、それはドイツに限ったことではなかった。ノースは、すでに本文で指摘されているように、この転換期を「第二次経済革命」と呼んでいる。この観点から見ると、一八八〇年代から二一世紀の今日までが連続するひとまとまりの時代として把握されることになる。成長経路の連続性は、確かに二〇世紀には、戦争と危機によって繰り返し中断されるが、一九世紀末に構成された内的な経済連関は断絶していないとアーベルスハウザーは見ている。次を参照。Werner Abelshauser, Von der Industriellen Revolution zur Neuen Wirtschaft. Der Paradigmawechsel im wirtschaftlichen Weltbild der Gegenwart, in: J. Osterhammel, D. Langewiesche, P. Nolte (Hg.), *Wege der Gesellschaftsgeschichte*, Göttingen 2006.

一九四五年以降、西ドイツは、「社会的市場経済」というコンセプトによって、戦後の社会的生産システムと両立可能な経済政策をも駆使するようになった。また、その経済政策の実際のあり方は――「社会的市場経済」なる概念的ユートピアの全てがそうではないにしても――連立政府の交替を超えた、ドイツ連邦共和国の基本的コンセンサスに属している。このような[「社会的市場経済」と社会的生産システムとの]一致と「経済の奇跡」の評判は、西ドイツ経済の旧い制度的枠組みに、最終的にはそれが国際的な「モデル」に値するとの光輝を与えた。奇跡的経済復興の終了後にはスタンダードな基準にも還元され、たいていの観察者を感心させ続けたことは、その成功の証である。こうした事柄を背景にすると、一九九〇年代以降、ヨーロッパ、日本、アメリカにおいて「資本主義モデル」相互の関係に重心移動が起こったことは、それだけいっそう、驚くべきことである。その収斂の道は前もって指示されているように思われる。ヨーロッパや日本に対してアメリカの「ベスト・プラクティス」を採用せよとの、圧力が高まっているのである。要するに、市場経済の自由主義的モデルは、阻止されることなく、「資本主義の標準」として承認されているように思われる一方で、団体調整的市場経済のモデルは、「非自由主義的資本主義」として、市場経済の逸脱したヴァージョンへと格下げされそうになっており、その余命はいくばくもないように思われているのである。(26) ドイツの企業を、ドイツの経済政策と同様に、厳しい決断の前に置いているこうした状況の中で、ドイツ的生産体制が実際に退化してしまったのかどうか、あるいはむしろ、この社会的生産システムの生産的な本質は今日の条件下でも成功を約束しているのであって、改良を通じて維持すべきものではないのか――こうしたことを探究するために、ドイツ的生産体制の起源を知ることは、まさに取り組むに値する作業なのである。

（1）　F. Fukuyama, *Das Ende der Geschichte. Wo stehen wir?* München 1992.

（2）　Samuel P. Huntington, *Kampf der Kulturen. Die Neugestaltung der Weltpolitik im 21. Jahrhundert*, München, Wien 1996, S. 11.

（3）　その同義語として以下では「社会的生産システム」(soziales System der Produktion) という概念が用いられる。「生産体制」(Produktionsregime) はどちらかと言えば企業や部門の組織の種類や様態を、「社会的生産システム」はどちらかと言えばマクロ経済的次元を示すものであるが。次を参照せよ。J. Rogers Hollingsworth, Continuity and Changes in Social Systems of Production: The Cases of Japan, Germany, and the United States, in: J. Rogers Hollingsworth and Robert Boyer (eds.), *Contemporary Capitalism. The Embeddedness of Institutions*, Cambridge 1997, pp. 265–310.

（4）　これについては、次を参照せよ。David Soskice, Globalisierung und institutionelle Divergenz: Die USA und Deutschland im Vergleich, in: *GG* 25 (1999), S. 203–205; Wolfgang Streeck, Introduction, in: Wolfgang Streek and Kozo Yamamura (eds.), *The Origins of Nonliberal Capitalism: Germany and Japan in Comparison*, Ithaka, London 2001, pp. 1–38.

（5）　Fritz Rörig, Mittelalterliche Weltwirtschaft. Blüte und Ende einer Weltwirtschaftsperiode, in: ders., *Wirtschaftskräfte im Mittelalter. Abhandlungen zur Stadt- und Hansegeschichte*, 2. Aufl. Wien, Köln, Graz 1971, S. 351–391.

（6）　Immanuel Wallerstein, *The Capitalist World-Economy*, Cambridge 1979.

（7）　Friedrich List, *Outlines of American Political Economy in Twelve Letters to Charles Ingersoll* (1827), Neuausgabe Wiesbaden o. J. (1996) und ders., Über den Wert und die Bedingungen einer Allianz zwischen Großbritannien und Deutschland (1846), in: ders., *Schriften*, Bd. VII, Berlin 1931, S. 267–296.

（8）　Alexis de Tocqueville, *De la Démocratie en Amerique*, Bd.1 (1835), Paris 1951, p. 431.

（9）　非常に単純で荒削りだが承認されている指標がこのことを示している。すなわち、実質産出量は、アメリカでは、トン数で計測した場合、一〇〇年前も今日とほぼ同じであるが、同国の実質経済価値は同じ期間に二〇倍も上昇したと報告されている。次を見よ。Deutscher Bundestag, *Drucksache 14/9200–12.6.2002: Schlußbericht der Enquete-Kommission, Globalisierung der Weltwirtschaft: Herausforderungen und Antworten*, S. 260.

（10）　Rondo Cameron, The Industrial Revolution: A Misnomer, in: *The History Teacher* 15 (1982), pp. 377–384; Rondo Cameron, A New View of European Industrialization, in: *EHR*, 2nd Ser., 38 (1985), pp. 1–23; Nicholas F. R. Crafts,

British Economic Growth, 1700–1831: A Review of the Evidence, in: *EHR*, 2nd Ser., 36 (1983), pp. 177–199; Jeffrey G. Williamson, Why was British Growth so Slow during the Industrial Revolution? In: *JEH* 44 (1984), pp. 687–712; Knick Harley, British Industrialization before 1841: Evidence of slower growth during the Industrial Revolution, in: *JEH* 42 (1982), pp. 267–289; Joel Mokyr (ed.), *The British Industrial Revolution. An Economic Perspective*, Boulder 1993; 先行する「静かな革命」に関しては次を参照。G. Hammersley, The Effect of Technical Change in the British Copper Industry between the 16th and the 18th Centuries, in: *Journal of European Economic History* 20 (1991), pp. 155–173; Roger Burt, The Transformation of Non-ferrous Metals Industries in the 17th and 18th Centuries, in: *EHR* 48 (1995), pp. 23–45. 製造業組織の変化に関しては，次を見よ。Maxine Berg, Pat Hudson, Michael Sonenscher (eds.), *Manufacture in Town and Country before the Factory*, Cambridge 1983.

(11) Ester Boserup, *Population and Technological Change: A Study of Long Term Trends*, Chicago 1981; Edward A. Wrigley, *Continuity, Chance and Change. The Character of the Industrial Revolution in England*, Cambridge 1988.

(12) このパラダイム転換の開拓者は，ダグラス・ノース (Douglass C. North) とロバート・トーマス (Robert P. Thomas) である。両者の次の著作を参照。*The Rise of the Western World. A New Economic History*, Cambridge 1973.

(13) D. C. North, *Structure and Change in Economic History*, New York 1981.

(14) Kenneth D. Barkin, *The Controversy over German Industrialization 1890–1902*, Chicago and London 1970.

(15) これについては次を参照。Wilfried Mausbach, *Zwischen Morgenthau und Marshall. Das wirtschaftspolitische Deutschlandkonzept der USA 1944–1947*, Düsseldorf 1996 および Robert Skidelsky, *John Maynard Keynes: Fighting for Britain 1937–1946*, Basingstoke and London 2000, pp. 337–374.

(16) Werner Abelshauser, Aufschwung Ost: Erhards Illusion, *Die Zeit*, Nr. 12 vom 19. März 1993, S. 36.

(17) Steven Casper, *High Technology Governance and Institutional Adaptiveness. Do Technology Policies Usefully Promote Commercial Innovation within the German Biotechnology Industry?* (WZB, Discussion Paper FS I 99–307), Berlin 1999; Richard Whitley and Peer Hull Kristensen (eds.), *The Changing European Firm. Limits to Convergence*, London 1996; Hollingworth and Boyer (eds.), *Contemporary Capitalism;* Martin Rhodes and Bastiaan van Apeldoorn, Capitalism versus Capitalism in Western Europe, in: M. Rhodes, Paul Heywood, Vincent Wright (eds.), *Developments in West European Politics*, Houndmills 1997, pp. 171–189; R. Whitley, Dominant Forms of Economic Organization in Market

Economies, in: *Organisation Studies* 15/2. 1994, pp. 153–182; Louis W. Pauly and Simon Reich, National structures and multinational corporate behavior: enduring differences in the age of globalization, in: *International Organization* 51/1. 1997, pp. 1–30; Christel Lane, *Globalization and the German Model of Capitalism: Erosion or Survival?* (Discussion Paper, Faculty of Social and Political Science, University of Cambridge) Cambridge 1999.

(18) Michel Albert, *Kapitalismus contra Kapitalismus*, Frankfurt 1992, S. 165.

(19) Soskice, Globalisierung, S. 201–225.

(20) 例えば，Peter A. Hall and D. Soskice (eds.), *Varieties of Capitalism: The institutional Foundations of Comparative Advantage*, Oxford 2001. S. auch Anm. 4, 5, 18 u. 19.

(21) アメリカの問題については，Barry Bluestone, Bennett Harrison, *Geteilter Wohlstand. Wirtschaftliches Wachstum und sozialer Ausgleich im 21. Jahrhundert*, Frankfurt a.M. 2002.

(22) この要請の根拠に関しては，Douglass C. North, *Institutionen, institutioneller Wandel u. Wirtschaftsleistung*, Tübingen 1992, Vorwort.

(23) W. Abelshauser, Vom wirtschaftlichen Wert der Mitbestimmung: Neue Perspektiven ihrer Geschichte in Deutschland, in: Wolfgang Streeck u. Norbert Kluge (Hg.), *Mitbestimmung in Deutschland. Tradition und Effizienz*, Frankfurt 1999, S. 224–238.

(24) Peter Hüttenberger, Wirtschaftsordnung u. Interessenpolitik in der Kartellgesetzgebung der Bundesrepublik, in: *VZG* 24.1976, S. 287–307.

(25) W. Abelshauser, Erhard oder Bismarck? Die Richtungsentscheidung der deutschen Sozialpolitik am Beispiel der Reform der Sozialversicherung in den Fünfziger Jahren, in: *GG* 22. 1996, S. 376–392.

(26) Streeck/Yamamura, *Origins*, pp. 4–8.

II　ポスト工業的経済制度の温室

1　自由主義的生産体制から団体調整的生産体制へ

新しい社会的生産システムとしての「団体調整的市場経済」の発生については、かなり正確にその時期を示すことができる。この新しい生産体制は、一八七三年から遅くとも世紀転換期までの間に、旧来の生産体制と交代したのである。取って代わられたこの旧い体制は「上からの自由主義的市場経済」とよぶことができよう。それは、革命期フランスとの軍事的衝突とイギリス産業革命の経済的挑戦の後に、ドイツ諸邦にも近代への道を切り拓くことを企図した、国家による自由主義的諸改革の結果生まれてきたものであった。

イギリスの「離陸」の時期には、ドイツにはそのための条件はほとんど存在しなかった。したがって、近代化のための基盤を創り出すことは、プロイセンあるいはバイエルンのようなドイツの比較的大きないくつかの諸邦では、フランス革命に影響を受けて、すでに早くから国政に欠かせないものになっていた。プロイセンの大臣シュトリュンゼー（Karl Gustav von Struensee）がベルリン駐在フランス公使に述べた、たびたび引用される次の言葉は、この意図をはっきりと認識させるものである。「貴方の国では下から上へと行われた革命の療法は、プロイセンではゆっくりと上から下へと成し遂げられなければなりません(1)」。この意味で、一七九四年のプロイセン一般ラント法は、たとえさしあたりは国王の御料地に限られていたとしても、世襲隷農制からの農民の解放を導くものであった。それは法治国家への道を指し示すものであり、市民層に、比較的大きな法的安定性とともに「所有権」(プロパティー・ライト)をも付与するものであった。この財産の処分権は、私的投資を促す根本的な前提であって、イギリスのブルジョワジーの場合には、彼らが王室の抵抗に抗して闘い取らなければならなかったものであった。

だが、こうした進歩はその後も継続したにもかかわらず、革命期フランスとの抗争のなかですぐに明らかになったように、その改革過程の歩みはあまりにも緩慢なものであった。ナポレオンに対する壊滅的な敗北は、絶対主義支配体制をともなった封建社会の生存能力への懐疑を強めた。しかしまたその敗北が、プロイセンでシュタイン(Karl Freiherr vom Stein)とハルデンベルク(Karl August Fürst von Hardenberg)の二人の宰相の下で、たえず官僚によるクーデターの危機に瀕しながらも、徹底的な改革のための諸前提を創出しうる国内環境を作り上げたのであった。

一八〇七年のシュタインの十月勅令によって開始され、一九世紀半ばまで続いた農民解放は、農業におけるより高い生産性を実現する際の最も重大な障害を除去し、それによって原始的蓄積の源泉を開発し、未来の工業労働市場のための新しい自由な労働力の動員に寄与した。とくに営業の自由をもたらした営業改革は、経済における革新的諸力を推進したために、経済市民層を強化した。その改革は、大経営の事業形態のための枠組みを創出し、企業の自由な立地選択を保証し、生産の機械化を可能にした。その導入の時点では、もちろんこれは、まだ全く「未来の音楽*」であった。租税改革・財政改革は、税制上の優遇措置によって企業家の投資機運を強めたが、しかしとくに国家の財政面での介入の余地を高め、国家はそれを産業振興に利用した。一八三四年のドイツ関税同盟の設立によって、ようやく大きな国内市場が創出され、それによってドイツにおいて市場の諸力が拡張するための最も重要な諸前提の一つが作り出された。

*「未来の音楽」の原語の Zukunftsmusik は、一九世紀半ばに作曲家ワグナー(Richard Wagner)が、自作の普及を狙って展

表 2　ドイツ帝国におけるポスト工業的諸制度の生成環境

旧い社会的生産システム(「上からの自由主義市場経済」)

挑戦:	**衝撃:**
グローバル化の第一段階	創業者恐慌
新産業 / 知識社会	大不況
社会問題	

▼　▼

歴史的・文化的な埋め込み: ドイツ経済の「社会化モデル」

アクター:	**政治:**	**政策:**
政治家		関税論争 (1876–1902 年)
企業家	政府の政治	社会保険論争 (1881–1911 年)
ジャーナリスト	団体の政治	カルテル論争 (1891–1905 年)
官僚層	学者の政治関与	工業国家論争 (1890–1902 年)
大学人		新株式法 (1884 年) および新商法 (1897 年)

▼

新しい社会的生産システム(「団体調整的市場経済」)

開した音楽運動のなかで用いた言葉で、二〇世紀になると、一般に、その実現はまだ先の未来に属しているようなプロジェクトの意味で使われるようになった。

自律的な市民社会を創出したのは、この「上からの革命」ではなく、おそらくは、本質的に自由主義的なルールのなかで国家によって保証された経済体制であった。領主制的な絶対主義は官僚制の支配に転化したが、その介入権力は市民の関与の不足を補わなければならなかった。しかしながら、この近代化戦略の経済的成功は、他のヨーロッパ諸国の成功に後れをとっていたわけではない。一九世紀半ばに、全ヨーロッパに好況が生じたとき、ドイツにもその工業化への突破と経済成長の離陸のための不可欠な諸前提がつくり出されたのである。

この自由主義的秩序への信頼は、この秩序がまだしっかりとは根付かないうちに、一八七三年の「創業者恐慌」(Gründerkrise)のなかで瀕死に陥り、一八九〇年代半ばの「大不況」の終わりまでに生産の新たな社会システムに席を譲らなければならなかった(表2参照)。旧来のシステムの瓦解を加速させた衝撃や、新しいシステムが対応しなければならなかった試練については知られている。そこに登場した人物、新しい行動モデル・組織モデルが協議された舞台、そして経済行為の新たなルールが有効であることを示さなければならなかった経済政策・社会政策・法政策上の問題群は、われわれになじみのものである。また、この新しい社会システムの出生経過が不可避に埋め込まれなければならなかった、ドイツ工業経済の「社会化モデル」もよく知られている。だが、ドイツ近代経済史のなかでは、このドイツの生産体制の劇的な変化のように、その過程の本質が根本的に誤解されているかもしれないような重要な歴史過程は、恐らく他にはないであろう。*「特殊な道論争」の伝統のなかでは経済秩序の自由主義的な根本原則からの逸脱と、一見、伝統的なモデルに合致したと思われた経済組織形態の形成は、長い間、社会ロマン主義的で工業化以前の価値体系に依存したものとして特徴づけられてきたのである。少なからぬ歴史家たちは、その限りで、この退行傾向のなかに、二〇世紀におけるドイツ政治の破滅の原因の一つがあると認識してきた。こうした見方とは対照的に、最近の認識によれば、この時期には次のような新たな類型が発生した。すなわちそれは、ヴィルヘルム期ドイツに、旧い秩序の重荷よりも、むしろ、来るべき二〇世紀の特質を刻み込んだ資本主義と市民社会の類型であった。(2) 同じことはさらに次のような推測にもあてはまる。すなわち、「団体調整主義的な介入国家の耐久力は、その国家の、問題対処の適切さと実行能力とを示し」ており、「ドイツ帝国におけるこの力の発展は、介入国家によって規制された生産資本主義の新たな類型のための基盤をつくったのであるから、それはまったく近代的で将来性あるものとみなされ」なければならないとされるのである。(3) この見方によれば、ドイツは、まさにその経済がポスト工業時代の前衛へと進んだことの引き換えとして、社会的・政治的な不安定性という高価な代償を、しかも居心地の悪い外交政策的・世界経済的条件のなかで、支払わなければならなくなったのである。

*以上の部分について、ここで、あらかじめ若干の説明を加えておきたい。本文で述べられているように、一九世紀の「上からの諸改革」を通じて形成を促された自由主義市場経済から、新しい社会的生産システム(団体調整的市場経済)への移行の端緒となったのは、一八七三年に始まる「創業者恐慌」の衝撃であって、この経済危機はいわゆる大不況の開始を告げるも

のであった。それに先立つ時期のドイツ経済は、「創業者ブーム」（一八七一―一八七三年）とよばれている。ドイツ帝国建設以前から始まり（普仏戦争によって）一時中断していた景気浮揚は、フランスに対する戦勝とドイツ帝国の建設、そしてフランスからの賠償金によって大きな推進力をえて再始動し、空前の株式会社創業ブームを引き起こした。こうした投機熱が高揚するなかで、一八七三年に世界各地で発生した取引所ガラと銀行倒産の連鎖に巻き込まれる形で、創業者ブームは創業者恐慌へと転落した。これが引き金となって始まった景気後退は、重工業の過剰生産力と農産物の過剰供給による構造不況と重なって、一八九〇年代半ばまで続くいわゆる大不況となった。こうした経済状況を背景に、労働者や新旧中間層の団結や社会保護をめぐる社会問題が発生し、また、グローバル化していく世界経済のなかでのドイツの基本的針路（工業国家論争）が大きな問題となった。これらの経済的衝撃や社会的試練のインパクトの下で、ドイツ諸邦、とりわけプロイセンでは、国家と地方自治体によって、一九世紀後半の経済的自由化の流れとは逆行するかのような経済的・社会的介入政策（関税政策、社会保険政策、新特許法、新株式会社法、商法など。また、交通、教育、ガス・電気・水道事業などに関わる自治体行政）が登場してくる。またこの時期には、一八六〇年代までに確立した営業の自由や自由市場経済の原則を制約するかのようなカルテルや様々な利益団体が台頭し、法的な位置づけを与えられた。経済的自由主義に反するこうした新たな流れのなかには、科学的知識に基づいた新産業の発展とも結びつく、革新的で現代的な諸要素が含まれていた。新しい社会システムへと展開していくこの新たな組織化の潮流は、しかし、ツンフト（32ページ訳注参照）や官僚制のようなドイツの伝統的形象やそれから派生した表象と結びついて表れてきたので、これまでの有力な研究史（「ドイツの特殊な道」論）の中では、前工業的・封建的モデルによって組織されたドイツ工業社会の前近代性が強調され、総じて、「社会システム諸部分のシンクロナイゼーションの欠如」（ハンス・ローゼンベルク　Hans Rosenberg）を示すものと解釈されてきたのである。とりわけ、次を参照。W. Abelshauser, The first post-liberal nation: Stages in the development of modern corporatism in Germany, in: *European History Quarterly*, 14 (3), 1984.

しかし、このような「近代性*」と将来性が、その国家の新しい役割のなかには存在しなかったとするならば、それはどこに求めうるであろうか。この点が説明されなければならない。今日のパースペクティヴからまず最初に立てられる問題は、ドイツ帝国のなかで発生し、今日なお依然として支配的なこの生産体制が、グローバル化と「知識社会[4]」の時代へのドイツ経済の参入にともなって発生した課題に対応しうるのかどうか、という問題である。その際、依然として論争となっていることは、現在進行しつつあるグローバル化の動態は、その組織的・制度的な特徴において、まったく新しい質に到達しているのか、それとも、このグローバル化はむしろそれについての認識が深化するならば、二〇世紀との連続性のなかで解釈できるものなのか、という点である。ジェームス・ロズナウ（James Rosenau）[5]やデヴィッド・ハーヴェイ（David Harvey）[6]のような社会学者は、過去との深い断絶を特徴づける世界規模での社会的変化の「強化」と「加速化」を診断しているのに対し、クヌート・ボルヒャルト（Knut Borchardt）やリチャード・ティリー（Richard Tilly）のような経済史家は、「現在のグローバル化の過程が……新奇で一回限りのものと見なされうるものと信じ込むという誤謬」に対して警告を発している。[7]

＊ここでは「近代性」（Modernität）に、ヴェーラー（Hans-Ulrich Wehler）の議論を受けて、原文ではカッコに相当する引用符が付けられている。アーベルスハウザー自身は、本章第2節、第3節からも明らかなように、「第二次経済革命」が起こったドイツ帝国の経済社会に、「近代」ではなく「現代」、すなわち今日まで続く「ポスト近代経済の長い道」の出発点を求めており、したがってこの「近代性」は、彼の意味では「ポスト近代性」ないし「現代性」であることを示唆している。次をも参照。Abelshauser, Von der Industriellen Revolution zur Neuen Wirtschaft. Der Paradigmawechsel im wirtschaftlichen Weltbild der Gegenwart, in: Jürgen Osterhammel u.a. (Hg.), *Wege der Gesellschaftsgeschichte*, Göttingen 2006.

多国籍企業はすでに第一次世界大戦以前に、たとえ今日と同じ規模あるいは同じ条件ではなかったとしても、国境を越えた経済的な拡張過程の主要なアクターに数えられていた。個別事例では、植民地期にまでさかのぼって立証できるオランダ、イギリス、アメリカ、ドイツ籍の「多国籍企業」がもつ国民国家を超えた指向性と活動は、経済史や企業史のなかで繰り返し論じられており、それは「グローバリゼーション」が二〇世紀末のスローガンになるよりもずっと以前のことであった。[8] 多国籍企業とは異なって、本国ではなく外国でのみ活動する「フリースタンディング・カンパニー」は、とくに一九世紀後半と二〇世紀前半における企業活動の「グローバリゼーション」に貢献していた、もう一つの企業アクターとみなすことができる(9)。

しかし、マクロ経済的パースペクティヴにおいても、一八七〇年代以降から第一次世界大戦までの時期は、グローバルな経済的拡張の隆盛期として理解しなければならない(10)。ドイツ帝政期の指導的経済学者は、ベルリン大学教授ヴァルターハウゼン（August Sartorius von Walterhausen）のように、すでに世紀転換期に、世界経済時代の開始を確信していた。「世界経済は……すでに著しく進んでおり、その中には、完全な形態への渇望を見て取ることができるのである。この世界経済が、数百年後、あるいは数千年後には、最も高度な合理的目的にしたがって、その内部を、まったく計画的に形成するような完全な社会的組織体になるのかどうか、われわれには判らない。しかしわれわれが、よりいっそうの前進が望まれる発展の出発点にいると信じることは正しいのである」(11)。一九一四年に外国直接投資（証券投資を除く）の総額は四五〇億ドルを下回らなかった(12)。これは資本統制によってほとんど妨げられることなく資本諸市場が統合された結果であり、その額に再び到達するのはようやく一九八〇年以降（！）のことであった。そのときまで、資本の動きは、国際通貨基金（ＩＭＦ）の大多数の加盟国においてつねに管理されていた。一九九〇年代前半に年間四〇〇兆ドルと評価される実質国際純資本移動を考慮すれば、直接投資の総額はわずかなものと思われるかもしれない(13)。しかし、一九一四年のアメリカの国民総生産は三六〇億ドルで、そのうち外国投資は七一億ドルすなわち二〇％を占めたのであるから、資本の結合の度合は全く現在［一九九〇年代前半］のレベルと比較可能であることは明らかであろう(14)。

一八七三年に発生した世界規模の証券恐慌は、ヨーロッパとアメリカの同時代人にはじめて、一九世紀半ば以降、資本主義世界で到達した資本市場のグローバルな結びつきの大きさを認識させた。相場の急落はアメリカから発生したが、ドイツでとくに厳しいものになった。なぜなら、それがドイツでは株式会社創立の波に続いて発生したからであり、その波がいっそうの不安定化をもたらしたのである。この危機は、資本収益の長期的な持続的低下を引き起こし（「大不況」）、その過程でこの二つの国では、国内市場の収益性の弱さを商品・サービス・資本の輸出によって相殺しようとする圧力が強まった。「大不況」末期に、世界市場の結びつきは新たな質を獲得した。一八七二年から一八九〇年までの世界全体の輸出量は四分の一の増加であったのに対し、一八九五年から第一次世界大戦までにそれは三倍に増加した。同時に世界の工業地域は、その相対的な意義では現在の過程と比べて勝るとも劣らないほどの通信革命を経験した。たとえば、一九一三年にウォール街のニューヨーク証券取引所とロンドン株式市場との情報交換は一分もかからなかった。第一次世界大戦の前年には、多国籍企業とフリースタンディング・カンパニーの数は、現在の国民国家を超えて活動する企業の数を下回らなかった。すべての主要貿易国によって受け入れられた金本位制はグローバルな金融媒体を提供し、その実際的な重要性と形式上の質は今日まで覆されていない。グローバリゼーションのこの最初の段階においてすでに到達することになった商品市場の統合と金融市場のネットワーク化の水準は、一九四五年までの二度の世界大戦と世界恐慌の破局のなかで失われてしまったのであり、そのような水準がその後再び完全に回復するのは、冷戦終了期まで待たなければならないのである。

それ故に、企業は、実際、すでに一九世紀末には、グローバル化の過程のアクターとして現れていたのであり、他方で、同時に、新産業の台頭は、非物質的で科学に依拠した価値創造に有利な転換を告げていた。そして、この転換によって「知識社会」への入り口が開かれたのであった。これまでのところ、これら諸過程の時間的関連の長期的意義とその結果が及ぼした影響は研究されていないが、そうした研究を進めるにあたって歴史的パースペクティヴがもつ魅力とは、経済発展のこの決定的な転換点において発生したまさにその社会的生産システムが、今、新たに議論の対象になっているということにある。

以下では、この長期的な時間的関連を、次の二つの視点から研究しよう。まず第一に問われるのは、歴史と文化の中へのニュー・エコノミーの埋め込みである。新たに創出された諸組織の受容コストを低くおさえるために、歴史に耐えて生き残ってきた諸制度への信頼によってその新しい組織を強化するということがここでの要点であるならば、ドイツ帝国の経済が依拠することが可能な「社会化モデル」とは何であるのだろうか。諸制度が生まれてくる、［ドイツ帝国という］環境（21頁の表2参照）のなかで、この［「社会化モデル」の］「遺産」は、その新しい駆動装置を（経済的な観点からも倫理・道徳的な観点からも）陶冶するために、極めて意識的に利用されたのである。第二に、今日においてもなおアクチュアルな意義をもっているような、この経済的利害政治の新しい形態が議論される。その形態は、社会的に操舵されたコーポラティズムと国家によって操舵されたコーポラティズムの狭間にあったドイツ帝国の政治的温室のなかで、どのように発展したのか。その発展の仕方こそは、新しい制度的枠組み発生の事例となるのである。

2　ドイツ経済の社会化モデル――イギリスとの比較

最初のポスト自由主義国家

一九世紀の最後の約三〇年間にドイツ帝国の工業は世界水準へと突破することになるが、それを可能にしたドイツ経済の革新は矛盾に満ちている。一八七九年以後、ドイツ帝国はその対外経済をふたたび保護主義的なルールに従わせる一方で、もっともダイナミックな輸出国の一つにまでのし上がった。一八七一年の帝国憲法発布の後も［帝国を構成する］ドイツ諸邦は各々の域内経済政策の権限を保持しつづけ、各諸邦各々の「国民経済」の生産諸力を発展させるために、国家介入主義の原則へと回帰した。だが、そのときまでは、それら諸邦は、重商主義的な経済体制の在庫を処分し、市場の「理性」に沿って経済を方向づけるために、介入的な権力を行使していたのであった。(15) しかし、今や、事態は逆転する。プロイセン鉄道会社の国有化とそれらの世界最大企業への統合、ならびに周辺的な経済地域の開発のための鉄道配備、大運河建設の計画と実行、地域間の財政均衡の導入や「自治体社会主義」(Munizipalsozialismus) と称された諸都市・地方自治体の新しい経済活動への国家助成のような諸措置は、すでに同時代人には、プロイセン重商主義時代を想起させるものであった。こうしてシュンペーター (Joseph A. Schumpeter) のような経済学の重鎮は、「大不況」に続くこの経済トレンドの時期を「新重商主義的」と形容せざるを得ないものと考えていたのである。(16)

ドイツ帝国の経済的な利害政治も、表面的に見ると、過去に向かっているように思われた。[一九世紀半ばの] 自由主義の時代には、市民社会の [中間団体を解体する]「脱コーポラティズム化」が行われ、ギルドのような市場規制的諸団体の公法上の独占的地位が徐々に取り除かれたとするならば、これに対して、一八七〇年代以降になると、団体調整的な諸原則が、もちろん新しい形態でではあるが、ふたたび前面に登場したのであった。(17) ドイツ団体制度の疾風怒濤の時期である一八九〇年代にも、「ドイツの歴史」、それもとくに、「協同組合国家」(Genossenschaftsstaat) が支持されていた「一三五〇年から一五〇〇年の時代(18)」に立ち戻ろうとする主張が欠けてはいなかったし、「積極的な国家経済政策の必要性」を強調するために、「かつての重商主義の経済的意義」を指摘することも行われた。(19) 新しいドイツ工業経済の制度的中核であるあのカルテル組織でさえ、同時代人には、「基本的には、協同組合理念を近代工業生産に適用・修正を加えたものに他ならない」とみなされていたのであった。(20)

ソースティン・ヴェブレン (Thorstein Veblen) からハンス・ローゼンベルクまでの、ドイツ社会史の批判的分析者たちは、以上に述べてきたような状態と発展のなかに、「近代と伝統との間の深い断絶(21)」を観察し、そこに、「一民族の社会的・政治的・精神的・文化的な生活と道徳的な構造と宗教的基盤のバランスを完全に崩壊させる」に等しいと思われる緊張と衝突の原因を見出していた。(22) ローゼンベルクは、二〇世紀前半にドイツ史が破局を迎えたとの印象から、「社会システムの様々な部分のシンクロナイゼーション(同期化)の不足が、システムの生存能力」を脅かした、と述べた。(23) ヴェブレンもまた、その後の歴史の展開を知らなくても、彼の眼には「諸国民のなかの中世的思考の砦」であり、そしてまさに「近代文明の到来に対する反動の具現化」であると映じていたドイツ帝国に対して、早くも一九一五年という時点で、その時の緊迫した情勢の故に、次のような悲観的な診断を下したのであった。「したがってドイツ帝国は、［工業化の課題を強いる］機械の時代から離脱することはできないが、また長期にわたって工業経済を促進することも許されない。なぜなら、長期的にみれば、工業化が国家の［反動的な］基盤を揺るがすことになるからである(24)」、と。

この「ドイツの特殊な道」というパラダイム——その批判的な変種がこの公式の背後には存在するのであるが——は、かなり以前からとくに英米の歴史家たちによって決定的に問題視され、そのかつての擁護者であったビーレフェルト学派によってももはや維持されてはいない。(25) 批判者たちは、とくにドイツ歴史叙述の説明にある「工業化以前の伝統の優位」という考え方に反対し、ドイツ史の「封建的」な連続性のみを跡づけるのではなく、まさに、ヴィルヘルム期の社会から、ヨーロッパ資本主義の最もダイナミックな形態が生まれてきたという事実を考慮するように主張している。(26) その後、国際比較のなかで、その政治体制の「後進性」の度合を相対化し、それによってドイツの歴史にその特殊性を認めながらも、その発展が「独自である」(sui generis)とする議論に多大な努力が費やされた。ドイツは、その市民革命を、暗黙のうちに——それが「上からの」革命によるものであろうと、経済的利害の有効な代表を通じた慎重な方法によるものであろうと——達成したのであろうか、それとも挫折してこの目標を達成できずに、後にその禍根を残すことになったのであろうか。この問いは、ドイツの特殊な道をめぐる論争を今日まで規定しているのである。

しかし、驚くべきことには、制度的な基盤としてドイツ経済の成功と極めて密接に結びついた経済政策・社会政策の方法と思考様式・行動様式には、ほとんど関心が向けられてはこなかった。帝政期のドイツ資本主義のダイナミックな発展が可能となったのは、企業家の経営内福利厚生制度や国家の福祉国家的介入や諸団体・カルテルの市場を秩序付ける機能のおかげであろうか、それともそれに逆らってであろうか。ドイツ経済の集団的秩序構造、すなわち国家介入主義的・団体調整的・協同組合的な秩序構造は、「工業化以前の」時代錯誤といいうるのであろうか。もしそうであるならば、この場合には、いかなる社会進歩も、この時代錯誤と経済的現実との間に生まれる緊張状態に遭遇して、遅かれ早かれ挫折しなければならなかったと考えられる。それとも、高度工業化の時代には、まさにそのような集団的秩序構造は、時代に適合した経済的行為の社会化の形態を体現しているのであろうか。もしそうであるならば、そうした社会化の形態は、新たな試練に対する適切な回答として理解されうる。そして最後に、ドイツ経済の集団的な秩序構造は、ドイツ帝国の時代の人々が好んで引き合いに出した工業化以前の伝統とどのような関係にあったのだろうか。もしイギリスが「最初の工業国」と称されうるのであれば、ドイツは「最初のポスト自由主義国」ということになるのであろうか。

これらの問いに回答する前に、その前提として、一九世紀末に秩序政策上の転換が実現するためには、ドイツにおける経済秩序の特殊な伝統がいかに重要であったかを明らかにしなければならない。多くの論者は次のように主張している。ビスマルク（Otto von Bismarck）と指導的なドイツの国民経済学者グスタフ・シュモラー（Gustav Schmoller）の同時代人は、自由主義時代以後に新しい経済組織の形態を急速に受容させるためのコストを低く抑えるため、工業化以前の経済行動と思考の本質的な内容ではなく、とくにその表面的な現象形態に依拠した、と。ドイツは工業社会への別の道を歩まなければならず、その過程において隣国のそれとは明らかに異なった経験をした。このことは、同業組合条例と商業体制を事例とし、プロイセンとイギリスにおけるそれらの事情を比較することで理解しうる。ここでイギリスとの比較が適当であるのは、高度工業化の時期からポスト工業経済への移行過程で中央の秩序政策上の革新が最初に現れたのは指導的工業国イギリスではなく、まずはドイツであったからである。カルテル・

社会国家・団体形成・国家の生産的秩序政策といった新しい制度的特徴や、さらには手工業政策や会議所制度といった利害政治上の新たな規定は、イギリスの先行する発展に追いつき、最後には追い越した後進的経済国ドイツの特徴であった。もしも、この革新が、成熟した工業経済の発展の論理のなかに存在しており、他の国民経済により後から模倣されるのだと主張されるのならば、なぜその革新は工業分野の先駆者であるイギリスによって生み出されなかったのだろうか。この問いへの回答は、単に、この二つの国において市場の試練と刺激が異なっており、それによって両国は異なった組織形態へと導かれたということだけにあるのではない。一九世紀末の制度的革新の原因は、相異なる制度的思考・行動モデルを生み出した歴史的経験の相違にも求められるのである。帝政期当時のドイツの人々にとって団体調整的諸規範は十分に親しいものであったので、社会的生産システムを制度的に新たに設立する過程のなかで、その諸規範は手本として役立ち得たのである。

自律から自治へ——工業発展の独自な道

イギリスとヨーロッパ大陸では、中世における同業組合*の外見的な現象形態が非常に似ていたにもかかわらず、両者は初めからその本質的な機能において大きく異なっていた。イギリスの同業組合は、一三—一四世紀に都市住民の社会的・経済的な新しい集団化の帰結として発生した。その集団化は、営業活動がますます専門化したことによって引き起こされたものであった。ギルダ・メルカトリア（Gilda Mercatoria）は、納税の対価として国王により都市に付与された商業独占の担い手としての商人ギルドであったが[27]、商業の細分化にはもはや適さなかった。個別には、史料のなかで「ミステリア」(mysteries)、「クラフツ」(crafts)、「アーツ」(arts) のように呼ばれている同業組合がどのようにその特権を獲得したかについては議論が分かれている。最初の同業組合が農奴身分出身の手工業者から発生したのか、あるいは「外来者」から、つまり土着ではなく、新たに入植した異邦人から発生したのか、あるいは商人ギルドとの統合によって、あるいは国王特権によって都市の権威に対抗することで自立にいたったのか。これらの事例はすべて立証されている。(28)

＊以下では同業組合に相当する用語として、それ以外に、ツンフト（Zunft）、ギルド（guild）、イヌング（Innung）も用いられている。基本的には――とくにドイツとイギリスの共通の文脈では――同業組合を用いた。ツンフトは、一九世紀半ばドイツに「営業の自由」が導入されるまで存続した手工業者の身分的団体であり、各々の手工業職における入職を規制し、職業教育・労働時間・製品の品質・価格などを規定して監視するとともに、経済以外の文化的・社会的諸機能をも担った。ギルドはドイツでは、近世までの商人の同業組合に対して用いられた。これに対して、イギリスでは、手工業と商業、双方の同業組合がいずれもギルドと呼ばれた。イヌングは、もともとツンフトやギルドのことを意味したが、今日では、手工業会議所の管轄下にある、小企業家の公法団体をさす。

しかし、イギリスの同業組合が、ドイツの同業組合と同程度の自立を獲得したのではないことについては異論はない。前者は既存の国家行政・都市行政に順応し、商工業の規制は国家とその機関の問題であるという見解を尊重していた。そのようなものとしてのみ、イギリスの同業組合は個別の利害を実現しようとしたし、実現できたのであった。大陸モデルにしたがった同業組合の革命については、イギリスは論外である。一三世紀末に、ロンドンの手工業者が都市貴族層に対して闘争を繰り広げ、敗北したにすぎなかった。(29) また、イギリスでは独自の裁判権への願望も、ドイツのように決して切迫したものではなかった。強力な中央権力が司法の恣意性を抑制したからである。都市は、王室の承認によって、同業組合を特権化したことで、その権威を弱めたかに思われるが、実際にはまさにそのことによって自らの地位を強めていた。都市は産業政策・治安・徴税のような中央当局にとってなお管理するのが困難な課題を、特権化されたと同時に管理された同業組合に委託したのである。こうして、同業組合は国家政策・都市政策を実行する手段となった。同業組合の都市当局に対する関係は、従属的な関係のままであった。一四一〇年にヨーク市の刃物製造業者は、「大変光栄かつ尊敬するヨーク市長および参事会員様に、皆様の哀れな同胞市民が懇願いたします」との文言をもって、その定款の承認を求めるように請願している。[30] この卑屈な調子が自意識をもったドイツの同胞から述べられることはないだろう。たとえどのようなきっかけであれ、ドイツの同業組合であるツンフトがその定款を書面に書き記すときには、一三五五年のフランクフルト織物仕立工のように、つねに旧来からの慣習と法律が参照されていた。「われらフランケンフォルトの織物仕立工は、われらの主・市参事会員・市参事会に、みな同様に、われわれが長い間保持してきた、慣習、正当な地位、権利、責任をお知らせいたします[31]」、と。

もともとは、ドイツでも都市支配層は、同業組合に対して権利を留保していた。彼らは軍務と納税を要求し、同業組合の長を任命して、食糧政策・警察・軍事上の理由から、しばしば同業組合の事業運営に深く介入した。しかし、それらの権利のほとんどは、激しい抗争の後、最終的には、革命によってであれ、あるいは、あまり劇的なものではないが、権利の売買という形ででではあれ、同業組合へと移った。[32] ドイツの同業組合は自由協同組合的な統合から発生したにもかかわらず、それらはイギリスの事例が示すような私法上の制度に沿ったものではなく、むしろ公法上の性格を持っていた。ドイツの同業組合は公的な部局であり、強力な中央権力が欠如していたなかで近代にいたるまで最も重要であった都市経済政策の担い手であった。手工業者の協同組合は自律的団体と見なされており、営業上の目標を追求することは、その第一の目的ではなかったし、その主要な目的ですらなかった。それに加えて、一般的に、政治的、軍事的、社会的、宗教的、道徳的、法政策的目的があった。ドイツにおけるその繁栄期には、同業組合の営業法は、その協同組合の目的を達成するための手段ではあったが、逆に、協同組合が——イギリスでは最初からそうであったのだが——営業法の目的を達成するための手段では(なお依然として)なかった。イギリスでは、同業組合制度は、自分自身の自由を求める運動に発したものではなかったし、それになんといっても、大陸のモデルに従って導入されたものであったために、ギルドはプラグマティックに経済的課題へと集中することになったのであり、その十分な政治的・軍事的・社会的・宗教的・法的意義を彫琢することはなかったのである。

一四世紀にドイツとイギリスでは、同業組合への強制加入制度が生まれた。しかし、フランクフルト織物仕立工が、一三五五年に、「われわれのツンフト構成員を除いては、なにびとも織物業を営んではならない」[33]と自律的に規定できたのに対して、イギリスの同業組合組織は国家の介入の対象であった。エドワード三世は、一三六三年の「香辛料取扱商人法」によって次のように規定した。「これをもって、どの手工業者も聖母マリア御潔めの祝日までにどの同業組合に加入するかを決定しなければならない。どの手工業職種に関しても、その代表者二人が、その組合員が決めた職種とは異なる職種に従事しないように監視することが望まれる」[34]。こうして、イギリスとドイツの同業組合は、たしかに重要性においては互いに劣ることはなかったが、全く異質な法基盤・権力基盤に依拠していた。イギリスでは、ロンドンにおいてのみ、一三七六年に、同業組合は、都市行政の選挙を委譲されることによって、政治的にも定着することになった。このギルドと都市行政に関わる権利であるが、それを同業組合は一四六三年に最終的に守り抜き、それに修正を加えながら一八三五年まで行使することになった[35]。実際に、どの市民も今や一つの同業組合に所属しなければならなかったが、国王も、リチャード二世(一三八五年)からヘンリー八世(一四八四年)にいたるまで、一二のロンドンの支配的同業組合の一つである「洗礼者ヨハネ友愛会仕立工・リネン武具仕立工」の名誉会員になったのである[36]。

しかし、ドイツよりもずっと早く、イギリスの同業組合では、その十分な発展に続いて凋落が始まった。活動的な商人と手工業者の重要性が後退して、金利生活者が有利になり、同時に同業組合内部では融和できないほどの経済的・社会的対立が深まった。一四世紀末には、すでに、協同組合的な福祉と扶助の思想は崩れていた。公益的な協同組合は、地方自治体官吏の配置を目的としたジェントルマン層の選抜団体か小資本家層の連合体に変質していった。一四三七年に、国王と議会は同業組合改革を始めるにあたって、この問題をはっきりと取り上げ、同時に仲裁人と都市支配層による同業組合の監督も強化しようとした。「手工業親方であれ同業組合親方であれ、その他の誰であれ、国王の特権や国王から特別待遇を得たものたちの特権を排除したり弱めるような条例、あるいは、公益に反したり、何らかの他の徴税権の規定に抵触する条例を公布したり適用したりしてはならない。たとえそれが、事前に善きもの、理性的なものと認められたり、仲裁人やその時の都市行政の上層部によって承認されているとしてもである[37]」。ほぼ同時期に、ドイツでもまた同業組合の経済的実態に対して次のような批判が現れた。「しかし、事が常にうまく行き、どの人も隣人に誠実であると確信したいのなら、ツンフトを廃止せよ[38]」、と。しかしながら、ここで問題になっているのは、価格騰貴に対する率直な訴えである。神聖ローマ皇帝と領邦君主は、一八世紀にいたるまで、本質的には、手工業者の「無分別な習慣」(irrationabiles consuetudines) に対して闘うということに介入を限定していたのである。

イギリスでは、すでにこの時期に、ギルド制度のもとでまったく異なる経済的・社会的現象が起きていた。かつてそこでは加工生産を行う手工業者と小売業者の同業組合が存在した。しかし、資本主義の「精神」と、とくに繊維工業における新しい生産方式が拡大すればするほど、そうした同業組合の役割は、重要性を失っていった。経済的な高揚は、旧来の同業組合都市の営業独占区域を回避し、その代わりに農村にあるエネルギーと労働の貯蔵庫を活用した生産によって起こった。また、それは、バーミンガム、マンチェスター、リーズあるいはハリファックスのような諸都市、つまり「かつての慣習、特権、自由には執着しない町[39]」に集中した。エリザベス一世治下で七年の徒弟期間を規定し、様々な業種の賃金水準の規制を導入した一五六三年の職人規制法のような国家の保護規定は、その進行を食い止めようとしたものであった[40]。しかしながらチューダー期(一四八五—一六〇三年)のあらゆる介入は、経済諸力の圧力のもとでは長続きしなかった。また、スチュアート朝治下で再び現れたような、かつての強固な「職人気質」への懐古的な追憶もその進行を変えることはできなかった。他方で、この旧い同業組合は、早くから硬直化して化石化してしまっていたので、新たに成立してきた独占禁止法の取り締まりの対象となることを免れた。イギリスでは、自治体法によって「営業の自由」が、プロイセン（一八一一年）よりもいっそう遅く、一八三五年に導入された。イギリスにおけるこの時点での営業の自由の導入は、たんに純粋に形式的な問題であって、［ずっと以前から同業組合が営業独占を失ってしまっていた同国の］現実とは文字通りに何の関係もなかった。

しかし、一四世紀以来、ギルド制度は、より大きな重要性を獲得することになったもう一つの分野を発展させた。この新しい「法人」(bodies corporate) 事業体は、常により豪奢な組合礼服（livery）によって、成功した貿易事業家としての制服のなかでも際立つことで、かつての同業組合から突出したと思われる。この組織は、そのために、王制への編入によって新しい独占と独自の法人格を獲得することができた。それらは一五世紀に勝利した商業資本を体現していた。その構成員の資格基準は、出自や職業ではなく財産であり、その手工業に対する関係から見るとこの事業体は問屋商人の性格をもち、その組織の基本的原理は扶養（Nahrung）ではなく利潤（Profit）であった*。重商主義時代への移行においては、それらから決定的な経済的刺激が発生した。これらの事業体が、旧来からの同業組合と共通したのは、ただその外見だけだった。すなわち、国家によって付与された独占、王制への編入の結果として得られた営業管理機能、そしてその名称が共通面である。しかし、実際には、それらは、同業組合制度がかつて――イギリスでも――つくりあげたものとは反対のものを体現していた。

*扶養原理とは、共同体構成員の「需要充足（Bedarfdeckung）」を優先する経済原則のことである。ドイツ歴史学派経済学では、この扶養原理は、「利潤」指向の個人主義的経済モデルと対置され、(手工業組合などで前者の原理が優勢だった) 近代以前の都市経済から後者の原理にもとづく資本主義国民経済への発展段階の移行問題とも関連づけられて論じられた。次を参照。Karl S. Bader u. Gerhard Dilcher, *Deutsche Rechtsgeschichte. Land und Stadt: Bürger und Bauer im alten Europa*, Berlin 1999, S. 487–488, 524–525; Werner Sombart, *Der Moderne Kapitalismus*, Bd. 1, 6. Aufl., München 1924, S. 299–300.

ドイツの同業組合は違った発展をした。また、その衰退については、諸都市の経済的な役割は領邦権力の発現とともに弱体化していったのだが、そうした過程も見過ごすことはできない。一般的には一七世紀の危機*が、特殊的には中央ヨーロッパの経済的停滞が、都市と領邦の間の分配闘争を激化させ、この闘争においてツンフトは閉鎖性の強化と独占の維持によってその基盤を保とうとした。商業の重心がバルト海と南部ドイツ地域からヨーロッパ北西部へと移動したことは、中部ヨーロッパにおける輸出向け都市製造業を縮小させ、また農村の比較的発展の弱い製造業基盤にも被害を与えた。こうした経済状況のなかで、ツンフトは、その視野の狭さや硬直性にもかかわらず、進歩の邪魔をするということはあまりなかった。むしろ、営業発展の限られた基礎条件のなかでは、ドイツ諸邦の経済政策は、ツンフト制度を固守するしか他に方法はなかった。当時その著作がよく読まれ、名声を博した経済学者ヨハン・ヨアヒム・ベッヒャー（Johann Joachim Becher）は、たしかに、徒弟修業証書や家柄に基づく組合員資格の制限や親方資格試験作品や職業名誉の維持など、要するに同業組合の「意地の悪い独断性」と「内密の独占」を、ひどい弊害であると考えていた。しかしまた、彼は次のようにも主張した。イギリスやオランダにみられるような最大限の自由と競争は、手工業者をつねに困窮させ、彼らは、どんな経済停滞の際にも、ドイツでは見られないような恐ろしい悲惨のなかに突き落とされる。そこから相当な利益を手にしているのは商人と問屋だけである。オランダやイギリスのように、国外への大きな販売先をもった国だけがそのような体制が可能である、と。彼の結論は、「それ故に、ドイツにおいては、ツンフトは廃止されるべきではないが、同時に、誰にでも望むように自由に仕事をさせることである……」というものであった。[41]

＊一七世紀のヨーロッパでは、人口増加率の後退、国際交易の停滞や衰退、各地の革命や農民反乱の頻発で旧い社会構造が危機に瀕した。

同業組合の存在以来、その悪弊は訴えられていた。したがって、時には、市参事会や領邦君主によってイヌングは解散させられたし、その特権は没収された。もちろん、このことは「営業の自由」の導入を意味したわけではない。そうしたイヌングには、政治的な諸権利や財産や徴税権や自立的な裁判権だけが一時的に制限され、その監督は市参事会の官吏の役目となり、その協同組合は市参事会により強く依存することになった。だが、それ以外の制度、すなわち、その社会的・宗教的機能は当然として、徒弟・職人制度、採用条件、親方の権利、組合間相互の仕事の区分、価格査定と厳格な品質検査による競争規制、年市を開催する権利、よそ者を土地の者からは区別して扱う法律、同業者の数の制限は、たいていは旧来のままに残された。さらに同業組合の改革が行われた場合でも、それは、まだ依然として、繁栄期のイギリス手工業者組合の状態に相当していたのである。

一五―一六世紀のツンフト改革のもとで、ブランデンブルク辺境伯領の同業組合は、比較的穏健な性格を持っていた。一五八〇年以後、イヌング規約が選帝侯によって承認されることが慣例になり、すでに一五四一年に「管轄する当局には時宜に応じて規約を変更、宣言、追加・削除をすることが認められるという条件付きで、イヌング規約が認可された[42]」のであるが、この規約は既得権とみなされており、その承認は形式にすぎず、手数料が要求されただけであった。原則的には、これは幅広い帰結をもつものであった。なぜなら、同業組合は、それによって、自由協同組合から、国家的に特権化された団体になったからである。もちろん、実際的側面では何の変化もなかった。同業組合の存続承認を国家意思に移した、一六五三年の大選帝侯の協定でさえ、同時に次のように約束した。「われわれは、古来にイヌングに導入された、とくに紀律と栄誉に関するものを、恵み深くも厳格に認めるつもりである[43]」、と。そうであっても、選帝侯フリードリヒ三世、後の国王フリードリヒ一世による一六八八年の施政開始とともに、変化が始まった。レーエン官庁（Lehnskanzlei）は、この機会に規約の有効期限の満期が確認されたツンフトで、［親方の数を制限している］閉鎖的な同業組合については、容赦なく取り締まるようにとの通達を受けた[44]。それによって、一八世紀初頭のブランデンブルクの国内政治は、ドイツの中では、比較的改革的で自由主義的なものとみなされたのである。プロイセン――ブランデンブルクはその一部であるが――はまた、一七三一年の「帝国ツンフト条例」の成立にもっとも熱心に取り組んでいた。レーゲンスブルクで、神聖ローマ皇帝は、ツンフトによる独占の悪用を指摘して、次のように宣告した。「皇帝陛下と帝国は、公衆がそのような不埒な民間の商売によって阻害されたり煩わされたりすることのないように、機会を捉え(……)他国の例にしたがって、すべてのツンフトを完全に撤廃してもよい[45]」、と。しかしながら、この脅しは実体を伴わないままであり、とくに帝国決議の公表とその批准は、いくつかの領邦ととりわけ帝国諸都市では、なお長年にわたって保留にされた。だが、プロイセンではすでに一七三二年に施行され、フリードリヒ・ヴィルヘルム一世の一般特許状に加えて、イヌングは、一七三四—一七三六年の間にプロイセン邦全土に有効な統一的な証書を受け取った[46]。そこでは、これまでの改革方針が三つの観点から強化されていた。

①　ツンフト制度は完全に国家権力の下に置かれた。

②　ツンフトの間の競争が強化され、在地市場の秩序は全領地に拡大された。

③　職人の労働法は、彼らを警察と親方に従属させる観点から、改革された。

それによって、ツンフトは、自立的に経済的な利害政治を行い、競争に独自の観点で影響を及ぼす権利を、最終的に失った。しかし、さしあたり職業教育制度の旧来の形式と協同組合組織それ自体は維持された。それによってよく機能する職業仲介制度と産業支援制度も存続することになった。このことは大きな社会的意味をもっていた。たとえばマクデブルク大公領では、一八〇〇年頃でも、家内工業、工場制度、鉱山業、製塩所の労働者が七〇〇〇—八〇〇〇人だったのに対して、手工業には一万二〇〇〇—一万四〇〇〇人も従事していたし、さらに前者の大部分もイヌング的な制度で組織されていたのであった[47]。一八六一年の調査によれば、工場労働者が手工業者を数のうえで上回っていたのはザクセンだけであった(五四：四六の割合)。旧プロイセンでは手工業者は、［労働者と手工業者という］二つの就業総人数のうちの五九％を占め、明らかにまだ優勢だった。ちなみに、この関係は、同年のドイツ関税同盟全体にも該当した[48]。プロイセンでは、同業組合制度が工業化の進展を阻まなかった。その制度が経済的・社会的に存続し、遥か二〇世紀にまで産業制度と利害政治に対して強い影響力をもったのは、少なくとも、相対的な後進性と並んで、その改革のおかげであった(49)。手工業の同業組合制度が遅くとも一七世紀には、資本主義的な発展の陰で収縮していったイギリスとは違って、プロイセンでは、同業組合は、他のドイツ諸邦と同様に、その権利形態では削がれたが、その社会的有効性に関しては、工業化の完全な定着にいたるまで——さらには、しばしばその定着以後も長らく——ほとんど損なわれることはなかった。同業組合への批判も、その弊害に向けられる一方で、その価値と原則には触れずに無傷のままにしておいた。そのため、公共の意識のなかでは、買収と会社設立、株取引と投機行為ではなく、協同組合的な契約と共通の利益の優位がより高い倫理的地位を占めたのである。

市場と国家の関係

独占の問題と国家の役割に関しても、イギリスとプロイセン・ドイツを比較すると、ドイツ経済の道を決定的に特徴づける性格の相違をみることができる。その際に重要なことは、ただ単に、工業化を早めたり遅らせたりすること、すなわち秩序政策の考え方と実行の単なる時期的なズレだけではない。イギリスでは、クロムウェル時代の「自由、(私有)財産、商業」のスローガンによって、経済生活の個人化にまでいたるある連続した運動が開始されたが、それは、プロイセンで国家重商主義的な経済政策の時代が本格的に始まるよりも前のことだった。だが、スチュアート期イギリスの経済政策は、対外的には保護主義によって、国内的には国王により特権化された私的独占によって特徴づけられるが、この時代のイギリスの経験も、重商主義時代のプロイセンの経験とは明らかに異なっていたのである。

エリザベス一世のもとで、初期資本主義産業の独占組織がその最初の興隆を示した。独占の対象とならないような商品はほとんどなかった(50)。しかし、すでに一六〇三年の女王の死とともに、イギリスでは絶対王政の時代が終わりを迎えた。ある特定の事業運営に排他的な権限を付与する権利は、その絶対王政に依拠していた。それ以来、独占の特権を付与する国王大権は、新興の市民階級との抗争の中心となった。すでにそれ以前から、議会は折にふれて「諸々の王の特権・特許状」（一五〇四年）の害悪を攻撃していた。

議会が承認しようとしたのは、通常一四年間の発明者保護と、同業組合から構成される「公益に基づいた」地域独占にすぎなかった。そのため一六二四年の独占法は次のように宣言した。「本日までに、何らかの個人や政治団体や法人が、国内で排他的な要求により何かしらを購買、売却、製造、加工、利用するために保有していたあらゆる独占権、特許権、利権、認可、特許状、特権は、すべて現行の法律に違反しており、したがって現在と将来にわたって無効となるので、それらは決して利用ないし適用されてはならない[51]」、と。庶民院は独占にとりわけ価格上昇と品質低下の原因を求めるとともに、その営業政策上の利益に異を唱えたのである。これより長期におよぶ根本的な対立が始まった。スチュアート朝の身分制的・独占主義的な重商主義は、とくに庶民院の統制を受けない国庫収入源の開発のために、独占権と特許権の付与を利用していたが、その付与を開発政策上の理由によって説明していた。したがって、ジェームズ一世も基本的には独占禁止に賛成しつつも、国家的な産業振興による経済的な（そして財政的な）恩恵を断念しようとは思わなかった。独占禁止法もその多数の例外条項によって、その目的のための十分な基盤を提供した。とくに、同法の一四年間の特権待遇を認めた特許条項［発明者保護］とギルドの特権は、独占主義的特権化を正当化するために盛り込まれた。最も不興を買ったものの一つが、ジェームズ一世によって一六二二年に付与された石鹸独占であり、それは一六三一年に批准され、数十年もの長期間にわたって存続した。したがって、一六四〇年にコウルペーパー卿（John Colepeper）は庶民院で同様の諸特権を取り上げ、「独占主義者とそのほかの国民の敵」に対して次のように述べることで確信をもって王国全体の弁護士を僭称することができたのである。「エジプトのイナゴの群れのように、その者たちは我々の住居を覆っており、我々には逃れる隙間もない。我々のカップをすすり、我々の鍵のなかにもぐりこみ、我々の暖炉に居座っている。我々は染色用桶、洗面器、パウダー入れのなかにその者たちを見つける。その者たちは執事とともに部屋を分け合い、我々の頭のてっぺんから足の先まで差し押さえているのだ」[52]。

実際には、独占特権を利用して新しい事業を育成するとともに旧来の事業を拡張する試みは、ほとんど失敗した。多くの事例のなかの一つが、一六一五年にジェームズ一世のもとで付与された染色布地の独占であり、それは無染色布地の輸出禁止によって支えられていた。イギリスでこの事業を根づかせようという希望は、早くも二年後、染色布地と無染色布地の両方の販売不振のために失敗に終わった。なぜなら一方の染色布地は輸出には不十分であり、他方の無染色布地は外国市場から追い出されたからであった。したがって、この計画は特許会社コケーン（Alderman William Cockayne）の破産にとどまらず、イギリス繊維業全体にも重大な打撃をもたらした。結局、ジェームズ一世もこの計画の失敗を認めなければならなかった[53]。しかし、もちろんこの経験は、彼の後継者チャールズ一世が、議会を通さないで収入源を作り出すために、新たに無数の会社に特権を与えて、独占禁止から解放することを阻むものではなかった。ようやく一六八九年に、名誉革命の結果として、議会は権利章典において、鉱山採掘の国王大権とともに、国王の特免特権を取り除いた。

しかし、経済的な非効率性と政治的な恣意という二重の烙印が押されたにもかかわらず、一八―一九世紀におけるカルテルの発生と存続がそれによって完全に阻まれることはなかった。それらのなかでも、もっとも重要なものは、おそらく「小売制限」(Limitation of Vend) として知られたニューキャッスル鉱区の鉱山所有者連合であろう。それは一七七一年から一八四四年まで存在し、ダラムとノーサンバーランド伯領の鉱区から海外に向けて供給したロンドン石炭市場の安定性を保障するものであった[54]。もちろん、ドイツとは異なり、独占に敵対的な世論と強力な司法は、独占主義的な市場秩序の有効性を、一方ではそのような特例と、他方では短期的な不景気による苦境に制限していた。

独占とあわせて、社会像としての官僚と彼らが担ったチューダー朝・スチュアート朝の国家介入主義も、国王とブルジョワジーとの間の抗争の火中に入った。初期スチュアート朝が抱いた、ヨーロッパにおけるイギリス王室の役割についての過度に野心的なイメージは、自己所有財産と税収入源によって国王に許された財政上の［限られた］可能性と明らかに対立していた。王室の土地売却は土地価格を引き下げたが、それにより、国家介入がなければありえなかったような規模で、貯蓄は農業へと流入し、産業投資は大きな被害をうけた。そのため、すぐに土地売却は限界に行き着いた。スチュアート朝の統治が始まったときには、とくにヨーロッパ大陸諸国と比較して、税負担は、同時代のイギリス風刺作家エールマー（John Aylmer）が言うように、むしろ穏当な水準であった。すでに一五五九年に、ドイツの状況をみて、彼は次のように強調していた。「ドイツ人は、骨の髄まで納税しなければならない。それに対して君たちはその遺産相続人のためにいくらか貯えることができる。君たちは生涯に二、三度は自分の国に税金と諸料金を支払って助ける必要がある。それに対してドイツ人は、毎日、際限なく支払わなければならない。君たちは主人のように生きているが、ドイツ人は犬のような生活をしている」[55]。イギリスの納税市民は、チャールズ一世の議会を無視する試み、すなわち自分たちの所有権を侵害して新たな税源をつくりだそうとする試みに対して、ますます敏感に反応した。例えば、一六三四年以来、いつも海賊退治の口実で新たに徴収された「船舶税」のように、最高裁判上の「緊急措置」として正当化された場合も同様であった。財政難は、結局は、地方当局が「治安判事」を通じて職業官僚に勝利する手助けにもなった。治安判事は、たいてい地元の名望家層出身であって、自らに認められていた俸給を断念してもかまわなかったからである。

国教会の助力で官僚国家をつくりだそうとするチャールズ一世の意図が挫折したのは、ただ単に、王室の困難な財政状況のためだけではなかったし、それは主な理由ですらもなかった。資本主義的な貿易会社ではなく、同業組合の役員と官僚が担った、商工業と対外貿易を国家的に規制するシステムというヴィジョン、産業の雇用を維持ないし創出する投資のコントロールというヴィジョン、そして安寧と秩序に配慮する救貧制度というヴィジョンは、危機に揺れていた時期における安定性の要求にまさに合致するものであった。[56] 内戦は、勃興しつつあった資本家階級を完全に分断したが、このことも、その抗争を新旧の経済原則をめぐる対立に限定することを困難にさせた。そもそも、この対立においては、経済的な原因が全く支配的な役割を果たしていたかどうかも疑わしいほどである。[57] しかしながら、スチュアート朝の経済政策上の措置のほとんどすべてが、イギリス社会の分裂をさらに深めることになった。国民的な同業組合の設立計画は、ギルドの事業に組織された手工業者と商人に特権をもたらし、一七二〇年代および一七三〇年代の初頭の危機においては、国内市場を安定化させるように影響を及ぼす可能性があった。しかし、その計画は、外部から影響されずに、同業組合の硬直した規制によって彼らの事業を営むことを、良き権利と見なしてきた関係者の利害を損なうものであった。対外貿易における大貿易会社の特権化は、資本家の各集団の希望を受け入れることができたかもしれないが、その他の利害に被害を与えることは必然であった。イギリス商品製造のブランドをめぐる努力は、長期的には、世界市場におけるイギリスの立場を強め、さらに正当・公平の原則的基準にふさわしいものであったかもしれないが、短期的には、一七世紀の経済危機のなかで、市場への柔軟な適応とは対立し、したがって失業をいっそう深刻化させることになった。

内戦の終結も国家介入主義の敗北を意味した。その制度的な基盤、つまり「星室庁」、「北部評議会」、「後見裁判所」、「高等宗務委員会」のような絶対主義的な評議会と諸官房は永久にその姿を消していった。しかし、この敗北の結果としてイギリスにおける官僚の社会的評価が低下し、貴族社会のなかでも下位に置かれ、工業家・商人層・土地所有者の所得よりも引き下げられることになった。ここにドイツとイギリス両国の経験が歴史的に大きく対立する理由がある。

ドイツ諸国、とくにプロイセンの官房学（カメラリスムス）は、資本主義的な「精神」（蓄積せよ、蓄積せよ！　これがモーゼで、預言者たちなのだ！）[58] による刺激をまだほとんど受けていない市民層とはあまり摩擦を生じるものではなかった。官房学は、身分の境界と服装規定を打破する個人主義に対する明確な敵意に依拠することができた。総じて、ルター的な経済観は中世的な経済倫理を固持しており、国家に「何かしら現実の神のようなもの」を見ていた。[59] 啓蒙絶対主義国家は、たいていのドイツ諸国において、比較的に効率的な官僚機構に支えられた国内開発政策によって「中間層（ミッテルシュタント）」から敬意を勝ち得ていた。一七世紀半ば以降、身分権力は以前よりいっそう後退し、官僚組織が発達した。フリードリヒ・ヴィルヘルム大選帝侯（一六四〇—一六八八年）の「枢密参議会」は、その構成員をすべての州から募集し、さらに「外国人」によって何倍にも強化されたが、大選帝侯がこの「枢密参議会」とともに追求した意図は、国家統一を達成し、三十年戦争終結後の経済的再建過程と発展過程のための諸前提を創出することであった。そのプロセスは、私的なイニシアティヴと経済市民層の実体を欠いていたために、「上から」実行されなければならなかった。郡長と徴税官は、国王フリードリヒ・ヴィルヘルム一世（一七一三—一七四〇年）の時期には、啓蒙専制君主制の警察国家がもつ好意的な後見の尊大さを例示的に体現していた。さしあたり、その警察国家はその介入権力を、とくに汚職と縁故主義的な地域経済に向けていた。シュタウフェン家が諸省庁に初めて独自の官僚身分を設置し、それによって国家の経済的な繁栄の前提を作り出した後、シュモラーのような影響力のある同時代の国家学者は、「政治的に強く偏向した階級支配」の水準を越えて国家を高めるために、プロイセンの行政改革をさらに進める必要があると見ていた。「都市と農村の有産階級は今では居心地の良い平穏さのなかで環境に順応したが、彼らは、プロイセン王国とその啓蒙専制君主制がその官吏を用いて変化をもたらすまでは、自分たちをさらに豊かにするために、たえず国家権力を奪おうとしてきたのだった」。[60] この分析にしたがって、シュモラーが、国家を「人類の教育のための最大の道徳施設であると理解した」ことに何の不思議もない。彼は、その国家に、「文化的状況に従って、ある時は狭い、ある時は広い」課題を委ねようとしたのである。[61]

一八世紀半ばのフリードリヒ二世（一七四〇—一七八六年）治下に行われた裁判の国有化は、官僚国家の拡張を締めくるものであった。そのときまで、裁判は主に特権身分の手中にあり、その特権身分は裁判を収入源・権力源として利用しており、職業的専門教育なしにそれを行っていた。司法改革によって(後には一九世紀初頭の経済改革によって)資本主義的諸勢力は、国家の手中から、法的保障と、プロパティー・ライト(所有権)すなわち個人の合理的な経済活動にとって絶対必要な財産処分権とを獲得した。裁判手続きを修正する国王の「絶対命令」は、人民代表によって禁止されたのではなく、フリードリヒ二世自身によって放棄され、一七四八年以来、民事事件においてはもはや行使されずに、その放棄は(刑事事件に関してはそのことがいつも守られた訳ではなかったが)、一七九四年の一般ラント法 (Allgemeines Landrecht) のなかに条項化された。たしかに一般ラント法を起草したシュヴァーレツ (Carl Gottlieb Svarez) とその共同起草者たちは、保守派の反抗に対して自分たちの考え方をすべて認めさせることには成功しなかったが、その結果はほぼ目的に近いものであり、シュヴァーレツは皇太子への上申のなかで、それをプロイセン憲法の理想とみなしていた。「全国家行政における最も規則に適った秩序、速やかで非党派的な司法への最も厳格な監視、つねに注意深い準備、国民のある身分・階級が他の諸身分・諸階級の権利を制限することのないこと、より貧しく下位に置かれている市民が富裕でより強力な市民によって抑圧されないこと、共益的な施設の設立と支援のためのたゆまぬ細心・入念さ、それによって個々人の福祉が助成され、それを通じて農業・マニュファクチュア・工場の発展を促すこと、市民的自由と臣民の諸権利・財産への敬意、そして最後に完全な宗教・良心の自由――これらがプロイセンの国家体制の基本的支柱である」[62]。ドイツでは、絶対主義的な諸侯の家父長主義的で官僚主義的な統治が、「善き統治」(gute Polizey) と公共の福祉の意味で、同時期のイギリス以上に強化され、そうした性格を持つ傑出した官僚制が形成され、それがスチュアート朝治下においてよりもいっそう長期にわたって存在したという経験は、ドイツの中間諸身分が、何故に、善意ある国家の後見の欠点が感じられるようになった後でさえも、国家介入と官僚主義的な行政への共感を保持し、[企業職員を]「民間の官吏」(Privatbeamte) と呼称する形をとって、官僚主義的な原則が摩擦なく資本主義経済の領域に移行されたのかを説明している。最後に、まったく異なった工業化以前の伝統は次の点にも示されている。すなわち、官僚国家や介入国家が、イギリスでは、ブルジョワジー自らが獲得した所有権と、それと同時に経済成長の開始時に生じた制度的な転換の中核を脅かしたのに対して、ドイツでは、同じ国家が、この生産的財産の私的な処分権を初めて作り出し、それを法治国家として保障したということである。

この経験に照らすと、団体調整的な市場経済の新しい生産体制と、その福祉国家的、市場秩序的、介入主義的な構成要素をともなうネオ・コーポラティヴな利害政治への秩序政策上の転換は、以下の三つの要因の共同作用がその前提をなしていた。

① 遅れてきた工業国ドイツは、指導的な工業諸国の個々の分野でのリードを追い上げることができない状態で、それら諸国を追い越そうとするのであれば、一九世紀末の経済的・社会的な構造転換に立ち向かうことを余儀なくされていた。したがって、経済的な後進性という試練こそが、無数の分野で効率的な諸制度の発展を導いたのである。(63)

② しかし、イギリスの市民社会の水準と比較した後進性は、工業化へのドイツの道に対する試練であっただけではなかった。この試練は、逆説的なことにも、同時に、一九世紀末の経済的・社会的構造転換への不可欠な適応を容易にしたのである。プロイセン国家は、シュタイン＝ハルデンベルクの改革以降、「上からの」産業革命を推進してきたが、それは工業ブルジョワジーの営利関心と歩調を合わせてなされたのではなかった。官僚支配と農業的・封建的な権力の時代錯誤性は、プロイセン・ドイツではたしかに工業化自体を妨げるものではなかったが、イギリスとは違って、国家を、特殊自由主義的な資本主義――市場に則して富を得ることに満足を見出すような資本主義――に対しては距離を取らせることになった。こうして、個別の社会集団の合理的な利益追求よりも、国家の安定性と安全のために政治指導と高度な官僚制を優先させたことによって、この新路線が私的な営利

利害に及ぼす短期的な否定的影響を無視することは、イギリスよりも、いっそう容易になった。

③　この適応のプロセスは、さらに、伝統的な秩序政策的な思考習慣と経験によっても、促進されることになった。そうした習慣と経験は、ドイツではまだ一九世紀になっても影響力をもっており、新しい状況に基本的には改めて対応するものと思われていた。ただその場合、［法学・経済学等の国家統治学としての総合である］国家学における一九世紀初頭のロマン主義の亜流だけが、「新しい酒を古い革袋に詰める」、つまり一九世紀初頭の経済的・社会的必要のために中世的団体の諸形態を持ち出すという誘惑にとりつかれていた。なぜなら、それらが「豊かさを作り出し、維持し、自由を保障し保護」しているとされたからである。(64)　おそらく「個人と国家のはざまに存在するあの一致点を再び見出そうとする」志は大きくなっていった。「この一致点は、より大きな共同体の高次の力によって、同胞が必要とする知識とそれを満足させる利益とを結びつける」ものであって、孤立した個人の「原子論」と国家の「抑圧的、機械的で、出すぎた統治」の間の「硬直した二元主義」を克服することを目的にした。(65)

「経済関係が新たに複雑化した」という印象のもとで、「強制から自由への進歩には……単純な上昇曲線がありうる」という想定をすすんで放棄したのは、イギリスの経済学者よりもむしろドイツの経済学者であった。ドイツの経済学者は、循環的な秩序モデル、すなわち技術的・経済的状況の諸変化に対応し、しかも、かつての時代の経験をまったくの時代遅れとはみなさないような循環的な秩序モデルを好んだ。(66)

このことが、旧制度を直接に再び取り上げることに結びついたような事例は、例えば、縮小しつつあった旧中間層が再開したイヌングのように、ほんの僅かにすぎない。より典型的であったのは、たとえば近代的な福祉国家やカルテル制度や経済政策的な国家介入主義の領域における新しい諸制度と組織形態の勃興であった。それらは新しい要求に合致するものであった。何故なら、それらの諸制度の発生は、第一には、資本の集中化の増大、価格・利回り・生産数量の顕著な循環的変動、労働市場への流動性要求の強まり、そして総じて、工業社会のより複雑な安定化の条件に負っているからである。それら諸制度の発生は、第二に、市場のグローバル化と生産過程の科学化が最も重要であったポスト工業時代の要求に応じるものであった。初期近世の経済状態との関係、ましてや中世の経済状態との関係は非常に抽象的でしかなかった。だが、広範に普及して深く根を張り、多くの人々には肯定的に連想された歴史的経験は、ドイツ帝国におけるポスト工業経済の制度的革新が早期に出現することを助けるものであった(21頁の表2参照)。それに対して、アメリカでは、同じ経済的な課題への回答としては、むしろイギリスの経験と一致しており、独立戦争後も、アメリカ植民地の市民的・自由主義的な遺産に属するような制度的な解決が定着したのである。

3　二つのコーポラティズムのはざまの利害政治

コーポラティズムの世紀

「コーポラティズムの世紀」は、一九四五年に、早くも抗しがたい終焉を告げたと思われた。中欧・南欧のファシズム体制やドイツのナチズムと一緒くたにされることによって信用を失墜した職業身分制的な理念は、疑いなく第二次世界大戦の失われた遺産に数えられた。ローズヴェルト時代のニューディールのような団体調整的な利害政治の社会的変種でさえも、戦後、変わりゆく経済的・社会的な枠組みのもとで後景に退き、経済政策・社会政策における自由主義的なルールの回帰に席を譲った。とくに、団体調整的な利害政治の分野で、たとえ特に痛々しいものであったとしても豊かな経験をもった二つの国であるドイツとイタリアでは、戦後三〇年以上にわたって大変な成功を収めた経済発展と高度な社会的安定性という印象のもとで、このコーポラティズムの伝統は、公衆の意識からほとんど完全に駆逐された。

このことが、歴史研究に対してなんの結果ももたらさないということはありえなかった。例えば、それは、ドイツ経済の「未来の可能性」についての今日の議論にいたるまで及んでいる。すなわち、ドイツを後進性の位置からヨーロッパの最も先進的な経済国家に変化させた一九世紀末の驚異的な変容を、アングロサクソンの民主主義モデルと利害代表および利害仲介に関する自由主義的見解を尺度に測るという議論である。この観点から、実際に、例えば「ドイツの特殊な道」論のように必然的に現れるのは、次のような議論である。すなわち、ドイツではたしかに経済団体と多元主義的な利害政治による高度に発達したシステムが形成されたが、しかし同時期の比較可能な工業社会ではすでに明確な特徴となっていた議会制民主主義とその諸制度が政治的な重要性を得ることができず、社会的に受容されなかった、と。団体、カルテル、評議会のような組織的枠組みの「新しい」制度の多くは、高度工業時代の資本主義の精神によりも、むしろ工業化以前の秩序世界にその起源があるように考えられた。したがって、ドイツ社会の、少なくはなかった国内問題を、異常に急速な構造転換と経済成長の結果として理解するのではなく、むしろ経済構造と社会構造におけるこの非対称性に由来するものと考えるのは、当然ではなかっただろうか。そして、ワイマール共和国の挫折の原因の一つは、その外交政策上の負担とならんで、強力な利害集団に対して自己主張できない国会(ライヒ議会)にはっきりと見られた、その自由主義的・民主主義的伝統の弱さにあったのではないだろうか。確かに、ドイツ帝国とワイマール共和国の歴史は、多くの観点から成功の歴史ではなかった。それゆえに、ドイツの経済社会を生み出したような諸制度と政治的な行動様式は、一見すると、ヨーロッパ経済の発展過程のどの時期についても、革新的な貢献とそのモデルの特徴を研究するには値しないように思われたのである。

このような見方は、徐々にではあるが、変化した。ちなみに、この変化は一九七〇年代半ばよりも以前には起こらなかった。ショーンフィールド（Andrew Shonfield）の「計画された資本主義(67)」としての「現代資本主義(68)」についてのすばらしい分析は、歴史的な次元そのものには触れなかったが、次の点を明らかにした。すなわち、競争ではなく計画が、多元主義的ではなく――今や軽蔑的な意味で受け取られることはなくなった――団体調整的なルールが、ポスト工業経済の性格を規定したのであり、ポスト工業経済が最もうまく機能したところでは、まさにそうであった、と。さらに、先進資本主義諸国の現代政治体制の機能様式は、「ネオ・コーポラティズム」に関する、一九九〇年代まで続いた議論のテーマであり、これは、シュミッター（Philippe C. Schmitter）が「いまだコーポラティズムの世紀か」[69]という問いによって引き起こしたものであった。

このコンセプトで彼が考慮したのは、経済的な「市場」でも、政治的な「市場」でも、権力化（Vermachtung）の過程が進んでおり、自由競争と契約自由というフィクションは、権力と物的資源の分配における不平等の故に、もはや説得力を持たないという事実である。コーポラティズムの概念は、利害調停過程における社会諸集団のみせかけの平等を打破することによって、喫緊の研究諸問題への入り口を開こうとしたのであった。

その中心には次の二つの問いがあった。一つは、社会的権力構造を暴くことへの批判的な関心であり、もう一つは、経済的に発達した民主主義の安定条件を解明し改善することであった。同時に、ネオ・コーポラティズム論争は、たいていは暗示的にではあるが、精神史的で制度的な伝統に支えられていた。それは、少なくとも一九四五年まで存在し、それ以降もあまり明瞭な形ではないけれども存続した。[70]中央ヨーロッパに広範に拡がっていたような伝統である。この論争によって、ドイツ帝国とワイマール共和国の時期に存在した経済的利害調整の組織に関するドイツの経験は、ふたたび強く前面に現れた。指導的な経済国家ドイツの挫折の原因を探究する場合だけではなくて、とりわけポスト工業社会の利害政治における現在の傾向の歴史的出発点を研究する場合にも、このドイツの経験は注目されることになった。[71]もちろん、そのポスト工業社会の利害政治は、一九九〇年代以降、むしろふたたび批判的に観察されてはいるが。

コーポラティズム・モデルでは、利害調整の過程は、競争原理にその機能を依拠する市場プロセスとしてではなく、むしろ、緊密な協同のもとで「市場」を分割する「大きな」社会集団の政治的カルテルとして解釈される。これは、参加する経済諸団体と労働組合に関して、高度な自律性と自治を前提としており、これら団体も、同時に、国民レベルでの経済政策的・社会政策的決定過程に組み込まれている。シュミッターは、その一方の自由コーポラティズムないし社会コーポラティズムと、他方の権威主義的コーポラティズムないし国家コーポラティズムの二類型の区別によって、コーポラティズム論を、民主主義社会の利害政治の分析に有効な装置とし、とくに一九七〇年代に国際的に広く注目された「ドイツ・モデル」を、ドイツ史の権威主義的特徴による汚染から解放した。国家コーポラティズムは、この区別に従えば、反自由主義的な、経済発展が遅れた権威主義的国家にしばしば生じる付随現象に数えられた。それに反して、社会コーポラティズムは、ポスト自由主義的・後期資本主義的・民主主義的社会国家の、重要で本質的ですらあるかもしれないような構成要素ではないかとされたのである(72)。この二種類は、国家の役割において区別され、それは、利害調整の過程が、一般的な経済的・社会的発展と自発的な協定の結果であるのか、それとも国家の命令の結果であるのかによっている。また、この関連で重要なことは、国家による制御が双方の合意にもとづくのか、あるいは強制にもとづくのかということである。この二つの類型は、二〇世紀におけるドイツの利害政治の発展のなかに跡づけることができる(73)。

こうした考察にともなって、集団的、すなわち団体指向的で協同組合的な決定構造と秩序構造の発生に関する同様の問いが、ドイツ経済の特殊な社会化条件を背景にして、設定された。このネオ・コーポラティズムの利害政治は、工業化以前の、身分的秩序の政治体制の伝統に根ざしているのであろうか。それとも、それはむしろ「第二次経済革命」の時代における経済活動の社会化の、時代に適合した諸形態を体現しており、その諸形態は、一九世紀末以降のドイツ経済の国内的・対外的試練への適切な回答として理解できないだろうか。ドイツにおける工業化の実現は、急速な経済的構造転換に必要な政治的安定性を付与する自由主義的社会と民主主義的制度を生み出すという課題に失敗したのであろうか。それとも、ドイツは、ヨーロッパにおける最初のポスト自由主義の国民として、すでに経済成長や経済構造の転換やポスト工業化の生産体制の形成といった分野でみられるように、社会の発展過程の指導を引き継ぐことに成功したのだろうか。ワイマール共和国における利害調整の政治は、したがって、その団体調整的な基本モデルのためにではなく、他の国々と比較して発達した利害政治の手法にもかかわらず機能しなくなったのではないだろうか。

権威主義的コーポラティズムの失敗

ドイツ諸邦、とくにプロイセンでは、国家は一八七三年の創業者恐慌以降、そしてその後に始まった「大不況」の影響をうけて、ふたたびかつての課題を自覚するとともに、新しい課題をも獲得することになった。一八七〇年代の間に、生産・分配・消費の経済過程に内在した社会的性格は一般の意識のなかにいっそう強く刻み込まれた。そのために、国家介入は、危機へと対応していくなかで、単に介入の対象を変えていっただけでなく、介入の性格をも変えていった。たいていの、そして幅広い重要性をもった「介入政策の」革新は、個々の領邦国家のレベルで、すなわち国内経済政策のレベルで始まった。それには、生産的な秩序政策分野と部門ごとの経済助成の分野における数多くの革新が含まれていた。それらは、権力維持という動機づけにもかかわらず、未来を指し示し、長期的に耐久力ある「ポスト近代的な」、ドイツ経済政策の要素であることが明らかとなるような革新であった(74)。対外経済においてではなく、まさにこの国内経済において、ドイツ帝国の秩序政策における決定的な転換が実現したのである。そこにはまた、プロイセンに由来する、ドイツ帝国の経済秩序を団体調整システムの方向に改編する試みも数えられる。

そのための最初の出発点を提供したのは、プロイセン国家の域内発展を目的とする新しい経済政策であった。この種のイニシアティヴは、省庁においてのみ発展したのではなかった。省庁は諮問委員会を設立し、そこには工業、農業、そして公的活動の代表者が所属した。この諮問委員会は、地区レベルでも（例えば、地区鉄道評議会 Bezirkseisenbahnräte，県水路評議会 Wasserstraßenrat für die Provinz）、邦国レベルでも（例えば、邦鉄道評議会 Landeseisenbahnrat，邦水路諮問委員会 Landeswasserstraßenbeirat）設立された。民間産業の計画作成にとって決定的に重要な、上位の経済政策上の問題は、公的な諮問と利害調整という常設された過程で検討された。経済への国家介入は、それによって、社会的に重要な集団の諸利害と結びついていたが、それら諸利害は、同時に、国家的な経済政策の枠組みに組み込まれた。この発展のもう一つの見方は、「職業身分」としての社会集団に対して、国家という「有機体」のなかに確固たる場所を割り当てる試みとして理解することである。

［たしかに］北ドイツ連邦の営業条例は、一八六九年に、営業の自由という原則に完全な効力をもたせるために、すべての公法上の独占職、同業組合および市場規制的な諸団体を撤廃した。その他の、諸邦経済会議（Landesökonomie-Kollegium）のような諸団体は、経済的自由主義の支配のもとで、その公法上の性格をすでに早くから失っていた。［だが］こうした事情は、一八七〇年代以降、根本的に変化した。すでに七〇年代初頭には、諸邦経済会議の地位が、民間の農業協会の公法上の上部団体であると同時に、農務省の諮問機関として再建された。また同年には、商業会議所の団体調整的な要素も、企業家層の利害全般を代表するという権利請求が商業会議所にはっきりと承認されたことによって、法的に強化された。[75] それだけにいっそう、手工業も、その代表者が定式化したように、「国家組織における一定の権利」の再建を強く主張した。[76] 帝国営業条例は、たしかにイヌングを存続させたが、しかし、それは、あらゆる身分上の権利および特権を制限するものであり、その構成員の目にはお払い箱になったも同然であった。手工業者は、「差別待遇と干渉という不名誉」を訴えたが、彼らは、そうした不名誉の根拠を、とりわけ、商業会議所が有するような「当局に対する有機的関係」が自分たちには欠落していることに求めていた。商業会議所と当局との関係の最も明瞭な表現は、執行権への直接請求権にあると彼らは考えていた。[77]

団体の名誉をめぐる手工業者の闘争は、まったく成功しなかったわけではない。一八七九年一月四日の布告のなかで、ビスマルクは団体の諸権利の担い手としてイヌングの重要性をはっきりと強調し、各ドイツ諸邦の政府に対して機能的なイヌングの成立に協力するように指示した。プロイセンの工業会議所もほとんど成功を収めることはなかったが、それは、とくに手工業者が、職業身分を代表することと同業者の組み込みを要求したからであった。最終的にこの要求は、一八九七年の手工業法のなかで実現され、その法は「自由選択制強制イヌング」という制度を導入しただけでなく、手工業会議所もまた公法上の団体と定めた[78]。農業会議所は、すでに三年前に設置されていた。それによって、個別利害を公法的に組織化していく傾向は、古典的な会議所の領域を離れて、二つの職業身分を組み込むことになった。それら手工業者と農民は、工業化過程のダイナミズムから特別に擁護されなければならなかったのであり、その利害代表組織の成功はプロイセン国家の社会的な安定化にも役立ったのである。

重要な社会諸集団のこのような「会議所化」(Verkammerung)が、団体調整的な原則の拡大に対して及ぼした影響は、本来の会議所制度を大きく超えるものであった。多様かつ人間的で制度的な結びつきによって、いわゆる自由団体も、国家諸機関との、制度化された共同作業のシステムに結びついた。一八九七年に、ドイツ工業家中央連盟の加盟団体は、そのほぼ三分の一を商業会議所が構成し、一九一一年には、ドイツ商業会議の委員会を構成する五三団体のうち少なくとも三一団体が、同時に「営業・商業・工業のためのハンザ同盟」、つまり「自由な」団体の構成員であった。逆に、全商業会議所の半分以上が団体会員としてハンザ同盟に所属していた[79]。あまりに強い印象を与えるその数と、そしてとくに圧力団体としてのその台頭は、対外的に影響を及ぼしただけに、ドイツ帝国における自由な団体は、多元主義的な利害仲介という考え方とはほとんど合致しなかった。諸団体は、会議所との結びつきを媒介にして与えられた当局との組織的な協力関係の再保険と行政への直接請求の可能性のほうを、諸利害の自由競争や議会との取り組みよりも、はるかに優先した。

このすでに高水準に達した自治的な自律性と国家と経済の絡み合いこそは、団体調整的なシステムがさらに公式に制度化されることを阻害したのかもしれない。一八七〇年代以降、そのような努力は存在した。それは、危機と対立の時代にあっては、調和への広範な渇望と合致していたが、しかしまた、自由主義の庇護の下で動揺する経済システムを安定化させるという必要性をも考慮するものであった。

自由主義の支配は、とくに経済的な成功のうえに築かれていた。その成功が行き詰まったとき、「大不況」の過程で、ドイツ的秩序の伝統がほぼ強制的にふたたび視野の中に入ってきた。国家と社会を職業身分的に組織化することに賛同した人々は、ヘーゲル（Georg Wilhelm Friedrich Hegel，一七七〇―一八三一）、フィヒテ（Johann Gottlieb Fichte，一七六二―一八一四）、シェリング（Friedrich Wilhelm Joseph Schelling，一七七五―一八五四）あるいはミュラー（Adam Müller，一七七九―一八二九）のような学者を引き合いに出すことができた。これらの人々は、市場にではなく国家と団体に、個人的なものにではなく、全体に関わる公共的なものに高い倫理性を割り当てた。その際、とくにヘーゲルは決して既存のものを無批判に志向したり、彼の同時代人の間で広く普及していた、過去の栄光の日々へのノスタルジー的な憧憬を志向したのではなかった。自由主義的な資本主義がいまだ現実に存在する以前に、その機能の仕方に関する見解を発展させたスミス（Adam Smith，一七二三―一七七〇）のように、ヘーゲルも未来の社会経済的な発展をはるか先まで見通していた。ヘーゲルは、工業社会とともに増大する個人・社会・国家の複雑な関係と政治システムへのその影響を省察し、「市民社会」のカテゴリーによって個人と国家の二つの対極の間に一つの連環を挿入した最初の人々の一人であった。団体の課題とは、彼によれば、市民社会の内部に、ある度合の結束を作り出すことであった。ヘーゲルは、そうしたある程度の結束を、変わりゆく経済的条件のもとでも社会の共通目標を実現可能にするために必要であると考えたのである。

ヘーゲルは自由主義への批判を次のように定式化した。すなわち、「権利を承認された団体の構成員であることなく、身分の名誉をもたない個人は、孤立化することによって、産業の利己主義的欲望へと還元され、彼の資産も(彼の)喜びも不動のものではなくなる[80]」、と。彼によれば、市民社会内部の団体の課題は、とくに「特殊利害を、共同のものとして擁護すること[81]」であり、したがって、倫理的なものを市民社会に内在するものとして復帰させることであった。ヘーゲルはあまりにも啓蒙の子であり、同時代の経済・社会的な変転をあまりにも自覚していたので、そこから硬直した静態的な社会の不平等のイメージを発展させたり、あるいは権威的な政治秩序を認めたりすることはできなかったのである。もちろん彼は団体の特権に賛同し、同時にそれを「国家のより高次の監督」の下に置くことを望んだ。「なぜなら、そうでなければ団体は硬直化し、内に引きこもり、みすぼらしい同業組合制度に成り下がるであろう」からであった[82]。諸団体の特権は一般法の恣意的な例外として見なされるべきではなく、「社会自体のある重要な分野の独自性の本質のなかに存在する、法的に作られた規定」として見なされるべきである、と彼は述べた[83]。このような団体の課題とその規定の理解から、ヘーゲルはまた選挙法と人民代表組織に賛同する帰結を導き、それを団体調整的な代表モデルの正当化のために役立たせることができた。この点について彼は次のように述べている。「もし議員が代表とみなされるのであれば、その人々が個々人や多数の人々の代表としてではなく、社会の本質的な分野の代表、社会の大きな利害の代表であるときにのみ、有機的に理性的な意味をもつ。したがって代表するということは、ある人が他の人の代わりをするということを意味するのではない。そうではなくて、利害自体がその代表者のなかに真に現存することである[84]」。

たしかに、ビスマルクや他の職業身分的秩序の賛同者たちの反議会主義的熱意は、そのような根本的な考察だけに根ざしていたわけではない。しかしながら、ドイツ憲法と法哲学の伝統のこのような支えがなかったら、一八七五年以後、職業身分制的な再組織化の理念は、それに一時与えられたような重要性を持ち得なかったであろう。ビスマルク自身は、すすんでこの目的に、彼の政策の個々の問題を無条件に従属させた。したがって、例えば傷害保険における労災組合の強制的な設置は、第一に利害代表の新秩序のためのモデルを国家のなかに創出する目的に役立たせようとするものであった。ビスマルクの社会政策上の対抗相手であったローマン (Theodor Lohmann) は、ビスマルクとの会談について「傷害保険それ自体は、彼には副次的な問題であった」と述べ、さらにビスマルクが、「私の主要な問題は、この機会に団体調整的な組合を獲得することである。これは、未来の人民代表制の基盤を獲得するために、すべての生産的な国民諸階級に関して次々に実行されなければならない。その人民代表制は、帝国議会の代わりに、あるいはそれと並んで、立法の本質的に共同決定的な要素になるものであり、たとえ最悪の場合にはクーデターの手段によっても実行されなければならない[85]」と語ったと伝えた。このような利害調停の再組織化が緩和剤として役立った社会問題、および国民的労働市場の機能性、そして重要性が増大していく生産要素である労働の維持――これらと並んで、経済的な利害代表制という新秩序は、一八八〇年代の大規模な社会保障プロジェクトの根底にあった動機づけの順位のなかで、その先頭にあった。

しかし同時に、職業身分制的人民代表に関するビスマルクの考え方は、社会保障自治委員会のなかだけでオープンに形成されたのではなかった。その考え方は、実際には、いつも、立憲制に適法かどうかのぎりぎりのところで動いていた。それは、もちろん、一度も「立法を本質的に担う機関の一つ」となることはなかった。一八八〇年末に、王令によって招集されたプロイセン国民経済評議会は、「ドイツ国民経済評議会」(deutscher volkswirtschaftlicher Senat) の前段階として構想されていた。このドイツ国民経済評議会は、既存の上位団体であるドイツ商業会議、ドイツ工業家中央連盟、ドイツ農業評議会を一つの「統一的な中央機関」に統合し、「その機関は共同作用の調整によって、商業・工業・農業の共通利害と個別利害を代表する」ことが望まれた[86]。帝国議会が国民評議会の予算を否決したために、国民経済評議会はプロイセンに限定されたままであった。しかし、プロイセンでも、国民経済評議会は一八八六年に暗黙の了解のうちに終焉するまで、政治的には影の存在になった。一八八三年以来、憲法上の正当化なしに、ビスマルクは、自分の計画を続行することを明確にするためにだけ、この評議会をなおも人為的に存続させた。

国民経済評議会の七五人のメンバー構成は、職業身分制原則と一致していた。四五人の委員は、商業会議所、商人団体と農業協会による推薦を経て選出された一二〇人の候補者のなかから招集された。省庁は、残りのメンバーを招集する際に、とくに手工業と労働者に配慮した。[87] このようにして、評議会の商工業部門には、「手工業者身分・労働者身分」の一五人の代表も入っており、そのうち三人が職人であり三人が労働者であった。労働者のうちただ一人、ベルリンの鋳鉄工カミーン (Friedrich Kamien) だけが(ヒルシュ・ドゥンカー系)組合のメンバーであった。彼のセクションでは、ボーフムの商務顧問バーレ (Louis Baare) とメットラッハの職工長シュペングラー (Nikolaus Spengler)、ハレの蒸留酒製造者エルンスト (Albert Ernst) とコブレンツの煉瓦工親方バイエレ (Heinrich Beyerle)、ノイデックの自由身分領主 (der freie Standesherr) ドネルスマルク伯 (Graf Guido Henckel von Donnersmark) とイツェホーの工場労働者ケチング (Heinrich Kätsching)――こうした人々が、傷害保険やイヌング制度の新編成にかんする共同討議のために会合を行っていた。しかしながら、適用された選出手続きを考慮すれば、交渉においては、「意見の相違にもかかわらず、政治的な党派の違いが前面に現れたことが一度も」なかったことは不思議ではない。[88] ボーフムの商業会議所は、一八八一年の年次報告書のなかで、団体調整主義に断固たる確信をもって、そのように書き留めていた。[89] それにもかかわらず、あるいは、まさにここに表現された反議会主義的な方向性のために、プロイセン議会も、結局、一八八三年、票決が同数となった際に、国民経済評議会の予算を否決した。

議会での敗北にもかかわらず、プロイセン国民経済評議会は、たとえ手当や経費支給がなくても、なお三会期の間、業務を続けていた。経費の問題は、労働者が参加していた国民経済評議会の一五人の委員の出席に直接の影響を及ぼした。この委員のうち、一八八四年の会期中に出席したのは、わずかに五人だけだった。欠席者のうち五人は、はっきりと資金不足を理由に出席を断った。[90] したがって、労働者を「上から」組織された利害調整システムに統合する最初の試みは失敗した。だが、そうであっても、国民経済評議会は、最初のプロイセン国家機関として、計画的に、労働者代表のために若干の議席を予定していたのであった。

国民経済評議会に根本からいっそうの重要性を与えるような試みも同じく失敗した。一八八四年、プロイセン政府は産業会議所の設立を推奨し、商業・工業・農業・手工業からの会員選挙と、必要な資金需要の調達を州連盟に委ねた。州議会は、たとえばヴェストファーレンでのように、産業会議所の設立を拒否したために、少なくとも地区ごとに四つの産業グループによる、いわゆる経済会議の開催が要望された。しかし、その会議はプロイセン政府の厳しい監督下で行われたので、州長官が議題として提示することができたのは、ただ事前に省庁の同意を得た問題だけであった。それ故に、たとえば交通問題・料金問題のような、まさに地域産業の切迫した問題は除外されたままであったので、[91] 穀物計量の重量規定、刑務所の労役の商業・産業への影響、あるいは標準時導入といった「それほど重要ではない」諸問題を協議することについては、すぐに退屈と不快感が生じた。

産業会議所が設立されたところでも、それらの会議所ははじめから商業会議所の影響を受けていたので、ここでも欲求不満が生じた。このことは、産業会議所の年次報告書の次のような一節に典型的に現れている。「一八八八年のメルゼブルク行政区の産業会議所の活動は、本質的には自らの年次報告書のための資料を入手し、それを報告することに向けられている。重要な経済問題の協議によって生産的効果を上げていくことは、産業会議所には残念ながら許されてはいない[92]」。

経済利害の代表を「ドイツ帝国全体のための統一的計画にしたがって」再編しようとしたビスマルクのプロジェクトが、一八八〇年代の末に根本的に失敗に帰したことは疑いない。[93] しかしながら、反議会の職業身分制的立場が拒絶されたからといって、ドイツ帝国の利害政治には団体調整的構造が全く欠如していたと推論することは誤りだろう。

実際には、自由な諸団体を社会保守的なプロイセン・ドイツ福祉国家のなかに包摂していく過程は大きく進展した。拡大する会議所制度と結び付き、それを媒介してであろうと、統治権にかかわる諸権利を、名目上は自由な諸団体に移譲することによってであろうと、諸団体の幹部を国家官吏の模範像と保守的な社会国家の理念に方向づけることによってであろうと、この過程は前進をみたのである。失敗したのは、統一的で全社会的な団体調整システムに関するビスマルクの構想と彼の権威的な手法にすぎなかった。なぜなら、コーポラティズムは、すでにずっと以前から、契約の自由と団結の自由を基盤とした自由な現象形態で、ドイツ帝国の政治体制の現実を支配していたからである。

カルテル――市場秩序への道

比較的せまい経済領域にとって、とりわけ市場秩序にとって、カルテル制度は、泡沫会社倒産以来、この団体調整的経済へと向かう全般的傾向のなかでそれに特有な一現象として特別の重要性をもっていた。世紀転換期には、カルテルを、同時代人は、一致して、契約にかなった、つまり、たいていは同じ分野に属する自立的な企業の自発的な結合体として、企業の職業別組合として、市場支配を目的とした「企業家連盟」として定義した。(94) アダム・スミスは、商人が単なる余興や気晴らしのためだけに集まるということはめったになく、彼らの談話は必ず公衆に対する策略で終わるものだと確信していたが、グスタフ・シュモラーは、団体調整的な市場規制の「倫理的重要性」を、まさに、「それが、売買と創業、相場と投機によってではなく、同業組合の契約によって、必要性への洞察によって、利己心と短期的エゴイズムに対する共通の利益の勝利によって」実現するという点に見ていたのだった。(95) シュモラーをここでは本質的に親カルテル派の学問と世論を代表するものとして引用するのであるが、上記の主張によって彼は、次のように問いかけ、かつそれを否定したのであった。「最上の経済的な原則とは個人の自由、すなわちあらゆる個人的諸力の自由な運動であるのかどうか、またそのようにあり続けることが望ましいのかどうか。最も無制限で最も強力な自由競争は、経済発展にとって最も恵み豊かなものであるのかどうか[96]」、と。

ドイツ帝国の経済体制の規定、とくに一八六九年の営業条例は、経済活動に自由主義的な枠組みを設定し続けていたにもかかわらず、カルテルは市場権力の集中を通じて、また様々な市場への新しい分配のメカニズムを通じて、国民経済の新しい秩序を作り出した。カルテル化は、自由主義的な経済ドクトリンの内部矛盾に対するドイツ特有の回答であった。自由競争がよりうまく機能し、競争の最終結果として、独占的あるいは寡占的な市場形態を導くならば、それだけいっそう、「完全競争」の理念型は現実には実現しえなくなった。「トラスト化」の道を進んで、すべての経済部門をアメリカ・モデルにしたがって市場支配的企業へと統合し、そのなかで、すべての参加者が経済的にも法的にもその自立性を失うという選択肢に直面して、ドイツの企業家は、たいていは市場を団体調整的に規制する道を優先した。ヴェルナー・ゾンバルト（Werner Sombart）によれば一八六五年にカルテルの数は全部で四つであったが[97]、一八八三年にカルテル制度の拡大を学術的に「発見した」クラインヴェヒター（Friedrich Kleinwächter）は、カルテルを持たない大産業は一部門たりとも存在しえないと報告している[98]。カルテル化の過程は好況期にも持続した。その結果、マックス・ヴェーバー（Max Weber）は、カルテルが危機の時期における企業家の連帯保護としての機能をはるかに超えて、より高度な資本主義の発展のために重要であることを正当にも認めていた。大多数の同時代人と同様に、それによってヴェーバーは、フランス革命の時代精神によって原則に掲げられ、徹底的に追求されたあらゆる団体形態の破壊という事態を克服するために、市場団体とその分配機能を、資本主義経済体制を構成する原則に掲げたのであった。つまりそれは、ヴェーバーの確信によれば、「資本主義の経済的な必要性と、非資本主義的な社会層にとっては、市場経済の経済的必要性」を満足させる修正であった[99]。

実際に、世紀転換期頃のドイツ経済体制の現実はすでに自由主義秩序の公準から相当に遠ざかっていたので、シュモラーは一九〇二年にカルテルに関する調査委員会の議論を、まったく嘆くことなく、次のように定式化できた。

「われわれが大変に誇りをもっていた営業の自由と自由競争の偉業は、法的にではなくても、実際には、カルテルによって葬り去られている」と。[100] しかしながら、体制の公準と現実との矛盾も、カルテルとその団体調整的な市場規制の拡大を全く妨げることはなかった。ドイツは「カルテルの古典的な国」となったが、それは、この有名になった一八九七年の帝国裁判所の言葉がそうした状況を合法化し、それによってドイツ経済体制の秩序原理としての「団体調整的な市場経済」に、完全に私法上の合法性と司法の保護を付与するよりもさらに以前のことであった。[101]

ヴィルヘルム期ドイツは、官僚制の伝統とその包括的な行政構造とならんで、資本主義経済秩序をもち、この経済秩序は「組織された」多様な担い手、つまりコンツェルン、カルテル、シンジケート、経済諸団体、労働組合、同業組合、会議所、上部諸連盟や経済委員会によって特徴づけられていた。さらに、そこでは、多元主義的、国家コーポラティズム的、そして社会コーポラティズム的な利害政治が併存し、社会コーポラティズム的な利害政治はますます強く前面に現れた。こうしたヴィルヘルム期ドイツは、旧秩序の重荷以上に、来るべき二〇世紀の諸特徴を帯びていた。[102] 資本主義と市民社会の新しい類型が一九世紀末に現れたのである。自由主義原則からのその経済秩序の隔たりを、「後期封建制」あるいは工業化以前の価値体系として特徴づけることはできない。そのようにしてしまったら、それは、来るべき次の世紀の経済秩序を特徴づける団体調整的な市場経済へのその発展を見過ごすことを意味するだろう。

もちろん労働組合は、ポスト工業的なコーポラティズムを担う［政府・労働組合・企業家団体からなる］三つの柱のうちの一つを形成したが、ドイツ帝国の利害政治の過程には、まだほとんど組み込まれてはいなかった。しかし、すでにその組織的な枠組みは現れていた。労働者は、この枠組みの中に、最初は、「戦時社会主義」という条件のもとで、次いでは、ワイマール共和国の民主主義に援護されて、社会状況の革命的な転換を必要とせずに、統合されえたのである。

ワイマール共和国における社会コーポラティズム

組織された諸利害がワイマール共和国初期の政治・社会・経済生活において取った支配的な立場は、政治的諸組織の弱さ、自由主義・民主主義的な伝統の不足の結果、とくに戦争とその直接的帰結が経済生活に及ぼした激甚な圧力の結果であったとしばしば言われてきた。このような定式化は妥当ではあるが、それはワイマール期の経済政策と社会政策の分野での団体調整的な組織メカニズムと決定メカニズムの貫通力と持続力を十分に説明してはいない。戦争経済による試練は、労働運動の大部分も回避しようとはしなかったのであり、この試練は、経済決定と社会的な利害調整の集団化の過程をまさに加速したのである。(103)

すでに［第一次世界大戦］開戦後まもなく、既存の団体による利害調整システムを、［政府・労働組合・企業家団体の］三者で支えられ持続的に結合した労働共同体のネットワークへと拡張させる第一歩をつくり出したのは労働組合であった。(104) 戦時食糧省・帝国経済省・戦争省や戦時原料局やさらにその他の中央諸官庁のなかでの国家によって強制された共同作業の経験の後に、また戦時期の「軍事社会政策」という印象のもとに、そして［労使の］同権的な調停委員会と祖国勤労奉仕法に関わる諸委員会での経験を踏まえて、一九一七年以降、［労使の］大きな統合に向けた主導権は使用者側に移り、一九一八年一〇月・一一月には、労働組合は賃金協約の交渉相手として正式に認可され、一二月にはドイツ産業使用者・被雇用者の中央労働共同体（ZAG）が設立された。

一九一六年秋におけるドイツの総力戦への移行は、経済的危機管理の方法を要求したが、この方法は、そのような規模では、他のほとんどの工業諸国にとっては、一九三〇年代初頭の世界恐慌期に初めて必要不可欠のものとなった。カルテル・団体・会議所の国であったドイツはこれに必要な手段を十分に備えており、組織された諸利害が協働する枠組みのなかに労働組合を組み入れることで、戦前期に成長した社会コーポラティズムのシステムは一つの完成を経験した。したがって、戦時中と戦後における労使協調は、あまりにも「緊急の産物」(Kind der Not) であったとはいえ、一時的な解決としてのみ感じられていたわけではなかった。社会民主党陣営と労働運動の中にいて、すでに戦前にカルテルおよびその他の組織資本主義の集団的・同業組合的な形態を、社会主義、さらには社会民主主義へ向かう前進として解釈していた人々は、自分たちが独自に共同参画していくことで、この原則が必然的にまた首尾一貫していっそう発展し拡張していくものと見ていたのである。(105)

社会のもう一つの局面では、企業家が長期にわたって高度な自律性を主張できるのは、中央から操舵される経済形態の要求を拒絶する点で同盟者を見つけることに成功したときに限られていた。そのような要求は、マルクス主義の側からのみ掲げられたのではなかった。保守層の考え方もこの方向に進んでおり、それは例えばビスマルクのモデルにしたがった国家コーポラティズム体制の構築を視野に入れるものであった。(106) たしかに賢明な企業家は、「一方の社会化と他方の計画経済のどちらかを選択する場合には……後者の闘士と道をともにする」ことを要求していた。一九一九年六月、ドイツ・ルクセンブルク鉱山精錬株式会社の総支配人フェーグラー（Albert Vögler）も、そのように重工業の戦術の特徴を定式化した。(107) しかし、まさに経済大臣ヴィッセル（Rudolf Wissel）とその次官メレンドルフ（Wichard von Moellendorff）の共同経済計画の対象となったドイツ西北部鉱山業の代表者たちにとって、最初から明らかであったことは、共同経済の道は「社会化へと導く」ことになるが、その道は彼らには「強制的な規制と統制経済の継続」を意味しており、その道を歩むことは、結局、彼らの関心たりえないということであった。(108) この状況のなかで企業家陣営にとって潜在的力のある同盟者は、労働者以外にはありえなかった。こうしたことを背景にして、企業家にとっても、ZAGは、官僚化・議会政治化・革命から防衛するための労使の短期的な同盟以上の展望を拓いたのであった。

ZAGはこの観点から一貫して成功を収めた。それは、全体的に見て、労働者にとっても好ましい結果を示していた。(109) だが、それは設立時の決定的な失敗に悩まされていた。両者の妥協は全般的には経済政策と社会政策において、個別には賃金政策においてなされたが、この妥協は、インフレ状況の不安定な地盤のうえに成り立っていた。いずれにせよ一九二三年までは、妥協に起因した負担を、インフレーションの過程を通じて第三者に転嫁する可能性があり、そのことが、賃金交渉の両当事者を、長期的にも両陣営に受け入れ可能な賃金水準でワイマール共和国の物的制度を明確に規定するという強制から、解放していたのである。ＺＡＧは、インフレ期の終わりに、あるいはより正確には、すでにハイパー・インフレーションの間に、通貨価値の下落が緊張を緩和する融和的機能を失ったとき、その活動基盤を失ってしまった。しかしそれだけではない。ＺＡＧは、また、労使双方からも、ハイパー・インフレーションの一因になったとの汚名によって苦しめられた。さらに企業家の意見では、賃金政策上の再分配と社会政策によって、負担は背負いきれないほど過重になったとされた。ＺＡＧには、この重すぎる負担をワイマール経済に負わせた罪があると企業家は見ていた。

ＺＡＧの管轄領域はほぼ全体に及び極めて包括的であったが、その定款によれば、「ドイツの工業・産業に関する経済政策・社会政策的諸問題のすべて、ならびにそれに関する立法・行政諸案件のすべての共同解決」を目的としていた。(110) 一九二四年三月三一日に解散した時点でもなお、ＺＡＧは、カリ国家評議会、石炭国家評議会、対外貿易局、鉄鋼経済同盟、電気経済諮問委員会、労働者福祉常設展示会、労働者中央局、プロイセン工業・商業監査機関、そして国家経済評議会のメンバーの一部を指名する権限を持っていた。以上のうち国家経済評議会は、ワイマール憲法一六五条に従って、一九二〇年に「暫定的に」設置されたものだが、純粋な諮問・評価委員会として、極めて限定的にＺＡＧの機能を引き継ぎ継続しえたにすぎなかった。とはいえ、それは、たいていは非公式的で象徴的な、そして若干の場合には、示威的な性格をもつような共同作業のための制度的な基盤を提供した。

インフレ末期には、あまり強力に制度化されたものではないにせよ労使間の共同作業のための新たな実務的基礎の定式化が必要となったが、それは、第一次大戦後の時期における経済の誤った発展と分配闘争の結果、利害政治の可能な領域からは外れてしまった。労働組合は、逆に、一九二二―一九二三年以来、ワイマールの経済体制を修正しようとする企業家の要求との対決を自覚しており、一九一八―一九一九年の「歴史的妥協」の基盤への攻撃を声高に非難していた。産業界の指導的な代表者たちが掲げたような修正要求は、実際に広範に及ぶものであった。ライン褐炭シンジケート議長でドイツ工業連盟（ＲＤＩ）の取締役であったパウル・ジルヴァーベルク（Paul Silverberg）による、一九二二年一二月二六日付の計画案「ドイツ経済の復興」のなかでは、少なくとも、ストライキの禁止と賃金協約権および団結権を著しく制限することが要求された。しかしこの時点でさえ、この草案は、連盟内部と首相クーノ（Wilhelm Cuno）のブルジョワ政府の拒絶にあった。クーノはハンブルク・アメリカ郵船会社（ＨＡＰＡＧ）取締役会の議長として経済界に近い立場にあった。ドイツ政府は、ジルヴァーベルクの提案への反論のなかで、「各所での……彼の度を過ぎた要求はまさに馬鹿げている」と述べる一方で、ドイツ電気技術産業中央連盟の取締役ラウマー（Hans von Raumer）のような新産業の代表者たちは、すでにそれ以前に、生産性向上と労働増加の目標を展望し、「中央労働共同体を再び活性化させ」、そして「労働組合の代表者たちと共同でわれわれの問題を協議する」ことを望んでいた(111)。

労働者が、革命とインフレの数年で「労働者の権利として」獲得したいくつかの成果は、その後のハイパー・インフレーションと安定化恐慌においていったん失なわれた。しかし、それらの諸成果は、ＺＡＧを刷新しなくても、一九二〇年代後半における相対的繁栄という条件のもとでふたたび労働者の手中に入った。その場合、とりわけ、重要な成果として挙げうるのは、激しく議論された八時間労働日（一九二七年）、大鉄鋼業における三交替制の再導入（一九二七年）、相対的に有利な実質賃金水準である。これらに加えて、「労働運動の精神のなかの精神」として労働組合が自己の活動の成果と見た、賃金政策・社会政策上の新しい成功があった(112)。それに該当するのはとくに、住宅建設向けの公的支出の増額、社会保障の拡大、そしてなかでも失業保険の導入（一九二七年）、さらに一九二六年の労働裁判所法による労働法分野での進展である。その法律によって翌年に国家労働裁判所が設立された。

　これらの成功は、以前と同様に、団体調整的な特徴をもった［政府・企業家団体・労働組合］三者間の利害調整システムの枠内において達成された。だが、その軸足は、とりわけ賃金政策における国家の関与の増大から明らかであるように、ますます国家に置かれるようになった。ワイマール共和国の利害政治の焦点は、賃金協約当事者間の直接交渉から労働大臣に移り、その大臣は、とくに賃金交渉における法的拘束力声明の取り扱いを通じて、仲介者の役割をはるかに超えた「指導的機能」を引き受け、それによって利害調整の過程に権威主義的要素を持ち込んだのであった。[113] その際、労働組合は、労働者諸政党から中央党を経てドイツ国民人民党にまでおよぶ労働運動の横断的結合から利益を得た。労働運動は、それによって、一九二八年までさまざまな連立内閣のなかで在任した、キリスト教系労働組合に近い労働大臣ブラウンス (Heinrich Brauns) を譲歩させるほど十分に政治的に重要な存在であった。

　労働組合は、この時期に基本的には［中央党や自由党や国民党のような諸政党によって］「ブルジョワ的」に統治された国家による介入が、「市場の独裁」からの必要な保護を与えてくれるものと信じていた。これに対して、企業家陣営は、権力配分が変化しそうな徴候があったときには、まだ、利害政治の団体調整的枠組みのさらなる発展に関心をもっていた。一九二六年九月四日のジルヴァーベルクのドレスデン演説[114]は、こうした文脈のなかで、この間に高まった経済の重要性を労働組合との緊密な共同作業のなかで認めさせるために、利害政治において再び主導権を獲得しようとする試みとして解釈されうる。ドイツ労働総同盟（ＡＤＧＢ）は、その年の初めに毎週開催されていたＲＤＩの代表者との「形式ばらない会合」なども含む共同作業で内密にイニシアティヴをとっていたが、こうした事情を背景に、ジルヴァーベルクは次のような認識を求めた。すなわち、「ドイツとドイツ経済の救済は、ただひとえに、ドイツ労働者層との信頼厚い協働によってのみ可能となるのであり、これを踏まえて、ドイツ工業企業家の各界も、社会民主党との政治的な共同作業と共同責任を確立しなければならないという結論へと進む勇気をもつことである」[115]、と。しかし、ジルヴァーベルク演説をめぐる論争の激しさから明らかなように、すでにこの時点で示されるのは、企業家側が、拘束力をもつ労使協調の提案を定式化することは、一般には可能であるとしても、非常な困難が伴っていたということである。一方では、とくに一連の輸出指向型の新産業からのそのようなイニシアティヴは、大きな拒否勢力である重工業と衝突した。重工業はますます強く産業界の利害政治の色合いを規定するようになっており、それによって被雇用者側を強化する共同作業のどんな提案も、被雇用者には受け入れがたいような条件を要求して、困難にした[116]。さらに、ZAGの失敗以後も、なお新産業部門に存在した労使協調への意志は、RDI傘下の中小企業を組織する諸団体の反対にあった。これら諸団体は、[労使協調に関する]大企業の合意が自分たちの負担で進む可能性を恐れたのである。したがって、ジルヴァーベルク演説をめぐる論争のなかで、ザクセン工業家連盟が反対派の先頭に数えられたとしても、それは偶然ではなかったのである。

世界恐慌期に、イギリスやアメリカのような他の諸国では、初めて、利害政治の団体調整的形態が形成されるのであるが[117]、この世界恐慌の試練も、ドイツでは労使協調のかつての力強さを再び活性化させることはできなかった。逆に、ますます多くの企業はまさに大量失業の到来のなかに、ワイマール社会体制の修正を実現させる梃子を見ていた。彼らは、この大量失業を、ドイツにおける重大な危機の基本的な原因であると考えた。したがって、[労使の]一致した経済政策上の対抗戦略を獲得してZAGの理念を再興するどのような試みも、最初からこの重荷を課されており、事実上失敗を宣告されていた。

労働組合側にもこの情勢と対応した事情があった。労働運動の一般組合員には、ハイパー・インフレーションの時期以降、ZAGの政策に対する深い不信が根を張っていた。ZAGの政策は、すでに共和国初期に開始された労働陣営と企業家陣営の路線修正の機会を数多く取り逃がしたことに対して責めを負わせられた。したがって、ZAGを復興しようとするどんな率直な試みも、さしあたりは労働組合内部の「革命的労働組合反対派」を強めることになったであろう。しかしその間に、社会的勢力バランスも、明らかに企業家に有利に変化していた。したがって、相対的に弱い立場から、共通の経済政策・社会政策のコンセプトのなかに自ら統合されることはあまりにも危険なことと考える労働組合幹部は少なくなかった。そうしたコンセプトに、ほんの数年前よりも企業家色がいっそう強まることは不可避にちがいなかったのである。ＲＤＩと［労働組合とが］協働する制度的形態へと回帰するのではないかとの疑惑を、ＡＤＧＢ指導部が、それがどのようなものでも萌芽状態のうちにただちに除去した背景には、こうした動機があった。そのために、ＡＤＧＢ指導部はくりかえし新たに次のように強調した。「われわれはどんな類いの中央労働共同体も拒絶するであろう。このことは、労働組合員にほとんど保証する必要さえない[118]」、と。

だが、両方の陣営の代表者は、危機に直面して、少なくとも部分的な利害共同体を実現させることについての、その都度の相手側の善意を疑ってはいなかった[119]。「すべてを台無しにすることを望むのでなければ」、部分的な利害共同体の実現は「恐るべき情勢によって要求されている[120]」と企業家側が考えていたことは、ＡＤＧＢ指導層の次の類似した考え方と一致していた。すなわち、「国会と政府はこの解決に際して何も出来ないように思われており、予測できない困窮の到来が経済と労働者を脅かしているとすれば、労働組合は企業家層との直接交渉に協力することを回避しえないであろう[121]」、と。危機が影を落とすなかで、最低限の実際的な共同作業を世論に示そうとする意思が双方にこれほど強く存在しただけに、それを自らの陣営内部で認めさせる試みは、来るべき災禍を押し返そうとする政治的に先見の明のある利害代表がいかに無力かをむしろいっそう明らかにするものであった。

この種の試みがなされなかったわけではない。恐慌が底をうつ前の一九三〇年五月と六月に、未来の経済政策・社会政策・金融政策の諸原理についての共通の基本声明を成立させる意図で、ＲＤＩの委員会とドイツ使用者団体連合（ＶＤＡ）にＡＤＧＢの代表者を加えた交渉が行われた。すでに五月末に両方の陣営は次の点について合意に至っていた。それは、「われわれの社会立法を、ドイツ経済の達成可能な枠内で維持することに強い支持表明」を行うこと、

「いかなる状況であれ予算の均衡を維持すること」、「新しい収入源」を開発するよりも「支出の削減」を甘受すること、失業保険を維持すること、加えて高収入の職員層と官吏から「特別危機拠金」を要求すること、ならびに「生産コストを低減させ、商品価格を引き下げること」であった[122]。その声明の筆跡が新首相ブリューニング (Heinrich Brüning) のものであることははっきりと確認できる。彼は、労働大臣シュテーゲルヴァルト (Adam Stegelwald) とともに、企業家側によって提出された最初の草稿の作成と最初の内密の交渉ラウンドに個人的に参加していた[123]。

その共同決定は、ブリューニング政府の議会基盤を越えて、社会民主党と労働組合からも政治的に支えられた幅広いデフレーション合意の開始を記していた[124]。この決定は、長い間になじみになった財政・金融政策の方法の型どおりの誓いではなかった。すなわち、それは、経済危機と闘うための別の戦略上の選択肢を知らずにそうした財政・金融政策に固執し、そのためその経済政策は本質的に危機を深化させてしまったというような、そうした財政・金融政策の方法とは一線を画するものだった。ワイマール共和国の政策エリート層は、景気の急速な後退を克服するために雇用対策に赤字財政支出 (deficit Spending) で対応するという経験をすでにもっていた。すでに一九一九年から一九二二年の財政政策は、一九二〇年の「世界経済危機*」がドイツに波及する可能性を阻止したことによって、そのような政策効果を示していた。とりわけ一九二五―一九二六年の景気後退期に、政府は、減税、輸出促進、住居建設計画の追加融資、また一般に公的支出と失業対策事業のような一連の政策を実施した。これらは、[政府支出のための]資金を信用で調達しなければならないという景気政策の考え方であった[125]。だが、経済発展はすでに翌年には再び上向きになったが、恐慌対策の実験による財政負担は経済危機を脱してもなお影響を及ぼし、政府の金融政策・賠償政策の選択可能な範囲をひどく狭めることになった。この一九二五―一九二六年の経験により、赤字財政にもとづいた新しい景気対策の可能性に対しては、労使双方が懐疑を強めることになった。両者とも、資本主義における循環的な過剰生産危機の作用という古典的な見方が確認されたと理解したのである。たとえ一方が「市場の自己治癒力」を信じ、他方がマルクス主義の立場から、恐慌の「[システム]浄化機能と資本価値低下機能」を念頭においていたとしてもである。この経済政策・金融政策の基本合意は、実際的な労使協調のための前提と同時に結合点を作りだした。

＊一九一九年の金本位制復活後のアメリカの金融引締政策から派生し、戦間期で最も激しい物価下落となった。

[一九三〇年の]共同での基本声明には、さらに重みを与えるために大統領が告知することが望まれていたにもかかわらず、その声明は実現しなかった。まず草案はＲＤＩとＶＤＡの指導的なメンバーによって反対された。そのメンバーは、ビューヒャー (Hermann Bücher, 電機企業ＡＥＧ社 Allgemeine Elektricitäts-Gesellschaft) のように「システムの原則的な変更」、すなわち自分たちが理解できるような「資本主義システムへの回帰」を要求するか、あるいはボルジヒ (Ernst von Borsig) のように「企業家側の大きな犠牲への代償」がないことに遺憾を表した(126)。使用者陣営のなかの反対派は、具体的な要求、たとえば賃金交渉仲裁の法的拘束力の宣言を廃止するような要求に関しては、成功を収めることができなかったとしても、彼らは、第二宣言案で、実質賃金水準の維持に関する企業家側の宣言を弱めさせ、つづく交渉の雰囲気をひどく悪化させることには成功した(127)。そのため、労働組合は最終的に声明文に同意しようとしなかった。このことは、諸団体のトップ・レベルで非公式に協力する政治の継続と、ブリューニング政治に対する社会民主党の寛容政策には何の変化ももたらさなかった。すでに一九三〇年五月に大連立政権への回帰が舞台裏で語られており、この要求は、ナチ党(ＮＳＤＡＰ)に国会で一〇七議席をもたらした九月選挙後には、ＲＤＩの側でいっそう切迫して掲げられた(128)。

これを背景に、一九三〇年一〇月には、新たに交渉が開始された。すでに同年五月・六月に会談がＲＤＩ指導部から始まっていたが、今やそのイニシアティヴは労働大臣シュテーゲルヴァルトに委ねられた。彼はすでに一九三〇年二月に「中央労働共同体の再建」に賛意を表し(129)、利害政治においてはカトリックの社会教説の団体調整の考え方を志向していた(130)。だが、新しい進撃のためのもっともな政治的・実際的な動機もあった。ブリューニングが政治的理由から社会民主党との連立をいかに激しく拒絶したとしても、彼の政府は、経済への政府のデフレ的介入のコンセプトがますます不人気になったために、労使の支持を獲得することにいっそう関心を払わなければならなかったのである。この政策の基本原則においては幅広い合意が得られていたことから、この目標も必ず到達できると思われていた。

実際に、一九三〇年一二月九日のこの交渉ラウンドの終わりにも、共同で責任を負うべき根本的な諸原則の目録ができあがったが(131)、それは依然として全般的なデフレーションの合意を土台にしていた。企業家諸団体、キリスト教系労働組合(132)とヒルシュ・ドゥンカー労働組合(133)、そしてＡＤＧＢの全国執行部は――ＡＤＧＢは八票対三票で――この声明を承認したが、ＡＤＧＢ全国委員会は大多数でこれに反対を表明し、使用者との開かれた労使協調を取りやめさせた。個々の労働組合の代表はとくに、「労使双方の了解」が得られる限りで、「賃金協約の変更を平和的な合意によってただちに行う」という義務を批判し、「賃金協約の回避可能な解約はどれも」取りやめることを要求した(134)。そうした拒絶は、企業家側が、トップ・レベルでは労使協調を目指す一方で、経営レベルでは対立を求めるという二重戦略を取る可能性への懸念にも理由があり、それはおそらく不当ではなかった。これに対して、声明に賛同した人々にとっては、ワイマール民主主義が挫折するのではないかとの危機感を背景にして、声明の内容よりも、そうした声明のもつ政治的な影響のほうが重要であった。この場合に考えられていたことは、結局、国会での社会民主党議員団指導者ヴェルス（Otto Wels）が強調したように、「労働組合と使用者団体との大ブロックが創設されるならば、それは政治的には並外れた重要性をもつであろう」、ということであった(135)。林業労働組合の議長タルノー（Fritz Tarnow）は、「企業家との合意を時代の理性的な結婚として」みなしており、それが有益であるのは、「われわれが独裁制を予見できる時期にある」と考えられていたからであった(136)。

危機との闘争のために共同作戦の基盤が設立されたとしても、それによって、一九三〇―一九三一年に、経済的ファクターは、おそらく、ほとんど変化しなかったであろう。しかしその設立は、一九三一―一九三二年という時期には、民主主義の状態を保持しながら危機を克服するための決定的な前提条件になっていたことであろう。この一九三一―一九三二年という時期は、最終的に、有効な危機戦略の輪郭が目に見えるようになった時期であり、その戦略の適用を留保するなかで、問題から生ずる圧力の増大が、それを次第に背景に押しやりつつあった時期であった。

その戦略を実施する時点がやってきたと思われたのは、一九三一年一二月および一九三二年一月と三月に暫定国家経済評議会が、すでに一九三一年八月に同評議会によって設置されていた「とくに雇用創出による生産向上に関する中央委員会」の名で、経済的な緊急事態に取り組んだときであった。最終的には、そこで次のような見解が認められた。すなわち、「この世界恐慌は……もはや通常の循環的恐慌と同列に置くことは(でき)ない。ここ一〇年の平和の期間には、循環的恐慌によって、世界経済とくに高度に工業化した諸国の経済は周期的に動揺したが、その後にはいつも恐慌の影響から抜け出して健全化へと、そして新たな高揚へと戻ったのである[137]」。今回の恐慌の例外的な性格をこのように認識したことで、公的な雇用創出によって景気対策の処置が間接的なものから直接的なものへと移行することを受け入れる態勢が強まった。結果的に、国家経済委員会は国債による一二億から一八億ライヒスマルク規模の雇用創出を提案し、それによってさしあたり八五万五〇〇〇人の労働者を再就業させることを望んだ[138]。それによって、国家経済委員会の雇用創出計画が進められることになったが、たしかに危機に強力に対抗して進むにはその規模の点では、不適当に思われた。しかしながら、それも、この時点で政府によって考えられていたアプローチを明らかに超えていた。暫定的な国家経済委員会はドイツの経済的・社会的な諸勢力を数の上でたとえどれほど代表していたとしても、「労働組合と雇用者諸団体の大ブロック」の権威を支えにすることはできなかった。その大ブロックの権威だけが委員会に政治的説得力を与えることができただろう。そのような力は、ライヒスバンクから企業家陣営にいたるまでの激しい抵抗に対して、民主主義を掲げた拡張的危機戦略を認めさせるためには依然として必要だったのである。したがって最終的には権威主義的選択だけがありうると思われた。

ドイツ利害政治の社会コーポラティズム的システムはワイマール共和国の数年でジレンマに直面した。一方で、すでに戦時中には、比較的良好に拡張した、労使間の共同作業のための組織基盤が成立し、それが共和国の政治的・社会的な安定化のために、とくに動員解除とインフレーションの数年の時期には、決定的に重要であった。しかし、同時に、ドイツは第一次世界大戦後に数多くの非常に困難な政治的・社会的・経済的諸問題に直面していた。それらの問題は確かにどんな利害調整システムにとっても過度な要求であっただろう。

企業家陣営は、こうした背景から、労働組合との密接な共同作業のなかで構想されたワイマール憲法の実質的な部分を長期にわたってともに担っていくことはできないと考えていた。企業家にとっては、経済が国内的にも対外的にも発展していくうえでのあらゆる難事が、収束レンズのように労働者の新しい権力と分配の地位のなかに収斂していた。それに対して、労働者の視点からは、使用者のどんな改訂要求も、共和国の本質的な基盤に抵触するものであった。そのトップ・レベルでは、労使間の利害調整は、最後まで、全く可能であると考えられていた。しかしながら、労使協調に敵対的な強力な少数派は、労使両方の陣営において、十分に信頼できる労使協調の利益を考えるよりも戦術的な観点のほうを優先させるように強要した。世界恐慌の試練を民主主義の基盤に立って克服するためには、合意をもたらす妥協が必要であったとすると、そうであれば、それだけいっそう、先に述べたような条件の下では、どちらの陣営にとっても、そうした妥協は受け入れがたいものとなった。それ故に、注目すべき事柄は、世界恐慌における開かれたあるいは隠されたあらゆる協力関係の全面崩壊ということではない。むしろ、注目すべきは、次のような事実である。すなわち、この崩壊の結果として生じてきたのは、経済の自由主義的ルールの再生ではなく、団体調整的な利害政治の権威主義的な形態の成立だったということである。

労働組合との自由な労使協調政策の敵は、主として、経済における自由主義的な原則とは長い間断絶していた一連の重工業から——もちろん、そこからだけではなかったが——現れた。強力な労働運動と大企業の相互作用の犠牲になっていると感じていた人々も、恐慌の経験を通じて、経済的自由主義に対する敵側陣営を強化することになった。この人々は、もっとも一般的には「経済の優位」という表現で示されたワイマール共和国の利害政治のルールによって、不利益を被っていると感じており、経済と社会における大きな組織に対して、彼らの利害を、国家の支援によってよりよく主張できると思っていた。この人々は、強固に組織されなかった中間層であり、それは――自立的な手工業者・商人、小規模な事業主、過度な負債を抱えた農民のような「旧」中間層としてであれ、あるいは地位をもとめる官吏と職員層のような「新」中間層としてであれ――自己の正当な利害が、労働組合と大企業の強力なブロックの狭間で押しつぶされるものと感じていた。これらのグループは、ワイマール共和国の社会コーポラティズムに対して、なによりも中間層に負担を強いていると彼らが確信していた賃金・価格スパイラルの責任を求めただけではなかった。彼らはまた、資本と労働のカルテルを、国民経済のかの長期的な構造変化、たとえば工業における集中化動向と独立事業者の数の劇的な後退と結びつけもした。こうした構造変化のなかに、中間層は自己の存在の危機をみていたのである。その不満が、最終的には、チャールズ・メイヤー(Charles S. Maier)がその状況を適切に描写したように[139]、自由市場経済に対する小規模事業主たちの反乱に転換したのであった。たとえ「市場」がずいぶん以前からもはや経済的な決定の最も重要な舞台ではなかったとしても、この反乱の反資本主義的激情を疑うことはできない。その攻撃の矛先は、大工業と労働組合の――たとえ抗争をかかえていたとしても――暗黙の二重支配に向けられた。「組織化されていない」中間層の経済的運命を規定するこの二重支配を、彼らはますます疑いの目で見、不当であると見なした。このカルテルに経済的に抗う力がなかったために、この反徒たちは、「政治の優位」へと傾斜していった。国家が指導的な役割をもつような利害調整システムが、経済的に弱体で組織的に分散していたためにこれまで不利益を被っていたこの社会グループを、よりいっそう配慮するように彼らは望んだのである。第三帝国はこうした考え方にふさわしいと思われた。

団体による利害調整の勝利と失敗は、ワイマール共和国の運命を二重の観点から規定した。労働運動と工業ブルジョワジーの同盟がなければ、ドイツは、一九一八年以後、内戦の混沌に陥る恐れがあった。ワイマール共和国と、帝政期の経済的なダイナミズムや社会国家的な給付や政治的期待の、共和国による民主主義的発展の可能性は、極度に困難な内政・外政上の基礎条件のもとでそれらの生き残りをはかろうとするのであれば、労使の共同作業に依存していた。世界恐慌とヒトラーの政治運動の台頭という二つの試練に直面して、社会コーポラティズムの利害調整は失敗し、一九一八―一九一九年の［労使の］歴史的妥協は解約されたが、それらによって、ナチ党の権力掌握よりもずっと以前に、ワイマール共和国の消滅が決定づけられたのである。

生産の社会体制のような団体調整的市場経済の利害政治は、ワイマール共和国とともに滅びることはほとんどなかった。もちろん一九四五年以降、数年間は自律的なアクターを欠いていた。なぜなら、占領軍が、ナチ体制によって強制解体された諸団体の再活性化を認めることに非常に躊躇したからである。しかし、再生途上にあった西ドイツ経済が、一九五〇年代初期の朝鮮半島危機において遭遇した最初の実質的な試練が、団体調整的利害政治のかつてのモデルを再び復活させることになった。経済諸団体と、そして僅かながら労働組合も、この高次元の課題を引き継ぎ、社会的市場経済の初期のコンセプトが連邦共和国の経済政策のなかで未解決のまま残しておいた舵取りの問題の欠落を埋めた。原理的には、たしかに政治の優位の状況が続いていたが、経済的な諸利害は、新たに集中的に経済政策の定式化に参加することに成功し、そのために「団体支配」(エッシェンブルク　Theodor Eschenburg) との批判を呼んだ。その批判は、西ドイツの利害政治のなかで、長い五〇年代に、組織された諸利害の立場がふたたび強まったことを示していた。

大連立政権(一九六六―一九六九年)は、こうした展開を、最終的には、政治的意思決定に到達する公式ルートの入り口にまで発展させた。それによって政治的意思決定の場は、議会からはるかに離れた協調行動のラウンド・テーブルへと移動した。それは、政治的アクターによって、アデナウアー政権時代の改革の停滞を除去するために、ワイマール共和国の利害政治の伝統のなかで演出されたものであった(140)。経済そのものと同じように、成功を収めた利害政治のヴィジョンも、抗争と対立による解決に従わずに、団体間の合意と協調を踏まえた。その際、調停の課題は当然にも政治に割り当てられた。一九七〇年代にまさに外国で「ドイツ・モデル」について語られたときには、とくに、この利害政治の様式に特有なものと思われた社会的調整と政治的安定性についても期待をもって論じられた。アクターの集団的理性に訴えかけ、利害対立を合意へと橋渡しすることができた限りで、団体調整的市場経済はその優越性を証明した。その限界も、一九三〇年代初期の世界恐慌に関する歴史的な経験に従えば、もちろん同じくらいに明瞭に認識されうる。今日の利害政治の状況は——経済状況は異なっているが——多くの点で、驚くばかりに、一九三〇年代初期の、挫折した「雇用のための同盟」を想起させるだけに、こうした両面はそれだけいっそう注目に値するのである*。

*一九九八年、ドイツ連邦政府は、深刻化する雇用問題への対策として、経済団体と労働組合の代表者に呼びかけ、「雇用・職業訓練・競争力のための同盟」、通称「雇用のための同盟」を発足させた。職業仲介機能の強化、職業的再教育、人材派遣企業に関する規制改革、起業支援、企業への雇用補助金、低賃金セクターへの就業誘因向上をはかるための社会保険料への国家補助などを行ったが、労働組合と経済団体との溝は深く、「雇用のための同盟」は二〇〇三年、当面中断されることになった。

(1) Bericht an Talleyrand am 13. August 1799, in: *Preußen und Frankreich von 1795 bis 1807. Diplomatische Correspondenzen*, hrsg. v. Paul Bailleu, Erster Teil, Neudruck der Ausgabe 1881, Osnabrück 1965, S. 505.

(2) W. Abelshauser, Freiheitlicher Korporatismus im Kaiserreich u. in der Weimarer Republik, in: ders. (Hg.), *Die Weimarer Republik als Wohlfahrtsstaat. Zum Verhältnis von Wirtschafts-u. Sozialpolitik in der Industriegesellschaft*, Stuttgart 1987, S. 159.

（3） Hans-Ulrich Wehler, *Deutsche Gesellschaftsgeschichte 1849–1914*, München 1995, S. 1266.

（4） 「知識社会」の経済的基礎については，次を参照。Daniel Bell, *The Coming of Post-Industrial Society. A Venture in Social Forecasting*, New York 1973; また以下も参照。Radovan Richta, *Richta-Report: Politische Ökonomie des 20. Jahrhunderts*, Frankfurt 1971, u. Peter F. Drucker, *Post-Capitalist Society*, New York 1993;「グローバリゼーション」と「知識社会」の関係については，次を参照。John Brian Quinn, *Intelligent Enterprise: A Knowledge and Service Based Paradigm for Industry*, New York 1992, S. 220.

（5） James N. Rosenau, *Turbulence in World Politics. A Theory of Change and Continuity*, New York 1990.

（6） David Harvey, *The Condition of Postmodernity: An Inquiry into the Origins of Cultural Change*, Oxford 1989, Kapitel 9.

（7） Richard Tilly, *Globalisierung aus historischer Sicht und das Lernen aus der Geschichte*, Köln 1999, S. 4. また次を参照。Knut Borchardt, *Globalisierung in historischer Perspektive* (Bayerische Akademie der Wissenschaften. Philosophisch-historische Klasse–Sitzungsberichte–Jahrgang 2001, Heft 2), München 2001. 同じ方向を示すが，より注意深い記述として，次を参照。Michael D. Bordo *et. al.*, *Is Globalization Today Really Different than Globalization a Hundred Years Ago?* (NBER working paper series 7195), Cambridge, MA, 1999, p. 3.

（8） とくに，次を参照。Mira Wilkins (ed.), *The Growth of Multinationals*, Aldershot 1991.

（9） M. Wilkins and Harm G. Schröter, *The Free-Standing Company in the World Economy 1830–1996*, Oxford 1999.

（10） John Foreman-Peck, *A History of the World Economy. International Economic Relations since 1850*, Brighton 1983; Wolfram Fischer *et. al.* (Hg.), *The Emergence of a World Economy 1500–1914*, Wiesbaden 1986.

（11） August Sartorius v. Waltershausen, *Das volkswirtschaftliche System der Kapitalanlage im Ausland*, Berlin 1907, S. 2.

（12） M. Wilkins, *The History of Foreign Investment in the United States to 1914*, Cambridge, MA, 1989, p. 145.

（13） Horst Siebert, Disziplinierung der internationalen Wirtschaftspolitik durch die internationale Kapitalmobilität, in: Dieter Duwendag u.a. (Hg.), *Finanzmärkte im Spannungsfeld von Globalisierung, Regulierung und Geldpolitik* (*Schriften des Vereins für Socialpolitik*, 261), Berlin 1998, S. 43.

（14） Wilkins, *History*, p. 625.

（15） 次を参照。W. Abelshauser, Staat, Infrastruktur und interregionaler Wohlstandsausgleich im Preußen der Hochindustrialisierung, in: *Staatliche Umverteilungspolitik in historischer Perspektive. Beiträge zur Entwicklung des Staatsinterventionismus in Deutschland und Österreich*, hrsg. v. Fritz Blaich (*Schriften des Vereins für Socialpolitik*, N.F. Bd. 109), Berlin 1980, S. 9–58.

(16) 次を参照。Joseph A. Schumpeter, *Konjunkturzyklen*, Bd. 1 (New York 1939), Göttingen 1961, S. 408–459.

(17) とくに，次を参照。Heinrich August Winkler, *Pluralismus oder Protektionismus? Verfassungspolitische Probleme des Verbandswesens im deutschen Kaiserreich* (Vorträge des Instituts für Europäische Geschichte, 55), Wiesbaden 1972; W. Abelshauser, The First Post-Liberal Nation: Stages in the Development of Modern Corporatism in Germany, in: *European History Quarterly*, Vol. 14, No. 3 (July 1984), S. 285–318.

(18) Karl Fischer, *Grundzüge einer Sozialpädagogik und Sozialpolitik*, Eisenach 1893, S. 6.

(19) Siegfried Tschierschky, Neumerkantilismus und wirtschaftliche Interessenorganisation, in: *Schmollers Jahrbuch*, 37. 1913, S. 18 (強調は原文通り).

(20) S. Tschierschky, *Kartell und Trust*, Göttingen 1903, S. 56.

(21) Hans Rosenberg, *Große Depression und Bismarckzeit*, Berlin 1967, S. 60.

(22) *Ebenda.*

(23) *Ebenda.*

(24) Thorstein Veblen, *Imperial Germany and the Industrial Revolution* (1915), Ann Arbor 1968, p. 270f.

(25) とくに，David P. Calleo, *Legende und Wirklichkeit der deutschen Gefahr. Neue Aspekte zur Rolle Deutschlands in der Weltgeschichte von Bismarck bis heute*, Bonn 1980; David Blackbourn, Geoff Eley, *The Peculiarities of German History. Bourgeois Society and Politics in Nineteenth-Century Germany*, Oxford 1984 (deutsche Ausgabe: *Mythen deutscher Geschichtsschreibung. Die gescheiterte bürgerliche Revolution von 1848*, Frankfurt/M. 1980); 要約として次を見よ。Bernd Faulenbach, "Deutscher Sonderweg". Zur Geschichte und Problematik einer zentralen Kategorie des deutschen geschichtlichen Bewußtseins, in: *APuZ*/B 33 (1981), S. 3–21. ビーレフェルト学派の修正に関しては，H.-U. Wehler, *Deutsche Gesellschaftsgeschichte 1849–1914*, München 1995, S. 449–486; H.-U. Wehler, Artikel "Sonderwegsdebatte", in: *Lexikon der deutschen Geschichte 1945–1990*, hrsg. v. Michael Behnen, Stuttgart 2002, S. 531–534.

(26) G. Eley, Capitalism and the Wilhelmine State: Industrial Growth and Political Backwardness in Recent German

Historiography, 1890–1918, in: *Historical Journal*, 21 (1978), p. 741.

(27) Charles Gross, *The Gild Merchant*, 2 vols, Oxford 1890.

(28) とくに次を参照。 Gross, *Gild*, ch. VII; Toulmin Smith, *English Gilds* (with an introductory essay by Lujo Brentano), Oxford 1870; William Ashley, *An Introduction to English Economic History and Theory*, Part I, London 1888, ch. II; William Cunningham, *The Growth of English Industry and Commerce during the Early and Middle Ages* (1882), 5. Aufl. Cambridge 1915, pp. 336–352; Georg Brodnitz, *Englische Wirtschaftsgeschichte* (Handbuch der Wirtschaftsgeschichte), Bd. 1, Jena 1918, pp. 145–158.

(29) 次を参照。 George Unwin, *The Gilds and Companies of London*, 4. Aufl. London 1963 (1908), S. 63–65.

(30) *Coventry Leet Book*, ed. by Mary Dormer Harris (*Early English Text Society*, Vol. CXXXIV), Oxford 1907, p. 32.

(31) Johann Friedrich Boehmer, *Urkundenbuch der Reichsstadt Frankfurt a.M.*, Frankfurt a.M. 1836, S. 635.

(32) 次を参照。 Otto von Gierke, *Das deutsche Genossenschaftsrecht*, 1. Bd. (1868), Darmstadt 1954, S. 38.

(33) Boehmer, *Urkundenbuch*, S. 635.

(34) 37, Edw. III, c. VI (*Statutes at Large II*, p. 163).

(35) Durch die Statuten 49, Edward III and 15, Edward IV. 次を参照。 Unwin, *Gilds*, S. 130–132.

(36) 次を参照。 Charles Mathew Clode, *Memorials of the Guild of Merchant Taylors of the Fraternity of St. John the Baptist in the City of London, and of its Associated Charities and Institutions, Compiled and Selected by the Master of the Company for the Year 1873/4*, London 1875, pp. 3–7.

(37) 15, Henry VI, c. VI (*Statutes III*, p. 216).

(38) Johann Christian Lünig, *Des Teutschen Reichs=Archivs Partis Generalis etc. Continuatio II, Abt. CXC: Kaysers Sigismundi Reformation des Weltlichen und Policey=Wesens im Heiligen Römischen Reiche (1438 oder 1439)*, Leipzig 1720, Cap. IV: Von den Zünfften in den Stetten, S. 239.

(39) 次を参照。 Gross, *Gild*, p. 52.

(40) 5, Elizabeth I, c. IV, in: *Statutes VI*, p. 159–175.

(41) *Politische Discurs, von den eigentlichen Ursachen/deß Auff- und Abnehmens der Städt/Länder und Republicken etc.*, unveränderter Neudruck der 3. Ausgabe, Frankfurt 1688, Glashütten i.T. 1972, S. 115.

(42) Christian Otto Mylius (Hg.), *Corpus Constitutionum Marchicarum, V. Teil: Von Polizey=Hochzeit=Kindtauffen=Begräbnis=und Trauer=Kleider=auch Feuer=Gassen=und andern zur Polizey gehörigen Ordnungen etc.*, Berlin 1740, II. Abt., X. Cap. No. 1: Ordnung von verschiedenen Puncten in Handwercks=Sachen, Sonnabend nach Martini 1541, Sp. 581.

(43) Mylius, *Corpus C. M.*, VI. Teil: Landtages=Recesse, von Justitzien=Zoll=Brau=und anderen Sachen etc. Berlin 1751, No. CXVIII: Landtages=Receß, dd. 26. Jul. 1653, Sp. 458.

(44) Mylius, *Corpus C. M.*, V, 2, X, No. XVII: Verordnung an die Lehns=Cantzley, daß die Zünffte und Handwercker nicht mehr gewisse Anzahlen derer Meister haben sollen, Sp. 646.

(45) Reichs=Schluß wegen Abstellung der Unordnungen und Mißbräuche bey den Handwerkern, dd. 16. Aug. 1731, in: *Corpus Juris Opificiarii*, hrsg. v. Johann Andreas Ortloff, Erlangen 1804, S. 3–28, hier: S. 26.

(46) Mylius, *Corpus C. M.*, V, 2, X, Anhang: Die General–Privilegia und Gülde–Briefe derer in der Chur und Marck Brandenburg dis=und jenseits der Oder und Elbe befindlichen Zünffte und Handwercke etc. バーデンにおける手工業立法改革の統一的性格はいっそう明らかである。次を見よ。Badische Allgemeine Zunftordnung, wornach sich bey allen Zünften, soweit nicht die Art der Treibung des Handwerks oder andere Hindernisse entgegenstehen, zu richten, dd. Carlsruhe, am 25sten October 1760, in: Ortloff, *Corpus* J. O., S. 225–247.

(47) Gustav Schmoller, *Umrisse und Untersuchungen zur Verfassungs-, Verwaltungs- und Wirtschaftsgeschichte, besonders des preußischen Staates im 17. und 18. Jahrhundert*, Leipzig 1898, S. 447.

(48) G. Schmoller, *Zur Geschichte der deutschen Kleingewerbe im 19. Jahrhundert*, Halle 1870, S. 307, 665.

(49) 次を参照。W. Abelshauser, Neuer Most in alten Schläuchen? Vorindustrielle Traditionen deutscher Wirtschaftsordnung im Vergleich mit England, in: *Bevölkerung, Wirtschaft, Gesellschaft seit der Industrialisierung, Fs. Wolfgang Köllmann*, hrsg. v. Dietmar Petzina und Jürgen Reulecke, Dortmund 1990, S. 117–132. 近年において，同様の結論を示しているものとして，Heinz-Gerhard Haupt (Hg.), *Das Ende der Zünfte. Ein europäischer Vergleich* (Kritische Studien zur Geschichtswissenschaft 151), Göttingen 2002.

(50) 次を参照。Hermann Levy, *Monopole, Kartelle und Trusts*, 2. Aufl. Jena 1927, S. 13.

(51) 21, Jacob, c. 3, I (*Statutes*, VII, p. 255 f).

(52) *Cobbett's Parliamentary History of England*, Vol. II, London 1807, column 656.
(53) James I., *Proklamation vom 12. August 1617, State Papers Domestic*, Vol. XCIII, Proc. Coll. No. 50 A.
(54) 次を参照。Levy, *Monopole*, S. 95–193.
(55) An Harborowe for Faithfull and Trewe Subjectes (1559), in: George Orwell, Reginald Reynolds (eds.), *British Pamphleteers*, Vol. I: From the Sixteenth Century to the French Revolution, London 1948, p. 31.
(56) それについてはとくに次を参照。Barry E. Supple, *Commercial Crisis and Change in England 1600–1642. A Study in the Instability of a Mercantile Economy*, Cambridge 1959, chap. 10.
(57) 次を参照。Robert Ashton, Charles I and the City, in: *Essays in the Economic and Social History of Tudor and Stuart England*, ed. by Frederick Jack Fisher, Cambridge 1961, pp. 138–163.
(58) Karl Marx, Der achtzehnte Brumaire des Louis Bonaparte, *MEW*, 8, S. 183.
(59) Ernst Troeltsch, *Die Soziallehren der christlichen Kirchen und Gruppen* (1922), 2. Neudruck Aalen 1965, S. 561, 579.
(60) G. Schmoller, *Über einige Grundfragen der Socialpolitik und der Volkswirtschaftslehre*, Leipzig 1898, S. 148.
(61) Eröffnungsrede zur Gründungsversammlung des Vereins für Socialpolitik am 6. Oktober 1872, in: *Verhandlungen der Eisenacher Versammlung zur Besprechung der sozialen Frage*, hrsg. v. Ständigen Ausschuß des Vereins, Leipzig 1873, S. 3 f.
(62) *Vorträge über Recht und Staat von Carl Gottfried Svarez (1746–1798)*, hrsg. v. Hermann Conrad und Gerd Kleinheyer (Wissenschaftliche Abhandlungen der Arbeitsgemeinschaft für Forschung des Landes Nordrhein-Westfalen, Bd. 10), Köln 1960, S. 89.
(63) 次を参照。Alexander Gerschenkron, Wirtschaftliche Rückständigkeit in historischer Perspektive, in: *Industrielle Revolution. Wirtschaftliche Aspekte*, hrsg. v. Rudolf Braun u.a., Köln, Berlin 1972, S. 59–80.
(64) そのような批判的な見方については、次を参照。Albert Schäffle, Vergangenheit und Zukunft der deutschen Gemeinde, in: ders., *Gesammelte Aufsätze*, Bd. 1, Tübingen 1885, S. 50.
(65) A. Schäffle, Abbruch und Neubau der Zunft, in: *Ebenda*, S. 37 f.
(66) Schmoller, *Grundfragen*, S. 69.
(67) この「計画された資本主義」(geplanter Kapitalismus) は、一九六八年に刊行されたドイツ語版のタイトルである。この版

にはシラー (Karl Schiller) が序言を寄せている。

(68) Andrew Shonfield, *Modern Capitalism. The Changing Balance of Public and Private Power*, Oxford 1965.

(69) In: *The Review of Politics*, Vol. 36, No. 1 (1974), pp. 85–131.

(70) W. Abelshauser, Ansätze "korporativer Marktwirtschaft" in der Korea-Krise der frühen fünfziger Jahr (mit Dokumentation), in: *VfZ* 30. 1982, S. 715–756.

(71) 次を参照。Gerald D. Feldmann, Der deutsche organisierte Kapitalismus während der Kriegs- und Inflationsjahre 1914–1923, in: *Organisierter Kapitalismus*, hrsg. von Heinrich A. Winkler, Göttingen 1974, S. 150–171. とくに，Irmgard Steinisch と共著の *Industrie und Gewerkschaften 1918–1924*, Stuttgart 1985 を参照。また，以下も参照。Charles S. Maier, *Recasting Bourgeois Europe*, Princeton 1975.

(72) 次を参照。Ph. Schmitter, Modes of Interest Intermediation and Models of Societal Change in Western Europe, in: *Comparative Political Studies*, Vol. 10, No. 1 (1977), p. 11f.

(73) それについては，次を参照。Abelshauser, Post-liberal Nation, pp. 285–318.

(74) 次を参照。Abelshauser, Staat, S. 9–58.

(75) 次を参照。Wolfram Fischer, *Unternehmerschaft, Selbstverwaltung und Staat*, Berlin 1964, S. 74.

(76) *Kreuzzeitung*, Nr. 267, vom 14. 11. 1880.

(77) Aufruf der Versammlung sämtlicher Berliner Innungs-Verbände am 10. 2. 1869, Zentrales Staatsarchiv Merseburg (ZStAM), Rep. 120 BB, VIa, 1.1.

(78) Gesetz, betr. die Abänderung der Gewerbeordnung vom 26. Juli 1897, *RGBl.*, S. 663. 同業組合(イヌング)は，関係者の多数が望んだ場合には設立されなければならなかった。

(79) 次を参照。Hartmut Kaelble, *Industrielle Interessenpolitik in der Wilhelminischen Gesellschaft. Centralverband Deutscher Industrieller 1895 bis 1914*, Berlin 1967, S. 185 und Siegfried Mielke, *Der Hansa-Bund für Gewerbe, Handel und Industrie 1909 bis 1914*, Göttingen 1976, S. 48, 81.

(80) Georg Wilhelm Friedrich Hegel, *Grundlinien der Philosophie des Rechts* (Sämtliche Werke, 7), 2. Aufl. 1938, S. 325.

(81) *Ebenda*, S. 270.

(82) *Ebenda*, S. 276.

(83) *Ebenda*, S. 324.
(84) *Ebenda*, S. 421.
(85) Hans Rothfel, *Theodor Lohmann und die Kampfjahre der staatlichen Sozialpolitik*, Berlin 1927, S. 63f.
(86) Bismarck in der Eröffnungssitzung des Preußischen Volkswirtschaftsrates vom 27. 1. 1881, ZStAM, Rep. 151 I C.
(87) ZStAM, Rep. 120 A I 1, No. 81.
(88) 会議所および団体によって代表として選出された人々は、そのリストが国民経済評議会メンバー選出のためにビスマルクに提出される前は、「保護関税主義者」と「自由貿易主義者」に分類され、「国民経済政策」に対する彼らの態度という観点から特徴づけられていた。ZStAM, 2. 21 Nr. 27681.
(89) S. 14. [前注(88)に示されている資料に含まれる報告書のページ数]
(90) *Berliner politische Nachrichten* vom 25. 1. 1884.
(91) Schreiben des Ministers für Handel und Gewerbe an den Oberpräsidenten in Münster vom 7. 1. 1886, ZStAM, Rep. 151 I C, Nr. 9348.
(92) Jahresbericht der Gewerbekammern für den Regierungsbezirk Merseburg zu Halle a.S. für 1888, ZStAM, Rep. 120 BB VIa Bd. 3. その存在の正当性がますます強く疑われていた経済会議に関しても、このような評価は広範に普及していた。次を参照。*Münsterischer Anzeiger* vom 8. Februar 1891.
(93) これは、保護関税主義的な意識をもったオスナブリュック商業会議所の要求であり、それは一八八二年一〇月三〇日の総会で経済利害代表の再組織化を決定することによって、ビスマルク的なコーポラティズムを支持していた。ZStAM, Rep. 120 BB VIa 1. 1.
(94) 同時代のカルテル概念についてはとくに次を参照。Friedrich Kleinwächter, Art. "Kartelle", in: *HdSt*, 3. Aufl. Bd. 5 (1903), S. 792; Karl Bücher, Die wirtschaftlichen Kartelle, Referat für den Verein für Socialpolitik, Tagung 1894 in Wien, in: *Schriften des Vereins für Socialpolitik*, Bd. 61, Leipzig 1895, S. 138–157; A. Schäffle, Zum Kartellwesen und zur Kartellpolitik, in: *Zeitschrift für die gesamte Staatswissenschaft*, 54 (1898), S. 467ff. ; Robert Liefmann, *Kartelle und Trusts*, 2. Aufl. 1909; Arnold Wolfers, Das Kartellproblem im Lichte der deutschen Kartellliteratur, in: *Schriften des Vereins für Socialpolitik* Bd. 180, München und Leipzig 1931. カルテル問題についての文献目録が付いた文献として、*Theorie und Praxis der Kartelle*, hrsg. von Hans-Heinrich Barnikel (=Wege der Forschung Band 174), Darmstadt 1972.

(95) Adam Smith, *Eine Untersuchung über Natur und Wesen des Volkswohlstandes*, Bd 1, 2. Aufl. Jena 1920, S. 171 f.; G. Schmoller, Das Verhältnis der Kartelle zum Staat, Verhandlungen des Vereins für Socialpolitik am 27. und 28. September 1905 in Mannheim, *Schriften des Vereins für Socialpolitik*, 116, Leipzig 1906, S. 254.

(96) *Ebenda*, S. 248.

(97) Werner Sombart, *Das Wirtschaftsleben im Zeitalter des Hochkapitalismus*, 2. Halbband, 4. Aufl. 1955, S. 696.

(98) *Die Kartelle*, Innsbruck 1883, S. 216 ff.

(99) Max Weber, *Wirtschaft und Gesellschaft*, Tübingen 1922, S. 450.

(100) *Kontradiktorische Verhandlungen über deutsche Kartelle. Die vom Reichsamt des Innern angestellten Erhebungen über das inländische Kartellwesen in Protokollen und Stenographischen Berichten*. 1. Band. Berlin 1903, S. 259.

(101) 次を参照。Franz Böhm, *Das Reichsgericht und die Kartelle*, in: Ordo, 1 (1948), S. 212.

(102) そのような見方への反論として次の観点を参照。Arno J. Mayer, *The Persistence of the Old Regime: Europe to the Great War*, New York 1981.

(103) ドイツ労働組合の指導部における議論、とくに一九一四年八月と一九一六年一二月・一九一七年一月におけるそれについては、次を参照。*Die Gewerkschaften in Weltkrieg und Revolution 1914 bis 1919*, bearbeitet von Klaus Schönhoven (=*Quellen zur Geschichte der deutschen Gewerkschaftsbewegung im 20. Jahrhundert*, Bd. 1), Köln 1985.

(104) Heinrich Kaun, *Die Geschichte der Zentralarbeitsgemeinschaft der industriellen und gewerblichen Arbeitgeber Deutschlands*, Jena 1938, S. 10–15.

(105) 次を参照。Dietmar Petzina, Gewerkschaften und Monopolfrage vor und während der Weimarer Republik, in: *AfS*, 20. 1980, S. 195–218.

(106) これについては、次を参照。Ralph H. Bowen, *German Theories of the Corporative State*, New York, London 1947, pp. 160–210.

(107) Schreiben an Carl Gerwin vom 24. Juni 1919, abgedr. in: Gerald D. Feldman, Heidrun Homburg, *Industrie und Inflation, Studien und Dokumente zur Politik der deutschen Unternehmer 1916–1923*, Hamburg 1977, S. 217.

(108) Aufzeichnung über eine Besprechung im Reichswirtschaftsministerium vom 15. Mai 1919 betr. Gründung eines Zweckverbandes für die Eisen- und Stahlschaffende Industrie, *Ebenda*, S. 215 f.

(109) 次を参照。W. Abelshauser, Verelendung der Handarbeit? Zur sozialen Lage der deutschen Arbeiter in der großen Inflation der frühen zwanziger Jahre, in: *Vom Elend der Handarbeit. Probleme historischer Unterschichtenforschung*, hrsg. von Hans Mommsen und Winfried Schulze, Stuttgart 1981, S. 445–476.

(110) Kaun, *Geschichte*, Anhang II, S. 128.

(111) Niederschrift über die zweite Sitzung des beim RDI eingesetzten Sonderausschusses für ein Wirtschaftsprogramm am 9. 8. 1922, BA, Nl Silverberg, Nr. 312, abgedr. in: Feldman, Homburg, *Industrie*, S. 340.

(112) *Jahrbuch 1928 des ADGB*, Berlin 1929, S. 34.

(113) Ludwig Preller, *Sozialpolitik in der Weimarer Republik*, Stuttgart 1949, S. 509.

(114) Das deutsche industrielle Unternehmertum in der Nachkriegszeit, in: *Veröffentlichungen des RDI*, Heft 32, Berlin 1926, S. 55–64.

(115) *Ebenda*, S. 65.

(116) 次を参照。G. D. Feldman, *Iron and Steel in the German Inflation, 1916–23*, Princeton 1977, p. 465; Bernd Weisbrod, *Schwerindustrie in der Weimarer Republik*, Wuppertal 1978, S. 255–272.

(117) とくに次を参照。Vaudagna, *Corporativismo*; Keith Middlemas, Politics in Industrial Society. The Experience of the British System since 1911, London 1979.

(118) *GZ*, 1930, S. 308.

(119) 次を参照。Niederschrift über eine gemeinsame Besprechung des Präsidiums des RDI und des Vorstandes der VDA am 3. 6. 1930, BA, Nl Silverberg, Nr. 457, abgedruckt in: *Politik und Wirtschaft in der Krise 1930–1932, Quellen zur Ära Brüning*, eingl. v. Gerhard Schulz, bearb. v. Ilse Maurer und Udo Wengst, 1. Teil, Düsseldorf 1980, S. 190f. und Niederschrift über die Sitzung des Bundesausschusses des ADGB am 14./15. 121930, abgedr. in: *Ebenda*, S. 495.

(120) *Ebenda*, S. 191.

(121) *GZ*, 1930, S. 380.

(122) Entwurf einer Erklärung des Reichspräsidenten von Hindenburg zu den Verhandlungen zwischen Unternehmern und Gewerkschaften, BA, R 43/I/1157, abgedr. in: *Politik und Wirtschaft*, 1. Teil, S. 198f.

(123) Niederschrift vom 3. 6. 1930, BA, Nl Silverberg, Nr. 457, a.a.O., S. 190f.

(124) 労働組合のヴォイチンスキ（Wladimir Woytinski）、タルノー、バーデ（Fritz Baade）によって構想された、信用創造による雇用創出のためのケインズ的な発想の計画（WTB-Plan）は、自分たちの陣営であるＡＤＧＢにおいてもほとんど反響を呼ぶことなく、社会民主党の国会議員団では固く拒絶された。

(125) 以下の重要な研究を参照。Dieter Hertz-Eichenrode, *Wirtschaftskrise und Arbeitsbeschaffung. Konjunkturpolitik 1925/26 und die Grundlagen der Krisenpolitik Brünings*, Frankfurt a.M. 1982.

(126) Niederschrift vom 3. 6. 1930, a.a.O., S. 191.

(127) 次を参照。Entwurf für eine gemeinsame Erklärung von Unternehmerverbänden und Gewerkschaften und Aufzeichnung Blanks über eine Mitteilung Kastls, beide abgedr. in: *Politik und Wirtschaft*, 1. Teil, S. 194–196.

(128) また次をも参照。Reinhard Neebe, Konflikt und Kooperation 1930–1933: Anmerkungen zum Verhältnis von Kapital und Arbeit in der Weltwirtschaftskrise, in: W. Abelshauser (Hg.), *Die Weimarer Republik als Wohlfahrtsstaat. Zum Verhältnis von Wirtschafts- und Sozialpolitik in der Industriegesellschaft* (*VSWH*, Beiheft 81), Stuttgart 1987, S. 226–238.

(129) 次を参照。U. Wengst, Unternehmerverbände und Gewerkschaften in Deutschland im Jahre 1930, in: *VfZ* 25. 1977, S. 102.

(130) このことは、次の文書によって理由づけられた。回勅“Rerum novarum”（「労働者問題について」）。この文書は、ローマ教皇レオ一三世が一八九一年五月一五日に編纂したものである。それを、ローマ教皇ピウス一一世は、一九三一年五月三一日に、回勅“Quandragesimo anno”（「福音の救済計画による、社会秩序とその再建とその完成について」）において、改めて確認したとされる。次を参照せよ。Papst Leo XIII, Papst Pius XI, *Die Enzykliken Rerum Novarum—Quadragesimo Anno. Amtlicher deutscher Text*, hrsg. v. Erzbischöflichen Seelsorgeamt Köln, Düsseldorf 1950.

(131) 一九三〇年一二月一四日、一五日に開催されたＡＤＧＢ全国委員会の会議において再度提示された。同文書は次に掲載されている。*Politik und Wirtschaft*, 1. Teil, S. 496–498.

(132) キリスト教系労働組合は、ＡＤＧＢ以上に団体調整的な理念に従った。それはキリスト教的、カトリック的な社会教説に由来したからである。

(133) ヒルシュ・ドゥンカー労働組合は、ＡＤＧＢ以上に強力に、利害政治の自由主義的方法と目標設定を優先した。

(134) （注131と同様に）ＡＤＧＢ全国委員会の会議。*Ebenda*, S. 497.

(135) *Ebenda*, S. 505.

(136) ＡＤＧＢ理事会の会議での記録。次に掲載されている。*Ebenda*, S. 524.

(137) 一九三二年三月一二日の暫定国家経済評議会の中央委員会報告書（抜粋）。次に掲載されている。*Politik und Wirtschaft*, Teil 2, S. 1321.

(138) *Ebenda*, S. 1325.

(139) Charles S. Maier, *Recasting Bourgeois Europe*, Princeton 1975, p. 592.

(140) 次を見よ。Werner Abelshauser, *Deutsche Wirtschaftsgeschichte seit 1945*, München 2004, S. 409–420.

III　フォーディズムの試練——二〇世紀の団体調整的市場経済

1　団体調整的市場経済の生産体制

多様化高品質生産の制度的前提条件

ドイツの生産体制の特徴を規定することは、高度な思想的抽象と理念型的体系化を前提とする。これはどの国民的な経済立地にも言えることであるが、それが特別にあてはまるのがドイツである。なぜなら、ドイツでは、工業化過程において、他のどこよりも、その都度独自な専門化と制度の比較優位を示す経済の地域的な結合システムを数多く発展させたからである。この経済的に相互に関係した企業が地域的に集合した産業クラスターは、今日にいたるまで、その結合的性格を維持している。例えば、次のような産業クラスターがある。ライン・マイン地域、北部・東部ヴュルテンベルク地域、[ライン川沿いの経済成長地帯である]「ラインシーネ」(Rheinschiene)、オストヴェストファーレン・リッペ地域、ザクセン州、ハンザ諸都市、ミュンヘン工業地域、またハノーファー・マクデブルク・ハレの間の中部ドイツ工業地区(93頁の図1参照)。それら産業クラスターは、二〇世紀を超えて魅力的な「工業文化」を築き上げただけでなく、歴史的に成長した、信頼を生み出す制度的枠組みを通じて、明らかに安い取引費用を実現するという課題をこなし、それによって他の諸地域に対して決定的な優位を得ているのである。こうした理由から、これら産業クラスターは、今日、ドイツの輸出経済の背骨を作っている。ルール地方のような古典的な工業地域のいくつかは、二〇世紀に、その性格を全体的に変えた。また大ベルリン地区のような工業地域は、一九四五年以降、かつての指導的地位を大幅に失い、今日でも十分には回復していない。また、他の、ザール地方やシュレージエンのような地域は、多くのヨーロッパの伝統的な重工業地区と同様に、まだ、新しい競争力ある個性を見出していない。

個々の産業立地の生産体制を相互に比較する場合には、それを具体的な準拠枠組みの中で位置づけなければ、ほとんど意味はないであろう。もしも、一定の産業立地の特質と実力を評価しなければならないときに明らかに決定的となるのは、参照する規模としてどの生産物市場を選ぶかである。したがって、生産体制の強さと弱さについての問いには、とくに、供給サイドに関しては地域的規準に応じて、また需要サイドに関しては生産物に特有の規準に応じて、多様な形でしか、回答しえない。それにもかかわらず、次のことは有益であり得る。すなわち、まず第一に、国民経済の個々の企業や産業部門や市場がいかに組織され、歴史的に成長してきたかについて、その様式や方法を整理するために、社会的生産システムを国民的レベルで理念型的に性格づけることである。産業部門に関係した生産体制のたいていの構成部分は、最終的には、国民国家のレベルで発生し、EUの法秩序と国家を超えて行われる経済行動の増加によって、生産体制の「ヨーロッパ化」の傾向があちこちで生じているにもかかわらず、依然として、国民国家の存在するその場所で、その作用を発展させているのである。

何がドイツの生産体制を可能にしたのかについては、最近、とりわけ、国外の研究者が議論している。彼らがそこに見ているのは、まさに、ドイツにおいて歴史的に発展した市場経済の文化である。この文化を特徴づけるのは、長期的な企業金融の慣行と、職業教育・養成の複線的システムの中で自由に移動する部門内技術移転である。この職業教育システムの構築は、職業訓練から応用科学専門大学（Fachhochschule）に至るまで、実業界の協力によって可能になっている。さらに、企業内外での労働協約の当事者である労使双方による共同作業の実践がある。自己批判に

図1　ドイツにおける産業クラスター

① ハンザ都市ハンブルク
② ハンザ都市ブレーメン
③ オストヴェストファーレン・リッペ地域
④ ハノーファー・マクデブルク・ハレ圏域（中部ドイツ工業地区）
⑤ ラインシーネ(デュイスブルクからボンまで)
⑥ ライン・マイン地域(ヴィースバーデン・マインツ・フランクフルト・ルートヴィヒスハーフェン)
⑦ ザクセン州
⑧ 北部ヴュルテンベルク地域
⑨ フランケン地域
⑩ 東部ヴュルテンベルク地域
⑪ ミュンヘン工業地域

傾くドイツの研究者にとってはしばしば驚くべきことであるが、一流の外国のエコノミストが、最近、よく、ドイツの制度の効率性を極めて高く評価している。アメリカの外国貿易研究家マイケル・ポーター（Michael Porter）によれば[1]、市場経済のドイツ・モデルの中に、ドイツの輸出の大きな比較優位が存在しており、したがって、ドイツの輸出の成功が持続する本質的な原因も、その中に隠されているのである。イギリスの経済学者デヴィッド・ソスキス（David Soskice）は[2]、彼の言い方によればドイツの「企業調整的市場経済」（unternehmenskoordinierte Markt-wirtschaft）について、まさにグローバリゼーションの条件の下でドイツとアメリカとを直接に比較した場合でさえも、それが長期的には成功する社会的生産システムであると見ている。そして、フランスのトップクラスの経営者であり、ベストセラー『資本主義対資本主義』の著者であるミシェル・アルベール（Michel Albert）は、フランス人に、彼のいわゆる「ライン資本主義」を受容するよう推奨しさえしたのである。なぜなら、このモデルは、アングロサクソン・モデルよりも、社会的な点でも、経済的な点でも、優っているからであった[3]。彼らは、皆、ドイツの市場経済の「社会的」属性を、一方における労使の社会的パートナーシップと、他方における企業家的調整という二重の意味において、説明した。ドイツ企業文化のこれら二つの核心的要素は、蓄積された信頼と社会性の力に依拠しているので、まさにそこに、フランシス・フクヤマは、ドイツの経済的取引費用の構造的な低廉と、それによる世界市場での競争力の前提条件を見ている。それゆえに彼が強調するのは、グローバル化の過程にある国際社会における豊かさの源泉としての信頼と社会的徳性の役割である[4]。この種の文化的諸要素は、彼の確信によれば、ますます強力に、グローバルな経済的プレイヤーの競争力を規定している。フクヤマにとって、ドイツは、その歴史的に成長してきた制度的枠組みの故に、二一世紀における（経済）文化間の市場競争に向けてよく準備されているといいうるのである。

そのような、またそれに類した評価は、マクロレベルで、一般的には経済立地の、特殊には生産体制の強さと弱さについて示されているのであるが、そうした評価の根拠は、他の社会的生産システムとの比較である。とりわけ、その理念型的な意義をも主張することができ、それと比較すべき経済立地に対して実際の競争関係の中にあるような生産の社会体制との比較が重要である。ドイツのケースに対しては、なによりも、アメリカの生産体制がそれに該当する。それは、グローバリゼーションと知識社会の急速な台頭という条件のもとで、二一世紀の経済の効果的な組織化のための基準を世界的規模で設定しようとしている。(5) いかなるシステムが未来の試練をよりよく克服するのかとの問いは、すでに長らく、もはや単なる学問的な関心事ではなく、ドイツの実際の経済生活のなかで、激しい文化闘争の形態をとってきたのである。

まさにドイツとアメリカの生産体制の対置の中に、その都度の特殊性が明瞭に浮かび上がる(表3、表4)。アメリカの生産体制は、ドイツのそれと比べると、ほとんど全ての項目において、正反対に位置づけられ、理念型的には、自由主義市場経済の概念で表現しうる。この経済は、自由競争と短期的な投資収益への指向性に依拠し、したがってその制度的優位を、とりわけ、新しいテクノロジーの投入を通じたラディカルな技術革新によって特徴づけられるような製品市場において示すことができる。二つの生産体制の長期比較が示すのは、両者は、一九世紀末のその生成期においては、その後の一〇〇年に比べて、いっそう多くの共通点をもっていたということである。これは驚くべきことではない。何故なら、両国は、いずれも、市場の国際化の開始および工業の生産と管理の科学化による試練に対応したからである。両国は、その効率性を、次の点にそくして、競い合わなければならなかった。すなわち、例えば、取引費用の管理やプリンシパル・エージェント関係の問題*のような、完全に新しいわけではないが、この時期の諸条件の下で急速に重要になった経済的問題状況を、いかに処理するのかという点である。長期的な工業化過程の時期には、とりわけ、所有権パラダイム (Property-Rights-Paradigma)** と生産的に関わることができる能力が、経済発展のテンポと質を支配したとするならば、工業化以後の時期においては、これら二つの問題群が、非物質的生産の成否をいっそう強力に規定するようになったのである。

表3　19世紀末における生産体制の分岐

<table>
<tr><th></th><th>ドイツ</th><th>アメリカ</th></tr>
<tr><td rowspan="5">労働市場・熟練資格・被雇用者の(経営)参加</td><td>基幹従業員</td><td>フレキシブルな従業員</td></tr>
<tr><td colspan="2">規制が緩和された労働市場</td></tr>
<tr><td>産業分野・企業に固有の職業教育</td><td>職業教育外部での広範な諸能力の仲介</td></tr>
<tr><td colspan="2">プリンシパル・エージェント問題</td></tr>
<tr><td colspan="2"></td></tr>
<tr><td rowspan="5">金融・コーポレートガバナンス</td><td colspan="2">ハイリスクなファイナンス</td></tr>
<tr><td>長期的な融資形態</td><td>短期的な時間の見通し</td></tr>
<tr><td>未発達な資本市場</td><td>高度に流動的な資本市場</td></tr>
<tr><td>ユニバーサルバンク・システム</td><td>分離銀行制度</td></tr>
<tr><td colspan="2">処分権は少数大所有者に帰属(「ステークホルダーの価値観」)</td></tr>
<tr><td rowspan="6">同一産業部門の企業間関係</td><td colspan="2">垂直的・水平的集中</td></tr>
<tr><td>長期的な資本参加，「敵対的」乗っ取りはない</td><td>特徴的な合併・乗っ取り活動</td></tr>
<tr><td colspan="2">地域内産業連携システム(「産業クラスター」)</td></tr>
<tr><td>団体による利害政策(強力な団体)</td><td>多元主義的利害政策(脆弱な団体)</td></tr>
<tr><td>技術移転の開放性(産業部門標準)</td><td>技術競争</td></tr>
<tr><td>カルテル</td><td>反トラスト法</td></tr>
</table>

＊プリンシパル（依頼人）がエージェント（代理人）の行動を監視できない状況下でエージェントに約束を実行させる最適な契約形態を明らかにすることを目的とするプリンシパル・エージェント理論が対象とする事柄に関わる諸問題。本章第3節を見よ。

＊＊所有権には効率的行為へのインセンティヴが内在しており、財に関する権利を行為者に十分に割り当てることが可能になれば、それだけその人の財との関わりは効率的になるとの立場から人間行為の諸関係に接近する理論的枠組み。

もちろん、二つのシステムの分岐に今日もなお影響を与えている性格的な相違が、すでに最初から、看過されてはならない。この違いは、大部分、次の点から説明される。すなわち、一九世紀末の新たな制度もまた、その実現のコストを可能な限り低く維持するために、その時までにすでに親しんできた社会的・経済的・法的な思考形態を利用して形成されたということである。アメリカ経済の組織原理は、慣習法（コモン・ロー）というアングロサクソンの伝統に依存しているように見え、競争のパラダイムに従っていた。ドイツの場合は、すでに示したように、ドイツ語圏における産業発展を特徴づけた団体調整的で協同組合的な伝

表4　20世紀末における生産体制の分岐

	ドイツ	アメリカ
労働市場・熟練資格・被雇用者の(経営)参加	高度に熟練した基幹従業員 制度化された労働契約 産業分野・企業に固有の職業教育 共同決定	フレキシブルな従業員 規制が緩和された労働市場 職業教育の外部での広範な諸能力の仲介 プリンシパル・エージェント問題への[ドイツと]比較可能な[制度的]対応はない
金融・コーポレートガバナンス	ユニバーサルバンク，産業と銀行の発達した関係 金融における長期的観点 未発達な資本市場 「ステークホルダーの価値観」	分離銀行制度 金融における短期的観点，ハイリスク金融 高度に流動的な資本市場 「シェアホルダーの価値観」
同一産業部門の企業間関係	長期的な資本参加，「敵対的」乗っ取りはない 歴史的に発展した地域内産業連携システム(「産業クラスター」) 団体による利害政策(強力な団体) 技術移転の開放性([技術における]産業部門標準に対応した職業教育の標準)，規範・標準設定 穏健なカルテル禁止	特徴的な合併・乗っ取り活動 クラスターは例外(例：シリコン・ヴァレー) 多元主義的利害政策(脆弱な団体) 技術競争(産業部門における職業教育の標準はない) 反トラスト法

統と協同のパラダイムが貫徹した。両国の生産体制のもう一つの分岐は，市場——とくに労働市場——の形態学における基本的な相違から生じた。これら二つの国民経済の組織原理の対立から，一九四五年以後の経済史研究は，広範な諸結果を導き出した。経済史研究はそこに，ドイツにおいては最終的に「第三帝国」の破局を招いた誤った展開の原因の一つを見たのである。

しかし，実際には，両国の社会的生産システムは，その機能的規定においては，その外的形態におけるほどには，異なってはいない。両者は，内容的に，グローバリゼーションの過程の多くのパラドックスを考慮しなければならなかった。例えば，外国貿易の激しい前代未聞のダイナミズムが国内の経済構造に与える(自己破壊的な)影響が，経済と社会の安定性を動揺させる恐れがあるところでは，どこでも，ある程度の保護主義は必然的であった。このことはまさに，最初のグローバリゼーションの局面を開拓した国であるアメリカとドイツにおいて当てはまった。国民国家の強さは、世界市場を機能させる能力や拡張する力のもう一つの前提であった。取引方法の交渉のために、国家を超えた相互作用のインフラストラクチャー――それに属するとくに重要なものが国際的通貨・金融媒体としての金本位制である――を構築するために、争うことのできない権威をもつ「グローバル・プレイヤー」が必要とされたのである。そして、また、市場支配の［カルテルや独占のような］相変わらずの手段による国内市場の安定化も、ますます厳しい競争条件のなかで新しい投資のための長期的な計画の視野をもつために、今まで以上に必要となった。新しい制度的枠組みの外的な形態は、それにより影響されて変化するということはなかった。それは、何よりも、他の目的に役だたなければならなかった。生産体制とその構成要素の発展における変化が根本的であればそれだけいっそう、直面した問題の解決は重要になった。制度が経済に対してもつ主要な目的が、人間の相互行為の不確実性と、したがってまたそれを克服するコストを減少させる安定した秩序を作り出すことにあるとするならば(6)、熟知した外的な形態に立ち戻ることは、新しい制度を導入する前提となる。そのようにしてのみ、［新しい制度の導入に伴って生ずる］長期的に蓄積された信頼という資本の不足は、補償されうるのである。一九世紀末の団体調整的市場経済の革新の一つであるカルテル組織さえも、この方法に拠っているのである。それは、当時の人々に、協同組合の考え方の、現代の工業生産への適用と形態変化と見なされた。そのような歴史的な類推と類似性が、一九世紀から二〇世紀への転換期における工業国論争*において明らかになった近代化への抵抗を失効させるのに貢献することによって、どの程度、制度変化を促進したのかについては、なお、まだ、研究すべき余地があろう(7)。

*一八九〇年の農業関税引き下げを契機に起こり、一九〇二年の関税再引き上げまで継続したドイツの経済政策に関する路線論争で、一九世紀末のグローバル化した世界経済に対するドイツ経済の関わり方や将来の国家モデル（農業国か工業国か）をめぐって激しい論争が展開した。第I章第1節、および本章原注7の文献を参照。

新しい生産体制に対する［外見の類似性による伝統的方向からの］イデオロギーの付加によっても、その体制の導入は容易になった。こうして、例えば、社会政策学会に集まったドイツ歴史学派経済学の代表者は、倦むことなく、自分たちがもつプロイセン・ドイツの伝統から、経済に対する高度な倫理的要求を引き出したのであって、それは、アングロサクソンの経済史から可能であると思われる以上に高い倫理的要求であった。イギリス経済はなお依然として指導的地位にあったが、こうした歴史学派エコノミストによる価値転換の努力によって、もはや模範的モデルではなくなり、制度的には対照的なモデルと見なされた。イギリスの生産体制に結晶化された経済発展の水準は「歴史的には」遅れたものと認識され、そのモデルは、遅れた発展水準をいかなる点でも挽回することなしに、追い越されていくものとされたのである。

［一九―二〇世紀転換期に起こった］工業国論争は、これまでとりわけ、ドイツ帝国における利害政治に対して、その論争が、政治の流動化と社会の両極化という方向で影響を与えたとの観点から見られてきた。しかし、いっそう近寄って観察すると、この論争には次のような基本的諸潮流も認めうるのである。すなわち、論争の主戦場からは離れた場所に見出されるのであるが、従来の工業的・農業的起源の自由主義的慣行から、団体調整的慣行という新しい路線への制度的転換に影響を与えるような基本的潮流である。さらに言えば、生産体制におけるその転換は、社会の潜在的生産力における根本的な変化を反映するものであった。この潜在的生産力は、社会の知識水準の本質的な諸変化の一つの結果であって、それは、経済活動のこの新しい次元を実現しうるように、新たな組織的枠組みを要求する。それ故に、この新しい経済的可能性の革命的な性格は、ただ単に、生産過程における科学と技術との緊密な結合にのみあるのではない。それは、とりわけ、市場や企業や経済政策のレベルで、こうした生産性の蓄えを動員するために新たに形成された新しい組織的条件としての制度的枠組みのなかにも求められるのである。(8)

ドイツの生産体制

一九世紀末頃に、ドイツでは、新しい安定した社会的生産システムが発展した。その基本原理は経済的アクターの間の競争にではなく、協力にあった。この社会的生産システムは、一八八〇年代の間に同じく新たに生まれた団体調整的な利害政治のシステムのなかに埋め込まれ、自己管理的な自律性と包括的な協同作業という二重の性格を、生産組織の中にも反映していた。その典型は、株式会社の頂点における組織的な二重構造であって、それは、一八八四年の会社法改革以来、企業の戦略的な指揮を取締役会に、原則の決定と重要な人事問題を監査役会に割り当てた。そうした構成によって、大企業には、重要な経済領域からの情報の流れを自己の組織に導くために、情報伝達のネットワークを結びつけることが可能になった。そこでは、大企業は、企業決定のための、また信頼という社会的関係資本の蓄積のための基礎を改善する。この信頼という資本は、各々の分野内部での取引費用水準を低く維持することに貢献する。企業の監査役会への銀行代表者の招聘によって、銀行は、企業のコントロールが容易になった。その企業の長期的な金融を、銀行は、ハウスバンクとして、あるいは銀行企業連合(コンソーシアム)のメンバーとして、引き受けた。株式会社は、確かに、株式市場でリスクキャピタルを調達したが、ここでも銀行は有価証券の発行業務を行い、多くの株主のために寄託議決権を行使し、金融関係の長期的な安定性に貢献した。投資家は、小口の株主も、ごく最近に至るまで、株主価値(シェアホルダー・ヴァリュー)の原理を指向してはおらず、その投資動機が短期的利益にはなく、「彼ら／彼女らの」企業の資産増加を経由した長期的な利益獲得の最適化（Optimierung）にあるような利害関係者(ステークホルダー)として振る舞っている。それ故に、ドイツの生産体制は、企業のパースペクティヴが長期性と持続性に据えられていることに広く合致している。

ドイツの生産体制のその他の構成要素――すなわち、部門システム、労使関係、職業教育システム――も、その機能のあり方において、同じ方向を目指している。それらの要素全てが選好するのは、競争原理よりも共同作業の原理であり、生産の高度な安定性と質を次のような作業を通じて確かなものにするのである。すなわち、諸団体の連携協力、産業別単一労働組合との協力関係、そして学校と企業との二元制システムの枠組みの中で、企業外部での共通の職業教育において培われる技術の部門標準についての合意がそれである。

この社会的生産システムは、その構成部分が相互に、非常に緊密に関連してかみ合っているので、そのうちの一つを、交換可能なモジュールのように、システムとは疎遠な他の部品と取り替えることは、困難であろう[9]。その際にこのシステムの主要な役割を演ずるのは職業教育の二元的組織である。公的機関と並んで、民間企業も、職業教育システムにかなりの資金を投入している。このシステムでは、企業が、職業教育の内容を(労働組合と共に)、広く規定することができ、それを、その企業が属する部門の技術的な必要性へと方向付けうるのである。これは、長期金融の方式を前提とする。何故なら、人的資本(ヒューマンキャピタル)へのこのような投資の収益は長い期間を経て初めて発生するからである。職場からの引き抜きの危険性を小さくしておくためには、調整された賃金政策が必要とされ、高度な熟練を有して強力な基幹従業員の忠誠を確保するためには、協調的な労使関係が必要とされ、職業教育や職業資格試験制度の基礎となりうる一般的に承認された標準を実現するためには、技術移転と標準化の領域における諸企業の緊密な共同作業が必要とされる。長期金融の方式は、企業統治(コーポレート・ガバナンス)の一定の形態と強力な団体が前提となる。これらの条件は、信用を貸与するものに対して情報の流れ[インフォーメーション・フロー]に関する必要な保証を与えるのである。このような議論は、ドイツ生産体制の個々のサブシステムへと容易に拡大されて、さらに続けられる。

要するにドイツの団体調整的モデルは、長期性と協調を目標とした生産体制として理解されうる。このモデルは、その制度上の比較優位をとりわけ次のような製品市場において発揮することができる。すなわち、高度に発展した応用指向的な技術の投入のもとで生まれ、その強みは顧客との持続的な結び付きにあるような多様化高品質製品が取り引きされるような市場である。[10] それは、例えば、一九世紀末に始まったテイラー主義的分業の革新に対する抵抗として登場した、手工業的生産方法に依拠し集団的な協同作業の形態を採用した仕立業のようなものを指しているのではない。ドイツで一八八〇年代以後に生まれた製品は、むしろ、とりわけ、当時台頭してきた新産業が使用するような最新の技術水準に対応したものであった。一九世紀末に機械工業、電気技術工業、化学工業で生まれた多様化した高品質製品の技術革新のコアを形成するのは、非物質的な価値創造であって、それは、そこに用いられた経済と科学との新しい共生関係から生まれてきた。この生産過程は次のように理解されうる。すなわち、それは、直接的に従来の意味での財やサービスから成るのではないが、商品生産に寄与するような投入要素(インプット)に基づいた生産過程である。ここでは価値創造は、古典的な旧産業の場合のように原料加工から生ずるというよりも、むしろ、次のような事柄に関する統合された知識から生まれるのである。すなわち、市場の需要、研究・開発による問題解決、製造方法、応用・加工の可能性、並びに、タイミングのよい品揃え、金融、その他の質的特性の保証に貢献するような統合的サービスである。このような非物質的生産の制度的な前提条件は、第一次世界大戦前には、ヨーロッパの少数の国民経済とアメリカにしかなかった。その際、多様化高品質製品を生産する能力は、アメリカでは、一般的に受容され社会的に埋め込まれたルールや、団体とか公式的な法規範のような「ハードな」制度に依拠してはおらず、個々の大企業の成果そのものであり続けた。それら大企業は、この点で、確かに、伝統的な、そしてまさに単純な生産パターンが溢れる海の中の孤島とよく似ていた。[11]

ドイツでは、それに反して、団体調整的市場経済の社会システムは、広範な前線で多様化高品質製品の生産を支えた。それは、このシステムが企業家の決定の長期的な地平を拓き、潜在的労働力の高い品質水準と育成の努力を支え、さらに、このドイツ的生産モデルが例えば基礎研究の必要性から要請する「個別組織を超えて連携した」集団的インプットを準備することによって、行われたのである。制度的枠組みの稠密化とネットワーク化、また信頼が蓄積される基礎となる［個別企業を超えた］産業部門内部の社会性（ソシアビリテ）に関する能力——これらは、すでに示したように、長期にわたって成長したリソースであって、それは、その形成を、ドイツの産業発展の特殊性に依存している。この点は、さらに、［産業クラスターである］地域的な合同経済の、既に述べたような集合体についても当てはまる。その多面的で、緊密で、信頼できる企業家間の協力関係の構築は、経済的相乗効果を生み出し、それは、ドイツで歴史的に成長してきた「工業地区」（アルフレッド・マーシャル）の多くを特徴づけ、ドイツの輸出経済が、客観的にも時間的にも、柔軟で値頃な、世界市場向けの供給を行うことを可能にするのである。

多様化高品質製品の生産の重心は、新産業の大企業にあるのだが、それら大企業は、今日もまだ同様であるが第一次世界大戦前に、中小企業のよく調整された「下部構造」に依存した。それには、各々の部門に含まれる手工業企業が属していた。これらの手工業企業は、その特権が失われていく長い局面が過ぎて、一九世紀末頃に、新たに、団体結成の権利が与えられ、一九三〇年代に至るまで、教育された工業熟練労働者の主要部分を供給した。だが、一九三八年の国家学校法によって工業労働者の職業教育が完璧に導入された後にも、手工業は、高度な熟練工業労働力の重要な貯蔵庫であり続けたのである。それにもかかわらず、この新しい生産モデルを手工業的と評価したら間違いであろう。多様化高品質生産は、当時機械工業で通例であった製品を一つずつ製造していく方式に限られたわけではなく、またそこで適用された生産方法は、伝統的な手工業の実際と多くの共通点を持っていたわけでもなかった。

ドイツの生産体制は、したがって、専門化された商品を一般的な生産手段で製造するための物質的・制度的前提条件を持っていただけでなく、供給サイドから見ると、大量生産のパラダイムに対応するように、標準化された商品を専門化された生産手段で生産することも可能だった。市場が高品質商品の大量販売を許すところでは、国際的に成功した化学工業が明らかにしたように、ドイツの生産体制のもとでは、一定の顧客を狙った高品質製品のための市場における競争でも、一定時間での生産個数の増加を実現することが可能になったのである。ドイツ工業は、第一次世界大戦前には、標準化された大量生産におけるアメリカのケースに従う傾向をあまり示さなかったが、これにはとりわけ次の二つの理由がある。第一に、ドイツで利用されたのは、要求の多い柔軟な生産方法であるが、これは、ドイツ工業にとって最も重要な市場で、顕著なコスト比較優位を主張しえたがゆえに、なお依然として成功したからであった。第二に、需要は国内市場でも、外国市場でも、追加的な画一的大量生産の採用を促進するような強力な刺激を与えなかったからである。このことは、両大戦間期には、国民経済の成長の弱さとグローバル化の危機を背景に、それだけいっそう妥当した。こうした［画一的大量生産にとって］不都合な基礎条件にもかかわらず、アメリカの挑戦が、ドイツの生産体制に対して影響をもたらさないままでいるということにはならなかった。フォード主義の選択肢は一九三〇年代になって初めて、ドイツにおける第二の生産方法として根付くことになったが、それから四〇年間に実現したのは、多様化高品質生産と標準化された大量生産とのデュアリズムであった。ドイツにおける「アメリカ的」生産方法の台頭、衰退、吸収は、団体調整的市場経済の生産体制が、外側からの試練に対して常に示してきた自分の方法への固執と抵抗力に関する一つのよい事例である。

2　アメリカの挑戦

フォード主義の選択肢

ヘンリー・フォード（Henry Ford）が一九一三年にミシガン州ハイランドパーク市で、彼の最初の「T型モデル」をベルトコンベヤーによって回したとき、これは、アメリカ市場の条件に次第にいっそううまく適応していくその生産方法の数十年間にわたる発展の幕開けなのではなく、むしろクライマックスであった。巨大な国内市場の急速な統合と熟練労働力の著しい不足という事態を背景にして、一九世紀には、次第に多くの経済部門が、独占的なトラストの支配のもとに下った。これらトラストは、体系的に、科学に基礎づけられた新しい製造方法を適用するために、単独で資本を利用した。トラストは、専門の機械と設備を使って行われる、標準化されたモデルの大量生産に拠った。この機械や設備は、それまでは想像できなかったような大量の標準化された商品を生産するために、個々の組立部品に対して用いられた。大量生産による高収益という条件を十分に生かし、競争のない低価格で市場に製品を投入することによって、ますます多くの標準化された消費財・生産財が、腕時計からコンバインにいたるまで、アメリカ市場を席巻した。フォード社が、第一次世界大戦前夜に確立したこの大量生産の方法に関して強調したことは、その概念の体系性であった。それは、機械による製造過程の個々の段階を非常に細かく相互に調整して、伝統的な手工業的技術・知識を不要にすることを可能にするというだけではない。彼のコンセプトは、さらに、製造工程の組織を遥かに超えるものであった。なぜなら、そのコンセプトは、大量生産は大量消費なしには考えられず、したがって、独自な価格設定と高賃金政策を通じて消費の拡大を促進するとの考え方を含んでいたからである。さらにフォード・システムは、巨大な潜在的生産性を、分業原理から体系的に引き出したが、それは、フレデリック・W・テイラー（Frederick W. Taylor）が『科学的経営管理の原則』のなかで発展させ完成した考え方である。[12] テイラー化した企業経営は、「不熟練労働者の天国」であり、熟練労働者にとっては悲劇であった。[13] だが、まさにこの点が、テイラーの学説を、アメリカにおける大量生産の実行に際して、非常に魅力的にしたのである。第一次世界大戦において、アメリカは、大量生産で製造した武器と軍用装備の優位によって、フランドル地方における物量戦を、英仏協商国側に有利なように決着をつけたのだが、遅くてもこの第一次大戦期に、「フォード的」生産方法の優位は、ヨーロッパ人の意識にも浸透した。

アメリカ的生産モデルのための特殊な刺激のどれもが、ヨーロッパにも影響を与えたわけではないが、まさにドイツは、非常に早期に、フォード的生産様式の魅力に屈服した国の一つであった。ドイツの企業家は、一九二〇年代にアメリカに詣でた。彼らの多くは、ハイランドパークやリヴァー・ルージュにある新しいフォード社の工場を、この時期に資本主義の聖地と見なしたのだが、この聖地で、彼ら自身の経済的未来の秘密を究明することが、このアメリカ詣での目的であった。ヘンリー・フォードの自伝『我が生涯と仕事』は、一九二三年末に、ドイツ語でも出版されたが、ドイツでは出版直後からベストセラーになった。ドイツの通貨と経済の安定化以後の企業家の新しい指向性に対してちょうどよいタイミングで出版され、同書は、デトロイトに向かう多くの調査旅行の第一陣を解き放つことになった。このグループには、多くのエンジニア、労働組合関係者、経営者、ジャーナリストが参加した。ドイツに戻ると、ほとんど全てのデトロイト巡礼者たちは、新たな生産方法の革命的な諸結果を深く確信していたのであった。すでに一九二五年に、フンボルト大学の技術史家フリードリヒ・フォン・ゴットル＝オットリリエンフェルト(Friedrich von Gottl-Ottlilienfeld)の「フォーディズム」に関する講義は、最も人気のある授業だった。今や、大量生産の新時代のための前提条件を作り出すことが重要であるとの考え方は、その際、とりわけ、自動車産業——これだけであったわけではないが——に投影された。フォーディズムは、強力な動機付けの力へと発展した。それは、大量生産による高収益を達成するために、ドイツにおける乗用車の生産能力を少数の大企業に集中させようとする多くの努力の背後に存在した力であった。ドイツの大銀行、なかでもドイツ銀行は、通貨安定化以後、つぎのような考え方で行動した。すなわち、最も重要ではあるが、中規模の経営でしかないドイツの自動車産業——ダイムラー、ベンツ、オペル、ＢＭＷ——を、フォード主義の試練を引き受けることが可能な巨大自動車コンツェルンへと統合するという考え方である。一九二四年から二五年に、ダイムラーとベンツは合併した。しかし、その後のさらなる努力は全て、経済的基礎条件が邪魔をして挫折し、リュッセルスハイム市のアダム・オペル社(以下、オペル社)が、一九二九年に高額でＧＭ社に売却されたとき、突然に終止符を打った。それによってドイツの自動車コンツェルンの創設に関するいかなる進んだ議論もさしあたりは無効となった。反対に、ドイツ自動車産業に忍び寄る危機は、今や、明白になった。一方における「フォード主義」の技術的・理論的な観点に関する最高に要求の多い論争と、他方における、一般的には量産製品のための、とりわけ具体的には自動車のための市場の貧弱な経済制度との間の矛盾は、もはやこれ以上調停されることはなかった。一九三〇年代初期の世界経済恐慌は大量生産の経済的基礎を破壊したが、それは単にドイツにおいてだけではなかった。最後に、ヒトラー政府の意思に従って、恐慌の克服に貢献するべきものとされたのが、まさに自動車産業だったのであり、それは、ついに、フォード主義的生産様式の発展との結びつきを見出したのである。軍備化のコースに対する厳しい競争のなかで、ドイツの自動車産業は、最終的に、ヨーロッパにおけるフォード主義の最も独創的な創造物をもたらすことになった。すなわちフォルクスワーゲン（VW*）社がそれである。

＊フォルクスワーゲン（Volkswagen）の略語であるこのローマ字は、ファウ・ヴェーとドイツ読みする。

戦間期におけるフォード主義的戦略

ドイツで世界経済恐慌が終わる一九三三年よりも以前には、ドイツの自動車産業は、指導的な役割を果たすまでには全くなっていなかった。この指導的役割を、アメリカの産業発展においては、いわゆる「黄金の二〇年代」に、自動車産業のアメリカ・モデルが果たした。ドイツには、確かに、フォード的大量生産の方法を首尾よく導入するための一般的なミクロ経済的前提条件が欠落していた。技術的・組織的ノウハウは原理的に存在していたし、労使関係の新しい方法に対する強い関心も同様に存在した。さらに、耐久性消費財市場で大量生産は、多様化高品質生産を遥かに凌駕するであろうとの見通しも大きくなってきていた。何故なら、多様化高品質生産には、価格競争と大衆の嗜好へのアピールを通じて、これまで到達できなかった購買層にサービスを行うことは、不可能だったからである。

［当時のドイツの］マクロ経済的基礎条件も、フォード的方法の導入に対しては、もちろん有利なものとは程遠かっ

た。一九二三年のハイパー・インフレーションは、第一次世界大戦後のドイツ経済の再建を、再び、大きく後退させた。通貨の安定化以後も、ライヒスバンクの制限的な通貨政策は、第一次大戦後に起こったはずの経済成長のダイナミズムを抑制した。ライヒスバンクは、賠償政策の検討に基づいて外国資本をドイツに導入するために、利子率を高く維持したのである。外国貿易も、「規模の経済」の実現のためには必要だった需要への刺激を与えることはできなかった。さらにそれ以外の障害も加わった。フォード主義の魅力は、アメリカでは、とりわけ生産過程に、常に産業的に未経験な新しい労働力を組み込まなければならないという必要性に依存していた。一九二〇年代と一九三〇年代のドイツの労働市場は、それに反して、全く異なった問題に直面していた。ドイツの合理化運動が目指したのは、アメリカとは反対に、次の点であった。すなわち、高度な資格をもつ熟練労働者からなる比較的大きな基幹的従業員を、生産過程において、より有効に活用することであり、その潜在的生産性を十分に汲み尽くすことである。したがって、労働市場の条件は、ドイツでは、フォーディズムの台頭にとってはむしろ不利であった。そして、最後に、両大戦間期に支配的となった需要の脆弱性もまた、大量生産一般の、とりわけ「自動車社会」の拡大を妨げた。とりわけ、交通のインフラストラクチャーにおける欠陥を全く別にしても、維持費(設備のメインテナンス、燃料、保険、税金)は、多数の国民にとって、自動車を、支払い能力を超えた高すぎる買い物にしたのであった。[14]

それ故に、流れ作業とベルトコンベヤー作業の導入は、ドイツの自動車産業では、非常にゆっくりとしか進展しなかった。オペル社はすでに一九二三年度中にベルトコンベヤーによる作業を開始したが、ドイツの多くの自動車工場がこの組織的革新を導入したのは、ようやく一九三〇年代初期の世界経済恐慌の時期であった。[15] こうした事情を背景にして、アメリカとドイツとの間の鋏状生産性格差は、ほぼ必然的に、ますます拡大していった。一九二六年にドイツ自動車産業連合（Reichsverband der Automobilindustrie）が行った計算によれば、[16] デトロイトでは、一台の自動車をフォード・モーター社の労働者五・七五人で製造していた。これに対して、同じ時期に一台の自動車を生産するために、ドイツ企業ホルヒ社では二三〇人以上を、ダイムラー・ベンツ社では四五〇人以上の労働者を投入しなければならなかった。確かに、フォーディズムの合理化方法が採用され、ドイツの自動車企業がその後進性を克服しようとしたところでは、そうした企業は、急速に進歩を遂げた。価格は、一九二四年から一九二九年までに最初の半分にまで下がった。工場の生産能力は三〇〇％以上も上昇し、従業員は約五〇％増加した。ドイツで生産する「最もアメリカ的な」企業であるリュッセルスハイムのオペル社は、しかし、デトロイト工場に匹敵しうる水準にはなかなか到達しなかった。オペル社では一九二三年から実践された「流れ製造」は、フォード社で実践されたベルトコンベヤーの配備からはほど遠かった。一九二四年には、オペル社の「ベルトコンベヤー」はまだ四五メートル以下だったという。一九二九年まで生産過程はまだいくつもの相互に分離された作業場に分割されており、最後の組立だけが「ベルトコンベヤー」を用いていたに過ぎなかった[17]。オペル社は、典型的な「フォード主義」である「一分一工程」（Ein-Minuten-Takt）の水準にはまだ到達しなかった。リュッセルスハイムでは一九二七年に、四・五分毎に一台の車がベルトコンベヤーから出てきたので、一日に一〇五台の自動車が従業員七〇〇〇人の工場で生産されていたことになる。そのような事情にもかかわらず、自動車生産の技術的・組織的側面は、一九二〇年代の終わりには、ドイツでもかなり発展した。ドイツ金属労働組合連合の統計によれば、二九社(!)の重要な自動車企業のうち七社(二四・一％、従業員数にして二四六七人)はその資本ストックを全く更新しなかったが、四社(一三・八％、同じく一二一九人)は部分的に、一八社(六二％、同じく三〇九〇二人)は完全に更新した[18]。

技術的進歩はもちろん経済的成功を伴ったわけではない。一九三〇年代初期の世界経済の崩壊は、ドイツ自動車産業をも深い危機へと突き落とした。多くの企業倒産と企業合同の後に、一九二〇年代半ばに存在した自動車企業八六社のうち僅かに一二社だけが、恐慌を超えて生き残った。ダイムラー・ベンツ社、オペル社、そして一九二九年に設立されたケルンのフォード工場と並んで、今や、自動車ユニオン株式会社（Auto-Union AG）が市場に登場した。

この企業は、一九三二年に、ザクセンの四つの自動車企業、チョパウアー自動車会社（Zschopauer-Motoren-Werke）、ホルヒ社、ヴァンデラー（Wanderer）社、アウディ（Audi）社の合同によって生まれた。この部門のコアグループは、経済恐慌からのドイツの復興の主導セクターの一つにさえなった。ナチス体制は一九三三年以後、ドイツ社会のモータリゼーションを、そして後には国防軍のモータリゼーションを全力で促進したが、自動車部門のコアグループは、ナチスのこの政策から特別に利益を得たからであった。ナチス体制は、そしてまたヒトラー自身が、自動車産業に、フォーディズムの試練を受けいれ、協力して一つの「国民車（フォルクスワーゲン）」を開発し生産するように迫った。その自動車は、フォード社の「T型モデル」のように、大衆のモータリゼーションを担うべきものとされた。最後には、ナチス体制自身が、自動車産業部門の長い抵抗に反して、一九三八年にフォルクスワーゲン社を設立した。同社は、企業拡張の最終段階においては、年産一五〇万台の自動車の製造能力を目標にすることとされた。為替不足にもかかわらずアメリカ製の高度に専門化された単一目的の機械を装備し、略奪した労働組合資産からナチス体制によって融資されたフォルクスワーゲン社は、恐らくそうした融資を受けた結果として軍用自動車の生産に完全に集中するために、一九四〇年以前には国民車生産には着手できなかった。こうして、実際に、国際的尺度から見ても測定可能な成功が実現するには、ずっと後の一九五〇年代まで待たなければならなかった。まさに「フォルクスワーゲン」の事例は、「西ドイツのフォーディズム」の特殊性をも示している。それは、多様化高品質生産の古典的モデルとアメリカ的原理との対決から生まれてきたのであった(19)。

戦時期のフォーディズム――鉄鋼業のケース

ドイツ戦時経済の逆説は、それが、一九四〇年代前半の軍備拡張を遥かに超えて、一九四五年以後のドイツ経済の急速な再建のための前提条件をも作り出したことである。武器、車両、弾薬の大量生産の経験もそのことに属している。すなわち、そうした大量生産を、多くの軍需企業は、速成コースにおけるように身につけなければならなくなったのである。その際、国家は、そのために支払うべき法外の「見習い料」を引き受けた。軍事的要求と敗戦の脅威という圧力の下で、ドイツ工業は、一九二〇年代から一九三〇年代初めまでの、ワイマール経済の制約された基礎条件の中では展開できなかった革新的力を発揮することに成功した。これはとりわけ、新しい「アメリカ的な」経営方法と生産方法の導入に関していえることである。戦争の勃発の時点では、ドイツの軍需経済は、大量生産の問題では、アメリカの状態と比べて、まだ大幅に遅れていた。しかし、一九四一年秋から合理化における敵方の優位性を明らかに縮めることに成功し、遅くても一九四三年末には比較可能な技術的・組織的水準に達することになった。[20] もっともその優秀さが主張できたのはほんの短期間に過ぎなかった。一九四四年には新しい大量生産の採用は、しばしば専門工不足や原料不足で挫折した。

その一例は、ブレスラウにあるクルップ社ベルタ工場（Berthawerke）の新しい「全自動」武器製造工場の設立に手間がかかり、最終的には失敗に終わったことである。[21] このエッセンの伝統企業は一九二〇年代に軍需生産からの離脱を成功裡に実現しただけでなく、同時に「平時産業の百貨店」への改造によって、「旧産業」としての位置づけを克服したのだった。クルップ社は、それによって、完全に、多様化高品質生産の方法へと移行した。その生産は、それまでは、大砲製造に限定されていたのである。しかし、一九三〇年代の半ばに、この以前の軍需コンツェルンは、再び「家の名誉ある伝統」と向かい合うことになった。そして、軍需注文に応ずることで、「一九二〇年代に開始した「平時産業の百貨店」への」新しい方向を一歩一歩再び放棄せざるをえないと考えていた。とはいえ、クルップ社の幹部は、しばしば次の点を承認しなければならなかった。すなわち、鋳鉄工場が対応できるのは、軍需用高品質製品の生産ではあっても、武器と器機の大量生産ではないということである。フリッツ・トット大臣（Fritz Todt）の兵器・弾薬省だけが製造方法の「フォード主義的大量生産」への転換を迫ったのではなく、ライヒ鉄道のような非軍事企業の顧客も、同一の製品をより大量に注文する方向へと移行した。クルップ社は、この展開を歓迎した。しかし、工場が手狭であるために、重量のある貨物列車を毎週四、五台以上完成させることは不可能だった。大量生産への体系的な転換が不可能なのは言うまでもないことだった。

これに止まらず、革新的な素材や試作品の工業生産をさらに発展させることに対するクルップ社の禁欲は、一再ならず、当局の不快感を引き起こした。クルップ社は、しばしば軍需関係の行政機関の指示に従って、企業秘密を潜在的競争企業に渡さなければならなかった。これらの企業が、エッセンのクルップ社の工場で開発した試作品と製造方法に基づいて、大量生産を採用しうるようにすることが、その目的であった。こうして、例えば、焼き入れを行う前の鋼の鋳造・加工に関するクルップ社の方法は、二つの企業に譲り渡されなければならなかった。それら企業は、この譲渡によって、戦後における潜在的な競争企業へと発展した。大量生産品における自己の製造能力の別の優位については、この鋳鋼企業クルップは、すでに軍需ブームが開始する以前に知っており、その価値を学んでいた。新しい超硬合金ウィディア（Widia）*の技術革新の過程が本格的な軌道に乗ったのは、このエッセンの企業が、自ら、切削加工において原材料切断に用いる金属（Werkzeugschneidemetall）に関する応用可能性を見出し、国際的名声とブランドの高い市場価値を最初に確立するような高度な品質水準を確定することを決断したときであった。戦時中は、軍備の観点からウィディアという原材料の秘密を競争企業に譲るようにとの圧力が増した。それによってクルップ・コンツェルンの指導部では、新しい企業政策が成熟した。軍需経済に適応しつつ革新的技術を企業を超えた部門全体の標準にするという困難な課題がもたらす深刻な結果は取締役会にもわかっていたであろう。自分の企業の大量生産は、もちろん自己目的であるべきではなく、「巨大な実験室」であるこの鋳鋼企業から生まれる新しい鉄鋼材料やその他の発明による技術革新の過程が、首尾一貫して途絶えることなく続いていけるようにすることが望ましいとされた。こうした目標設定は、ドイツ経済における大量生産の新方法の導入として珍しかったわけではないが、とりわけ戦時経済という条件下では、解決不可能な問題といっても過言ではなかった。基本的に、問題となったのは標準化された大量生産ではなく、標準化された高品質製品生産であった。ヒトラー（Adolf Hitler）からシュペーア（Albert Speer）内閣の下級メンバーまでを含む軍需プランナーが抱いた構想も、ある程度、そのような希望と照応していた。

*主として切削加工・金型など耐摩耗性を要求される分野で使用される超硬合金ウィディアは、一九二〇年代半ばにドイツで発明され、エッセンのクルップ社が、「ダイヤモンドのように（硬い）」という意味のドイツ語、wie Diamant（ヴィー・ディアマント）から Widia と名づけて製品として発展させた。

ドイツ軍需経済の多くの問題の理想的な解決を、クルップ社の評判の高品質製品を大量生産へと転換することに期待するというのは極めて魅力的な考え方ではあった。だが、このような期待の圧力に耐え、平時経済にとってその価値が最初から疑わしいようなあまり生産的ではない軍需生産設備の建設に巻き込まれることなしに、そうした期待に添うことは、今や多くの軍需企業が直面している、解決不可能な課題であった。

完成した超硬合金ウィディアを使った工具の生産はその目立った事例であるといいうる。このエッセンの企業クルップ社が、得意先にその応用技術の手ほどきを施すあらゆる労を請け負ったようであるが、その生産は、最大規模の軍需企業でさえも、なおいまだに可能というにはほど遠い状態であった。工具の生産に関してだけでなく、戦時期には、超硬合金製弾丸を製造する際のウィディアの重要性に関しても、同様のことが言えた。そこで、軍の最高司令部の委託で、クルップ社は、自らウィディア生産の集中化をはかり、一年の期限内に、月産三〇万ピースの実績、すなわちそれまでの生産能力の五倍の拡大を果たした。これに反して、これを納入する軍需企業は、各々の独自製品の製造を中止し、その需要をクルップ社で満たさなければならなくなった。兵器・弾薬省は、それら企業が、販売する商品価格の追加的上積みにより資金を調達することを許可することによって、このような生産活動を促進した。しかしさらに重要なことは、新しい製品規格の導入であった。ウィディア合金に関連しては、それまで四〇〇種のドイツ工業規格（ＤＩＮ）が使われていたが、それが三六種に変わった。それによって大量生産の基礎が形成され、労働者一人当たりの実績は二倍以上になった。それが成功したのはフリッツ・トットの功績である。彼は、合理化の要求を、単に生産者にだけでなく、国防軍の最高司令部の発注者にもいっそう強力に突きつけた。軍備計画における注文品のタイプの多様性を減らし、重要な中間製品を規格化する努力は、それだけいっそう迅速に行われた。これは、一九四二年二月のトットの事故死の後に、彼の後任であるシュペーアによって、兵器・弾薬省の下に招聘された委員会や作業グループの活動の中心となる課題であった。

この新しい「事業政策」は戦時生産にのみ限定されるべきではなく、同時に戦後に向けた方向転換をも目指すことが望まれた。それが、一方における研究・開発と多様化高品質生産との革新的関連と、他方における連続的な大量生産との両面を含んでいたので、鋳鉄工場の大量生産工場への改造については考えられなかった。むしろ、すでに戦時期のうちに長期的な観点からも新たな製造ラインを担い得るような第二の軸心を企業に与えるために、新しい製造方法の導入は新たな構造のコンツェルンの形成を必要としていた。どの新しい設備も、ライヒ経済整備局によって認可を受けなければならなかったし、一般的な建設禁止は、軍備プロジェクトに関わるものについては高い優先順位で解禁され得たので、一方の助けで他方を実現するためにも、平時計画を軍備計画と結びつけることが必要であった。

ソビエト連邦に対する電撃戦の敗北とアメリカ合衆国の第二次世界大戦への参戦とともに、クルップ社には、その計画をドイツ東部で実現する機会が拓かれた。これら諸国における軍需製品の大量生産に関する大きな先進的潜在力と互角たらんとするならば、戦争の長期化への展望は、合理化の必要性を全面に押し出すことになった。それ故に、兵器・弾薬大臣がフリッツ・トットの時代には、そのような潜在能力をアメリカ・モデルに即して拡充していくために、ドイツの軍備政策は、工業のなかにパートナーを求めた。クルップ社の鋳鉄工場では、設計主任のエーリッヒ・ミュラー（Erich Müller）（別名、大砲ミュラー “Kanonen-Müller”）が、一九四一年以降、製造品の全領域に関して権限をもつことになったが、彼が取り上げたのは、まさにこの提案であった。フォード社で実行されていた労働過程の合理化の方法を、彼は実地見聞しており、彼が以前にライヒスバーン(国有鉄道)で活動していたときには、すでに、ささやかな範囲ながらも、それを実行に移していた。一九四一年一〇月に、彼は、「流れ作業ライン」で八・八センチ口径と一〇・五センチ口径の大砲——この両タイプの大砲はクルップ社が独自に開発したものだった——を製造する予定の工場計画に向けたスタート合図の号砲を発した。直ちに、エッセン工場は、マクデブルクのグルゾン工場と、工作機械の大きさ・数・種類、必要な労働力、最も経済的な製造方法に関する情報・経験の交換を開始した。グルゾン工場では、小規模の空間ながら、すでに一九三五年から大量生産が開始されていた。計画を立てる人々のなかで急速に明らかになったことは、「大量生産工場」の成功は、とりわけ、ヘンリー・フォードの基礎原理に対応した次の二つの前提条件に懸かっているということである。その第一は、生産の前工程の統合、すなわち製鋼所ないしは鉄塊鋳造所（Blockgießerei）、鋼成型鋳造所（Stahlformgießerei）および圧延薄鋼板工場の統合であり、第二には一定の口径への固定化であって、そのためには各々に、単一目的の専用機械が設計されなければならなかった。一一月には鋳鋼所の技術管理部門は、個々の製造工程と製造空間の大きさ・規模を定め、次いで、自分の工場で武器の製造を可能にする専用機械の設計を期待した。

とりわけ、クルップ社は戦争の最中にもベルタ工場の産業立地の選択には細心の注意を払ったが、その非常な細心さは、計画策定の、戦時を超えた長期的なパースペクティヴと対応していた。フォード様式の大規模に設置された大量生産工場は、クルップ・コンツェルンが晒されていた国家の側からの軍需生産における圧力を吸収することができただけでなく、消費財の大量生産のための選択肢をも開拓したのである。平時生産と関連してこのプロジェクトと明らかに結びついた企業のリスクと、支払いが予想される職業訓練費用とは、容易に、潜在的な注文主に、すなわち武器関係の三つの国防軍部局に転嫁し得た。このプロジェクトは、さらなるメリットをもたらしたように思われる。何故なら、この新工場は不熟練労働者を用いて稼働し得たからである。フォード様式の大量生産によらない場合にはクルップ社が緊急に必要とするのは「熟練労働者」であるが、新工場では、むしろ、不熟練労働者である外国人労働者や強制労働者が、「労働市場」で利用可能となったのである。

しかし、この計画はリスクも隠していた。それは主として次の点にあった。すなわち、製造工程には単一目的の専用機械を装備することになるが、その機械の生産には、最高度に多様化された高品質生産に秀でた機械製造業が必要とされた。だが、その機械の投入は、大量生産において低コストの機械操作費用で高い生産性をもたらした。開戦後四年目においてこの特殊な機械の製造は、長い納期と結びついていたので、とりわけ製造工程の技術的デザインと、それが機械の注文製作に及ぼす影響は、ほとんど克服不可能な隘路であることが明らかであった。第二次大戦前のドイツでは、この分野の知識を蓄積し得た技術者はほんの僅かしかいなかったし、クルップ社でも、グルゾン工場だけではそのような知識・能力についてはごく控え目な水準しかもっていなかった。終戦までに、このような遅れは、確かに、部分的には取り戻されはしたが、決して完全には克服できなかった。戦時の軍備化が最も進んだときにも、その計画が最初から最新の特殊機械によって大量生産を目指す明らかな「量産工場」（“Serienwerke”）でさえ、このタイプの専門機械に関する利用度は、せいぜい九％を超えなかったのである。[22] 度々の計画変更や機械の柔軟性への高い要求は、こうした特殊な条件の下では不合理であったし、自動化された生産様式からは理想的ケースとしてのみ期待できるようなその成功は、初めから、疑問視されていた。ドイツの軍備プランナーは、原料不足とコンセプトの欠陥とのバランスをはかるために、常に即興的につじつまを合わせたり優先順位を変更したりしなければならなかった。彼らにとって、実際にはもはや変化し得ない大量生産に長期的に固執することは、恐ろしい事態でしかなかった。そこで、これは、武器のタイプの多様性を単純化しその数を削減するという明白な決定と意志を前提とした。いずれも一九四四年以前には考えられなかった事案であった。

労働者問題は、本来、大量生産の導入によって、原則的には完全に解決されるように思われたのであるが、この問題さえも、再び先鋭化した。たいていの「量産工場」は、単一目的の機械を備えたベルトコンベヤー製造とは別世界であったので、単純操作や単調な作業をする補助労働力の需要は僅かであり、むしろ専門工、すなわち、少なくても旧い作業場の様式ではその即興的な技能によって設備を稼動させることができるような熟練労働者がより多く必要とされていた。実際、クルップ社は、目標にしてきたフォード式のごく簡単な「全自動製造」に代わって、再び、フォード的生産様式の法則の支配下にはないような小規模ないし中規模の量産設備の設置を迫られていたように見える。「保護領」にあるベルタ工場が調達した最初の七〇〇人の労働力は、それ故に、まずエッセンに送られた。彼らを職業教育課程で工場労働に向けた準備をさせ、専門的資格をつけるためであった。こうした背景があるので、地域の経営者は、ベルリンの軍需省の提案、すなわち、シュペーアの管轄下にあるトット機関*の建築スタッフのなかですでにホールの建設に従事したナチ強制収容所の囚人を、製造業にも利用させるとの申し出に対して、直ちに歓迎することはなかった。彼らに関しては、支配的な条件下ではいかなる需要もなかった。単一目的の機械を広く利用することによってごく小さな部分に至るまで計画し、ベルトコンベヤーによってあらゆる作業工程のテンポを予め規定することで、最高度の経済性を達成するという思想もまた、次々に、放棄されなければならなかった。何故なら一九四三年一一月までに合計一三回の比較的大きな計画変更が行われなければならなかったからである。一九四三年一〇月にシュペーアの「産業自治」によってクルップ社の支配権力が解体され、ベルタ工場が自治経営に移されたときに初めて、[単一目的の機械利用による量産を通じた最高度の経済性の達成という]その計画は、比較的安定した軌道にのり、シュペーアの権力装置の権威によって少なくとも部分的には実現したのである。

*トット機関（die Organisation Todt）は一九三八年に設立され、ドイツ国内とその占領地域で軍事関連の建設計画に携わった。武装・弾薬大臣トットの死亡(一九四二年)後は、シュペーアがその後継者としてトット機関の指揮にあたった。

ベルタ工場の事例が示すのは、フォード的方法をドイツ工業に導入しようとする試みは、自動車工業のような大量生産の古典的領域を遥かに超えて、大きな諸次元を想定したものになるということである。戦時期に試された製造方法の多くは、それが軍需生産と密接に結びついていたので、一九四五年以降生産に直接に用いられるということはもちろんなかった。これは、シュペーアの戦闘機計画の庇護の下にフォード的生産の経験をした航空機産業についても言えた。また、一九四三年に海軍大将カール・デーニッツ（Karl Dönitz）のもとで促進されたUボート（潜水艦）建造に関しても同様であった。一九四三年七月に、シュペーア特別委員会造船部門部長で、トラック製造企業クレックナー・フンボルト・ドイツ社（Klöckner-Humboldt-Deutz）の前経営者であったオットー・メルケル（Otto Merker）は、Uボート建造を革新した。彼は、造船所に、アメリカの造船企業であるカイザー船舶社（Kaiser-Schiffe）をモデルに、大量生産への根本的な転換を迫ったのである。[23] Uボート建造の経験があり、その設備の質に関してよく知られていた三つの造船所が、分散的に製造されたUボートの部品の最終組立工場として予定された。確かに、軍需生産は［終戦後］何年間も禁止され続けたし、戦後の時期には以前のような重要性もなくなったが、ドイツ工業は、戦時期に、明らかに、フォード的生産方法の開始に向けた選択肢を作り出したのである。それは、一九七〇年代までの標準化された大量生産の絶頂期にうまく役立てられた。このことは、戦後の時期にとりわけクルップ社のケースが明らかに示しているように、ドイツ経済が多様化された高品質生産の原理から離脱したことをおよそ意味しているわけではないということである。しかし、エッセンにおいてさえも、戦後になると、機械製造やトラック製造において新しい方法が利用されうるようになった。それは、ブレスラウやマクデブルクやブレーメンにおいて戦時期にかなり苦心して生み出された方法であった。

大衆消費への突破

それ故に、ドイツ工業は、すでに一九四五年以前に、アメリカの優位を追い越すためにかなりの準備をしていたが、それにもかかわらず、実際には、フォード主義的な大量生産からはなお相当に離れていたのであった。朝鮮戦争とそれに続いて起こった世界市場の好況が需要サイドの側にも、フォード主義的大量生産に必要な前提を作り出した。西ドイツ*は、それ故に、他の工業諸国に比べてかなり遅れて、「大衆消費の時代」(W・W・ロストウ)に入った。経済発展のこの局面は、アメリカではすでに「黄金の二〇年代」に始まったのだが、この局面の特徴は、人々の間に耐久消費財が広範に拡がることである。この消費景気の主導産業セクターは、冷蔵庫や電気掃除機のような家庭用電化製品と並んで、自動車であった。その販売額の上昇は、アメリカではすでに広範な経済的結果を伴っており、それは道路建設から新しい居住地モデルにまで至った。

*第二次世界大戦後ドイツは、英・米・仏・ソ連の四カ国により分割占領され、一九四九年に、西側陣営三カ国占領地域からドイツ連邦共和国(通称西ドイツ、ドイツ語の略称BRD)が、ソ連占領地域からドイツ民主共和国(同じく東ドイツ、DDR)が分離独立した。一九八九年のベルリンの壁崩壊を経て、一九九〇年、東ドイツがドイツ連邦共和国へと統合される形で再統一が実現し、その首都もボンからベルリンへ移転した。以下での西ドイツとは、分離独立(一九四九年)から再統一(一九九〇年)までのドイツ連邦共和国を示す。

これに対して一九五〇年代の新しい点は、耐久消費財の消費が中位や上位の所得クラスに限定されることなく、実質所得の上昇に伴って、ほぼ全ての階層に浸透したことである。テレビや[脚付きのキャビネットに収められた]コンソール型ステレオや電気冷蔵庫のようないくつかの消費財の所有のために社会的地位が一定の役割を果たすようなことは、一九五〇年代後半にはほとんどなくなった。「消費の民主化」、すなわち、一九世紀以前は支配階層の特権的消費に限定されていた消費財に関して一九世紀以降認められるようになったこの経済効果は、この時期に新たな実現をみたのである。

一九五一年から一九六一年までに［西ドイツにおける］乗用車の所有台数は七〇万台から五〇〇万台へと七倍に増加した。一九五四年からは、登録台数は、オートバイよりも乗用車のほうが多くなった。一九五七年には乗用車の所有台数の合計は、初めて、オートバイのそれを超えた。このような発展の結果として、モータリゼーションの水準は、一〇〇〇人あたりの乗用車の所有台数で見ると一二・七台から八一・二台へと上昇したが、比較可能な［先進］諸国よりもまだ明らかに低い状態であった。(24) このような激しいキャッチアップの需要に関して特徴的な事実は、ドイツ連邦共和国が一九六〇年に到達したモータリゼーションの水準は、アメリカがすでに一九二〇年に示しえた数字であったということである。

一九五〇年代には、人員輸送に関して総輸送実績に占める個人輸送の比率は、三三・一％から六三％へと上昇する一方で、鉄道による比率は三七・五％から一七・一％へと、また公的な人員近距離輸送の比率は二八・八％から一八・〇％へと後退した。(25) 同時に、自動車の新規所有者に占める被雇用者の比率は、八・八％（一九五〇年）から五三％（一九六〇年）へと上昇し、自動車の新規所有者が乗用車総数に占める比率も、この間に一二％から五四％に上昇した。個人所有の自動車は、社会的上昇や市民的自由の感情や経済的な営利活動のチャンスおよび社会的プレステージを示すキーコンセプトとなった。そのことが、都市建設や住宅地政策や余暇形成やコミュニケーションのあり方や経済構造や環境等々、人間生活のほとんど全ての分野に対してもたらした結果は、日常生活を革命的に変えた。

発展の長期的停滞をうち破り西ドイツ経済のあらゆる潜在的生産性を流動化することに成功して、西ドイツの「経済の奇跡」といわれる驚異的経済復興の内的ダイナミズムが自前で作り出されたとするならば、一九五〇年代と一九六〇年代における世界市場の例外的な目覚ましい拡大と、この発展への西ドイツの統合は西ドイツに許された外的条件であった。ＯＥＣＤ一六カ国の輸出高の成長率は、一九一三年から一九五〇年までの期間でわずかに一％でしかなかったが、一九五〇年から一九七三年の期間には八・六％以上になった。西ドイツはこの発展から恩恵を受けたのであり、さらにはその発展の一部でさえあった。何故なら、西ドイツの輸出高の成長率は、前者の時期にはマイナス二・八％であったが、後者の時期にはプラス一二・四％へと急伸したからである。[26] この著しいダイナミズムから恩恵を受けたのはとりわけ、特殊機械、事務系・電気通信系機器、家庭用機器のような加工産業の製品であった。この発展からは二重のメリットが引き出された。それらの産業は一方では、自分たちにとって戦略的に重要な、例えば原料や高品質金属板や特殊機械のようなリソースへと自由にアクセスしうるようになるとともに、他方では、フォード主義的生産様式の最も一般的な特徴である規模の経済（エコノミーズ・オヴ・スケール）を達成するために、世界市場を彼らの販売計画に取り込むことができるようになった。実際、西ドイツの貿易統計において、自動車や航空機の項目は――航空機の意義は一九五〇年代にはとるに足らないものでしかなかったが――やがて最も重要なサブ・カテゴリーになった。輸出高に占めるその比率は一九五〇年の四・八％から一九六五年の一四・四％へと上昇した。それは一九三〇年代半ばには僅かに二一・六％でしかなかった。[27] 疑いなく、マクロ経済的基礎条件は、一九四五年以後、フォード主義的大量生産の方法の導入に広く合致したものになったのである。

消費財産業の再建は、社会的市場経済の枠組みの中では、絶対的な優位を得たのであるが、消費は、一九五一年になってようやく、戦前の一九三六年の水準に達したのであった。こうしたことを背景にして、西ドイツの国内市場の潜在的発展力には、大きな期待が寄せられたように思われる。同時に、マクロ経済的な基礎条件も完全に変化した。一九五一年以降、西ドイツの世界市場への復帰は、もはや押し止められることはなかった。そして自動車産業はその際に活力ある部分を占めた。ドイツ経済の平均輸出率*は一九五〇年代末には一六％であったが、西ドイツ自動車産業は西ドイツ経済の海外売上高の半分以上に達し、フォルクスワーゲン社はその五八％以上を占めた。フォルクスワーゲンは一六〇カ国以上に輸出され、西ドイツの国際収支の黒字総額のほぼ半分を稼いだ。

*平均輸出率は、総販売額に占める国外販売額の割合。

「西ドイツのフォーディズム」——フォルクスワーゲン社のケース(28)

西ドイツの自動車産業は一九四五年以降その生産を再開したが、その時には、ドイツ企業にはフォード的な「ベルトコンベヤー生産」の組織的・生産技術的基礎に関する知識は周知のものになっていた。テクノロジーのこうした水準は、アメリカの多国籍企業フォード・モーター社とGM社のドイツ工場のなかに広範囲に具体化されていた。フォルクスワーゲン工場は戦争を乗り越えていくのに損失を伴った。[だが]強制労働者の解放直後に始まったあらゆる攻撃や略奪は、設置された機械の一〇%を破壊しただけだった(29)。それ故に、一九四五年八月に再び、占領国の需要に応じて二万台の乗用車の生産を始めることが可能だったのである。一九四九年にフォルクスワーゲン社はドイツの自動車生産企業のなかで指導的役割を引き受けた。同社はこの年に四万台を生産した。その大部分は、ベルギー、スイス、オランダに輸出された。ケルンのフォード社の工場は、一九四五—一九四六年にはまだ占領軍政府の保護下で生産台数の点で頂点に君臨したが、三年間のうちに五番目に落ち、同社のブランド車「タウヌス」を月産一〇〇〇台生産するだけとなった。オペル社は、戦前は、ドイツの自動車生産の分野で断然トップの企業であったが、同社も、同様に、フォルクスワーゲン社に追い越された(30)。

フォルクスワーゲン社の台頭を有利にしたのは次の二つの要因であった。第一に、「第三帝国」の間に実行に移された投資から、同社は、体系的に利益を引き出すことができた。イギリス企業は、ケーファー（Käfer カブトムシ）と呼ばれるフォルクスワーゲンの品質とデザインについて懐疑的であったが、彼らは、それにもかかわらず、生産設備も機械装備も良好であるので、数年間にわたって成功を収めうるであろうと確信していた。あるアメリカの専門家集団は、アメリカ合衆国賠償プログラム「技術情報局分野」（Field Intelligence Agency Technical: FIAT）の枠組みの中で、フォルクスワーゲン社を検査し、同様に、次のように確信した。すなわち、同社は世界最新の装備を使っており、もしも戦争が起こらなかったならば、すでに長期にわたって、世界市場で名声を馳せていたであろう、と(31)。

第二の要因は、フォルクスワーゲン社は、一九六一年以前には利益の一部を権利として要求するような私的または公的オーナーが存在しない民間企業として活動したことである。それ故に、フォルクスワーゲン社は、企業の近代化への投資資金を自分の利益から調達することができた。問題が生ずるとすれば、それは、特殊機械が、とくにドル圏からの輸入による場合には、供給不足になるということだけであった。まだ一九五一年の朝鮮戦争においては、幅が一定の薄い精密加工金属板のような戦略的資源に関する調達問題は、生産の中断や工場全体の閉鎖さえも招くことになった。需要サイドにおいても、一九五〇年代初期の朝鮮戦争によるブームが初めて、大量生産のための必要な前提をもたらした。それは、両大戦間期には、とりわけ維持費の高さとインフラストラクチャーの劣悪さのために挫折したものであった。この最適なフォード的組織化へのねばり強い適応過程は、典型的な指標である(流れ作業の)工程時間にそくして容易に検証することができる。それは、一九五〇年には二・八分であって、アメリカにおけるフォード社の生産様式がすでに一九二〇年代に示していた数字、すなわち古典的な一分一工程からはほど遠かった。フォルクスワーゲン社がそれに到達するのは一九五三―一九五四年よりも後になった。[32]

フォード的生産方法を戦時期以来、技術的に十分に習得するとともに、戦後には経済の中に確実に定着させた後に、西ドイツの自動車産業はある質的な飛躍、すなわちこの生産様式の優位を誰の目にも明らかに示すような飛躍を経験することになった。乗用車の値段は、一九五〇年から一九六二年までの期間、したがって西ドイツ経済の再建期間の時期に、絶対的に下がったのである。ちなみに、同じ期間に、一般的な消費者物価指数は約二七%上昇した。[33] これは、自動車部門の生産過程にとって最も重要な投入費用が一九五〇年代には著しく高くなっただけに、驚くべきことであった。鉄鋼価格は一〇〇%高くなり、賃金は一五〇%も上がった。[34] 自動車産業の特別の発展にとって決定的であったことは、その生産性の上昇である。それは、車両・航空機など乗り物の組立全体では、一九五三年から一九六二年までに、年平均で九・三七%上昇した。自動車組立に関する年平均生産性上昇率は、一九五二年から一九七〇年までに九・四％であったが、この期間における経済全体の生産性は年率で五％でしかなかった[35]。同時に、国内総生産（ＧＤＰ）に占める自動車産業の比率は一九五二年の一・七％から一九六〇年の五％へ、さらに一九六八年の八・九％へと上昇した。一九五〇年には西ドイツでは、約二二万台の乗用車とライトバン（ステーションワゴン）が生産されたが、一九六二年にはその数はすでに二一〇万台であった。それによって西ドイツは一九五六年以後、自動車生産においては、英国よりも上位になり、世界第二位となった。自動車の生産は、その際、寡占的市場形態の内部でますます強力に発展した。五つの企業が市場の約七九％を分け合った。フォルクスワーゲン社は一社だけで市場の三〇％を占有した。

一九五〇年から一九五四年までの時期はフォード的生産方法がドイツ自動車工業において再活性化したときであるが、フォルクスワーゲン社はこの時期に、その生産台数を八万二三九九台から二〇万二一七四台へと伸ばした。オペル社はその生産能力を五万九九九〇台から一四万八二四二台へと向上させた。フォード社は一九五〇年に二万四四四三台の乗用車を生産し、生産高第三位をめぐるダイムラー・ベンツ社（一九五四年には四万八八一六台）との厳しい競争において、その生産台数を、一九五四年には四万二六三一台へと増加させた。フォルクスワーゲン社は、ドイツにおいて競争関係にあるアメリカ企業を最初から蹴落とした。フォード社がその戦前の業績を超えることができたのはようやく一九五二年のことだったが、フォルクスワーゲン社は、最初から、アメリカの自動車産業に後れをとらないようにあらゆる努力をした。フォード社は、一九五一年に開設された新しいクリーブランドのエンジン工場において最も明瞭に実現した成果により、一九五〇年代初めに「デトロイト・オートメーション」のキーワードでセンセーションを起こした結果、フォルクスワーゲン社は、試練に直面した。しかし、後発のフォルクスワーゲン社は、その遅れてやって来たというネガティヴな経験から直ちに利益を引き出した。そのオートメーションの生産過程が含む硬直した製造工程は、柔軟な製造方法を妨げるために、一九五四年には批判の矢面にたつことになるが、フォルクスワーゲン社はそのような事態を回避しえたのである。こうした事情を背景にして、フォルクスワーゲン社では、一九五四―一九五五年に、フォーディズムのあの典型的にドイツ的なヴァージョンが姿を現してきた。それは、アメリカ的方法がドイツの事情に適応することによって、獲得されたものである。それは以下のような特徴をもつ。

① フォルクスワーゲン社は、その自動車の生産を一九六〇年代の初めまで、厳密に、唯一の基礎モデルに集中することによって、フォーディズムの原点に立ち戻った。

② フォルクスワーゲン社は、産業別労働組合IGメタル(金属産業組合)と、緊密に企業内部で協同することによって、特殊な労使関係モデルを発展させた。これは、均一賃率というドイツ的原理とも、また、アメリカにおいてフォード主義の企業が労働組合に対して取った距離のある態度とも対立した。しかし、この企業独自な労使関係モデルは、大量生産に特有な諸条件を、西ドイツにおいて優勢な多様化高品質生産の生産体制に対応した慣行に適応させることができた。しかも、その際、「フォード主義」の賃金政策のメリットを放棄する必要はなかったのである。

③ フォルクスワーゲン社は、ドイツ内外でのサービス網の拡大と質の向上を特に重視した。この点で、同社は、多様化高品質生産の主流的生産モデルに接近しており、そのモデルの特徴の一つを引き継いでいた。

フォルクスワーゲン社のフォード主義的再組織化は、北アメリカ市場とアメリカの企業組織の詳細な研究を前提とした。その観察の諸結果は一九五四年夏に注意深く分析され検討された。その時、クライスラー社は例外であったが、他は全てにおいてフォルクスワーゲン社よりもいっそう高い労働生産性が観察された。したがって、アメリカ・モデルに即して生産を自動化すれば、一台の乗用車について約一〇時間の時間の節約がもたらされることになった[36]。個々の加工段階を相互に結びつけるために、連続した生産ラインのシステムが目標となった。それと並んで、頻繁な構造上の変更なしに高い生産個数目標の達成が計画されうるところではどこでも、これまで用いられてきた汎用機械は、専用機械に置き換えられた。[37]この自動化は、専ら、タイプ一型、すなわち古典的なケーファーの製造に集中した。一九六一年までにコンツェルン、フォルクスワーゲン社全体の生産に占めるその比率は、七五％以上になった。だが、タイプ二型、すなわちライトバンも、組立のうえで、ケーファーと非常によく似ていた。一九六〇年代の開始と共にようやく、フォルクスワーゲン社では、いわば生産の多様化が始まった。フォード社における神話的な「T型モデル」がもった決定的に重要な機能との並行性は顕著である。もちろんフォルクスワーゲン社は、この時期に、同社の「旗艦的製品(フラッグ・シップ)」の技術的改善を非常に重視した。それは、ヘンリー・フォードがその「ブリキのリジー」(Tin Lizzie)［フォードT型車の愛称］に対して行った以上であった。

(生産過程の)新たな組織化は一九五四年に着手され、一九五六年末に事実上終了した。それと並行して、またアメリカのモデルにならって、企業の指揮構造も再編された。その際に、生産方法と製品に関する一般的な方針と技術的展開の組み替えを目指した短期的な決定に関して、下級の経営管理部署の権限が拡張された。品質管理と基礎的な企業戦略の展開はコンツェルン・トップの事項であり続けたが、計画された企業目標を組織的・技術的に実現する点に関しては、それよりも下の経営管理機構が責任を負った。管理機構のどの部局でも可能な限り自立的に運営することが目標とされた。中心部局である「技術開発」部は、それ自身が一つの独立した企業として機能しうるように設立され装備された。それによって企業組織はよりいっそう柔軟であることが、また、この点で、明らかに新産業のメインストリームとは異なることが望まれた。

アメリカ・モデル、すなわちリヴァー・ルージュにあるフォード社の工場とは異なって、フォルクスワーゲン社の拠点、ヴォルフスブルクでは、そのアメリカ・コンツェルンの高度に統合された生産関係を模倣するような野心はなかった。このアメリカ企業は、原料から最終製品まで全ての生産段階を「一つの屋根の下で」組織した。[38]これに対して、フォルクスワーゲン社はドイツのモデルに倣って、常に、多数の納品業者に依拠した。もっともそれら納品業者のフォルクスワーゲン社に対する関係は、権力分配の強力な非対称性によって特徴づけられていた。多くの場合、納品業者は、その年間生産量の五〇%以上をフォルクスワーゲン社に納品することで同社と結びついていたので、同社には、納品業者の価格形成に直接的に介入する可能性が開かれた。したがって、このヴォルフスブルクのコンツェルンの、納品業者に対する関係は、直ちに、多様化された高品質生産の地域的な連携経済におけるような相互信頼に基づく協同作業に相当するものではなかった。しかし、自分の必要とするものを調達する市場基礎を拡大するためにその利用可能性が活用された。

その労使関係の形成においても、アメリカとドイツの伝統が混ぜ合わされた。重要な点は、フォルクスワーゲン社の労働協約も、「フォード主義的賃金妥協」、すなわち賃金増加と生産性増加との連結という考え方に拠ったことであった。これは、GM社と全米自動車労組（United Auto Workers）との間の一九四八年の協定において導入され、それ以来、モデルの性格を持つようになった[39]。その経営ヒエラルキー内部での権利と立場の割当は、フォード社のように、労働者の先任順位と、したがってその企業への所属期間と結びつけられた。その際に、賃金支給規準は、職場規定を基礎にしており、個人の職業資格の特性には拠らなかった。しかし、アメリカのケースとは異なって、フォルクスワーゲン社の場合に重要なことは、作業過程を超えて職場全体についても経営の完全なコントロールを実現することではなかった。フォルクスワーゲン社は、ドイツで歴史的に発展してきた次の事実を考慮しなければならなかった。すなわち、企業は、何よりも、共同体として見なされたのであり、そこでは、労働と資本の協力とは、職場のコントロールにおける経営側と労働者側の間の権力配分をも意味したのであった[40]。労使関係のこの制度には、技術的精密さを重視する熟練労働の古典的パラダイムの本質的な諸要素が反映している[41]。フォルクスワーゲン社がこの伝統を正当に評価したことは、ただ単に、経営の特徴的な共同体レトリックやそれに対応した、従業員の「企業アイデンティティー」（corporate identity）に関する強い感情のなかにのみ表現されているのではない。さらに、経営委員会や企業固有の労働組合代表との緊密な協同作業は、一九五〇年代を通じて、企業の社会政策における指導的な役割の基礎となった。労働協約を超えた特別支給の程度は、収支決算で示された企業の純利益との比較によって最もよく示される。この企業純利益は一九五〇年から一九六二年までに累計で六億八九〇〇万マルクであった。同じ期間に、従業員に対する同社の自発的な特別支給は六億三〇〇〇万マルクにのぼった。この協約外の支給総額のうちで「獅子の分け前」［ここでは、極めて大きな部分の意］をなしているのは、毎年支払われる利益分配であった。一九五〇年代にフォルクスワーゲン社がその従業員に支払った、協約の枠組みを超えた特別給与の総額は、企業の純利益とほぼ等しかった。企業の社会政策のこの広範な基礎のうえに、従業員から追加的な潜在的生産性を引き出すことが可能となったのである。

最初から、フォルクスワーゲン社は、他のドイツの自動車大企業と同様に、そして、アメリカ大企業のモデルとは全く異なって、世界市場を目指した。アメリカの企業は、一九二〇年代には自国の国内市場を大幅にあてにすることができた。そのヨーロッパの対応物であるヨーロッパ経済共同体（ＥＥＣ）の大きな内部市場は、その創設から最初の諸年は、フォルクスワーゲン社にとってそのような機能を満たすことができなかった。フランスとイタリアはその国民経済の伝統に固執し、保護主義的政策によって、その都度の国内市場をドイツの競争相手に対して閉ざしていた。さらに、ローマ条約が調印された一九五七年には、西ドイツの乗用車輸出高のうち、後のＥＥＣへの輸出は僅かに一六・四％に過ぎなかったが、それ以外のヨーロッパ工業諸国への輸出は三五％であった。それら諸国は、例えば、重要な販売市場であるスウェーデン、スイス、オーストリアのように、競争的な自由貿易圏である欧州自由貿易連合（ＥＦＴＡ）に加盟した。一九六二年にはまだ、ＥＦＴＡ圏への西ドイツの乗用車輸出は価額ベースで二七・二％を占めており、ＥＥＣの比率（二五・六％）を上回っていた。それ故に、フォルクスワーゲン社で長年にわたって社長を務めてきたハインリヒ・ノルトホッフ（Heinrich Nordhoff）は、まだ一九六三年にはＥＥＣを、自由貿易圏ＥＦＴＡ

と対比して、「ヨーロッパにとっての不幸」と見なしていた。[42] 関税と貿易に関する一般協定（GATT）のディロン・ラウンド（Dillon-Runde）は、一九六一年に、自動車セクターに関するEECの共通対外関税の継続的な引き下げを確かにもたらした。アメリカはその乗用車の関税率を、八・五％から六・五％に削減し、EECは自動車関税を二九％から二二％に引き下げた。だが、西ドイツは、それまでの関税率が一三％から一六％に過ぎなかったので、これは、西ドイツにとっては、税率引き上げの方向でEECの新しい共通対外関税に適応することを意味した。[43]

こうしたことを背景に、フォルクスワーゲン社の輸出戦略は、特別な役割をもった。それは、総合輸入業者や商人のネットワークに支えられていた。彼らは、ヴォルフスブルクの工場から納品された自動車に関して、その都度、各国市場で販売網を組織した。彼らは、それを、中央から予め与えられた比較的厳密に規定された規則に従いつつも、自分の責任で行った。いくつかの重要な市場では、その販売を自分の子会社を通じて組織化し、そのうちのいくつかのケースではフォルクスワーゲン車の組立をも外国で自ら行わなければならないと認識していた。「フォルクスワーゲン・カナダ社」（一九五二年）、「アメリカ・フォルクスワーゲン社」（一九五五年）、「フォルクスワーゲン・フランス社」（一九六〇年）のケースでは、その市場の純然たる重要性は、これらの方法を支持していた。「ブラジル・フォルクスワーゲン社」（一九五三年）、「南アフリカ自動車組立・販売会社」（一九五六年）、「フォルクスワーゲン（南洋州）社」（一九五七年）のケースでは、これら子会社が設立されたのは、輸入代替的工業化を促進して輸入業者の市場アクセスを困難にするようなそれら各国の経済政策の結果であった。[44] フォルクスワーゲン社はこうしたプレッシャーに不承不承に屈服することはあったが、しばしば自己の組立工場の設立を拒否した。

これらとは対照的に、アメリカ市場は最初から、フォルクスワーゲン社の成長戦略の堅固な構成部分であり、ドイツ国内市場の単なる延長ではなかった。生産自動化の開始期にアメリカ向けは同企業の総輸出量の八・二％だったが、一九六二年にはアメリカ市場は、同比率がすでに三一・二％に達し、フォルクスワーゲン社の乗用車国内生産量の二二・二%を受け入れた。一九六〇年代初期には、ケーファーのほぼ四分の一はアメリカに輸出された。

この成功の根本的に重要な要因は、明らかに、生産性の向上であって、それを可能にしたのは一九五五年以降の生産自動化への取り組みが成功したことだった。それは、ドイツの通貨マルクの有利な地位と結びついて、ダンピングの手段に手を伸ばす必要なく、競争力のある価格形成を可能にしたのである。だが、決定的だったのは、ケーファーがアメリカ市場のなかにニッチを発見したことである。アメリカの自動車コンツェルンは、このニッチを、一九五九年の「コンパクトカー」導入までは放っておいたし、この時期以後も、「二台目の車」に関しては市場を開放していた。(45) アメリカの自動車メーカーは、期待できる販売量と適切な利益が新製品への投資を正当化すると完全に確信しないうちは、新たな生産工程の構築を必要とするモデル・デザイン・生産再編のために、また特殊工具や機械の調達のために高い開発コストを払う気はなかった。だが、アメリカの中規模メーカー、ステュードベーカー（Studebaker）社とアメリカン・モーターズ（American Motors）社は、一九五七年に、最初の「コンパクト」モデルである、「ラーク」（Lark）と「ランブラー」（Rambler）を市場に出し、その結果、アメリカの三大自動車コンツェルン、GM社、フォード社、クライスラー社に、一九五九年、自社の「コンパクトカー」の開発を迫ることになったが、こうした厳しい状況の中で、フォルクスワーゲン社はそのマーケットシェアを、一・七%(一九五八年)から二・八%(一九六二年)へと拡大した。これに対して、他の、ルノー社のような自動車の輸入業者は、急激な販売不振を甘受しなければならなかった。

このような高い競争力の原因は、一つには、すでに述べたような生産性の上昇である。だが、同時に、重要なことは、この間に構築されたサービス網の質の高さだった。アメリカのフォルクスワーゲン販売業者の数は、一九五七年から一九六二年にかけて三四七から六八七へと増加した。フォルクスワーゲン社がこの高いサービス提供のために払わなければならなかった代価は、全ての輸出市場に望まれている量を納品することができないという慢性的な問題を抱え込んだことであった。アメリカにおいてフォルクスワーゲンの過剰な販売を回避し、まだ極めて不十分なサービス組織の拡大と歩調を合わせるために、相当数のディーラーからの受注がメーカー側によって故意に見送られることになった。

フォルクスワーゲン社は、ケーファーを現地でも生産するという試みもほとんど追求しなかった。ステュードベーカー社から獲得した、ニュージャージー州ニューブランズウィックにある組立工場を、現地生産に利用するという詳細な計画も一九五六年一月に、収益性の問題のために最終的に放棄された。ハインリヒ・ノルトホッフは、それ故に、首尾一貫して、大量生産のフォード主義的コンセプトを追求した。アメリカでの生産ないし組立は、それが行われたら、ヴォルフスブルクでのコスト引き下げにブレーキをかけていたことであろう。何故なら、製造の多くの部分がドイツでの製作から撤退することになるからである。さらに、フォード主義的大量生産にとって十分な生産個数が、アメリカでの現地生産では達成されなかったであろう。それに代わって、フォルクスワーゲン社は、サービス網の拡大に力を入れた。アメリカ・フォルクスワーゲン社は、純粋な商社として、ニュージャージー州イングルウッド・クリフスにあるその拠点から、サービス網の拡大を促進した。

大量生産の終わり

フォーディズムは、自動車産業から出発して、西ドイツ産業の全体にわたって大きな成果を収めた。オートメーションは一九五〇年代には、原子力エネルギーの民生的利用(「平和のための原子力 atoms for peace」)と並んで、当時の人々のファンタジーに点火した中心的テーマの一つであった。たとえ、個々の観察者は、オートメーションの射程や革新力の限界を非常によく認識しており、その意義を誇張することに警告を発していたとしても、その可能な約束、リスク、危険性の冷静な評価は、たいていの人々には困難であった。(46) (戦後西ドイツの)「経済の奇跡」も、大量生産のフォード主義的方法の導入の結果ではなかったが、それは、復興のこの局面においては、最も目立って、生産の外面的な現象形態を特徴づけた。化学工業や電機産業のような重要な経済セクターは、フォード主義的生産モデルに対して開かれた立場をとった。もっとも、それによって、高品質生産に置かれたその軸足を放棄することはなかったが。西ドイツ工業の主導的セクターである自動車産業は、それが機能するための前提条件を確実にしさらに発展させるために、西ドイツの産業社会の「慣行」に大きな影響を与えた。これが最も明瞭に現れたのは――高速道路から「自動車適合」都市にまでいたる――インフラストラクチャーの拡大であった。だが、賃金政策においても、フォード主義的大量生産の牙城で行われた経験は、経済全体にとって、模範的な意味をもった。一九六〇年代末まで、実質賃金の展開は、事実上、経済全体の生産性の展開と並行して進行した。そして、一九七〇年代初期を除けば、両方の曲線は、それ以後も、相互に大きく開くということは全くなかった。フォード主義の経験は、西ドイツの共同決定の実際の運用にも影響を与え、労働組合に対して、企業や産業との交渉においていっそうの柔軟性を強く要求した。それは、多様化した熟練作業という主流の生産レジームに対応するものではなかった。この新しい生産様式は、販売の発展の持続性に貢献しうるような国内的・国際的な景気政策への要求をも生み出した。これら全ての行動様式と政策的目標設定は――それらが常にうまく適用され得たわけではないとしても――一九七〇年代半ばに発生したフォーディズムの危機を乗り越えて長く存続することになった。フォード主義は、それによって、その衰退の結果をも西ドイツ経済が克服することができるような手段そのものをもたらしたのである。

フォード主義的生産モデルのダイナミズムは、一九六〇年代にその頂点に達した。それから一〇年後には世界的に退路に着くことになる。こうした展開に至った原因は多様であり、それらの相対的な重要度については評価が困難である。[47] その衰退には確かに、次のような外生的要因も作用した。すなわち、ブレトンウッズ体制の通貨システムの崩壊(ブレトンウッズ体制をフォード主義体制の構成要素に数えるような行きすぎをしないならば、この要因がまずあげられる)、一九七〇年代の石油危機、穀物価格の世界的高騰、それに世界市場におけるその他の弾力的な変動であり、これらは需要の長期的な安定性と成長への信頼を掘り崩したのであった。これらに加えて、次のような事情の結果発生した需要構造の変化が挙げられる。すなわち、所得の上昇に伴ってニーズの構造が多様化していき、それが標準化した大衆消費財の販売を妨げたのである。とりわけ、何十年も前にフォード主義的生産モデルの拡大を初めて可能にした市場セクターの一定の飽和が影響を与えたかもしれない。「基礎的な」耐久性消費財の普及は、アメリカ、日本、そして多くのヨーロッパ諸国では、ほぼ全ての家計に及んだ。その結果、商品とサービスの供給が、第三次産業のように、標準化された大量生産の方法での製造を大幅に避けるようなセクターへと移動した。このことはまた、まさに、娯楽用電気製品や電子計算機の生産にも言えた。それらは、一九七〇年代に、主導的製品市場へと成長した。

［生産の］多様化とグローバル化によって、該当する生産者はこの危機に対応した。しかし、その多様化とグローバル化も、ここに生じた困難を、長い間取り除くことはできなかった。供給の細分化と生産拠点の増加によって、まさに、この生産モデルの比較優位をかつて根拠づけた「規模の経済」から発生するチャンスは減少したのである。それ故に、一見すると、大量生産の終わりには、フォード主義的生産方法の周辺で生き残ってきた手工業的方法への回帰が起こるように思われた。しかし、二一世紀の工業生産を、奢侈品やプロトタイプや小ロットの手工業的生産に限定するならば、それは、二一世紀の工業生産の性格の大変な誤解であろう。手工業的生産は、とくに、もしもそれが発展した工業地域との相乗効果に立脚することができれば、確かに、生き残ってさらには新しい市場を開拓するために、技術革新のメリットを利用することができる。電動モーターが、一九世紀末には生産の分散化と、大工業との競争の中での手工業の生き残りを可能にしたように、今日でも、設計と作業計画と製造のコンピュータによる結合(CADシステム)*のような新しい柔軟なテクノロジーの適用のなかに、手工業のいくつかに新しい見通しを開きうる

ような柔軟な専門化のチャンスが存在してはいる。しかし、標準化した大量生産に対する別の経済的選択肢は、ドイツでは、たいていの市場において手工業にはなく、多様化高品質生産にあった。その絶対的な重要性は、フォード主義の全盛期でさえも後退することはなかった。大量生産の時代の終わりには、その競争力は経験的に証明されただけでなく、世界市場での競争の新しい条件に以前よりもいっそうよく順応したように思われる。さらに、それは、ドイツの自動車生産の事例が示すように、フォーディズムによって奪われた陣地を取り戻すための最良の方法である。

＊建築物や工業製品の設計にコンピュータを用いることで、CADはComputer-Aided Designの略。

第一級の品質の、贅沢で、流行の、個性ある高性能自動車を生産するドイツのメーカーは、世界全体を通してそのクラスでは、なお依然として標準となる製品を生産している。ダイムラー・クライスラーやBMWやアウディやポルシェのような企業は、GMやトヨタに比べて、その企業規模はずっと小さいが、世界の高級車市場の三分の二を占め、ドイツの自動車産業を、全体的に、この国の最強の輸出部門の一つにしているのである。その競争力を生み出しているのはとりわけ次の二つの条件である。第一に、それら自動車メーカーは、歴史的に育まれた地域的な産業集積（クラスター）とそれに対応した部品サプライヤーの高度に専門化した稠密なネットのなかに埋め込まれており、それは、購入者個々人の希望にそった製品の多様化を可能にする。この高性能自動車の市場では、その生産モデルは最近までは標準化された製品の大量生産であったし、その比較優位は、発展した規模の収益性のなかにあったのだが、今や、完全に同一の乗用車はほぼ製造されなくなったのである。第二に、スポーツカーと高級車のメーカーは、ドイツ的生産体制の、品質向上につながる基礎的条件——高性能高速道路網から共同決定制まで——から利益を得ていた。一九八八年、［ダイムラー・ベンツ社による］クライスラー社の買収＊は、ポリティカリー・コレクトにも「合併」（Fusion）という言葉で表現されたのだが、これは明らかにドイツの法律に従って実現したのであり、ドイツの産業立地の強さを物語っている。シュトゥッツガルトに本社をおくコンツェルン、ダイムラー・クライスラー社は、ロンドンでこのことが実現したさいに、ドイツの親会社ダイムラー・ベンツ社で「非常に有益なもの」として経験されてきた共同決定制度を賞賛したのであった(48)。これを背景にすると、アメリカにおける同社のクライスラー社側における最近の企業建て直しが、シュトゥッツガルト・モデルによって行われたことは、驚くべきことではなくなる。ドイツの自動車産業は、日本のそれと同様に、深刻な後進性の位置からフォーディズムの独自な、ドイツの特殊な制度的条件を十分に生かしたタイプを見出すことに成功した。それは、さらに、高性能車の領域で、この間に、世界市場において「ベスト・プラクティス」、すなわち「最も優秀なビジネスノウハウ」のモデルをも提供したのである。

*その後、クライスラー部門の業績不振のために同部門の株式の八割以上が二〇〇七年八月に売却された。ダイムラーからのクライスラーへの出資と業務提携関係は維持しつつも、ダイムラー・クライスラー社はダイムラー社（Daimler AG）へと（二〇〇七年一〇月四日の臨時株主総会において）社名を変更することになった。

3　共同決定——エージェンシー問題解決への独自な道

ドイツ経済にとって共同決定はどのような効果をもつのか——この点に関する判断は、二つの奇妙にアンビヴァレントな、しかし決して対立するわけではない評価の間で揺れている。第一の評価が強調するのは、その平和の女神エイレネ的効果、すなわちその［産業］平和を作り出し和解をもたらす作用であり、それは、産業立地としてのドイツに、よく機能する「社会国家」*と同様なプラスの貢献をするのである。この評価は、共同決定に関する、少なくとも五〇年間の肯定的な経験を反映しているが、この制度の経済的価値についての明瞭な証言を避けている。第二の評価は、しばしばまさに好意的な論評の行間から読みとることができるもので、およそ次のようなことである。すなわち、この制度は、社会国家と同様、工業時代の終焉に伴って衰退していくであろう。何故なら、その核心的機能は工業経済と密接に結びついており、それ故に後者とともに消えていくのだ、と。この見解が依拠しているのは、我々は、ある一つの時代――すなわちその基礎が一八世紀末の産業革命にあり、その特殊なドイツ的形態が、国際比較の観点から見て独自な経営制度をもたらしたような時代の終わりに立ち会っているのだとの基本的な仮定である。これら二つの評価に共通しているのは、それらの診断があたっているところがあるとすれば、それらが描いているのは、社会的生産システムにおける共同決定の経済的機能ではなくて、せいぜい、この制度の最も明瞭な効果の一つにすぎないということである。

*「社会国家」(Sozialstaat) とは、福祉国家のドイツ的類型であって、資本主義市場経済の社会的諸結果や生活上のリスクにその経済体制のなかでアクティヴに対処するための、民主主義システム内部での国家制度・政策・規範の総体である。市場が生み出し、市場自身によっては調整し得ない多くの社会的リスクや問題状況の克服が、市場経済と両立しつつ目指される。職業労働と結びついた社会保障システム、および団体の社会的形成の国家による保護に特徴がある。関連して、市野川容孝『社会』(岩波書店、二〇〇六年)、二一〇頁以下を参照。

共同決定はドイツでは二つのルーツをもっている。その一つはドイツ工業化の経路の特殊性に深く根ざしている。ドイツは、よく知られているように、近代化のレースにおいて遅れて来たものであり、一九世紀に先頭をゆくイギリスに追いつき、あるいは追い越すためには、産業社会の独自な制度と組織を発展させなければならなかった[49]。積極的な団体活動に支えられた独自な福祉国家の伝統を背景にして、一九世紀には、社会問題がまさにドイツの諸国家のなかに切迫した問題として持ち上がり、それは、生成途上にある産業社会を工業のダイナミズムの破壊的作用から守るために、特殊な制度的・組織的解決を要求した。ドイツ帝国の労働者保護政策も、このような「社会における革命的けいれんの除去のためのリスクの掛け金[50]」の役割を果たした。一八九〇年二月四日の皇帝ヴィルヘルム二世の指示が導きの糸となって、そのプログラムが実現した。その指示の中で皇帝は労働者委員会の共同決定権を法的規則とすることを約束した。それは企業内の保険制度の運営に労働者が関与することから発展したものだった。このようにして、皇帝の指示のなかでは、雇い主と国家機関に対する労働者委員会の関係が規定されたのであるが、一八九一年六月一日に発布された営業条例改正法では労働者委員会の強制的導入はまだ予定されてはいなかった。プロイセン鉱山法改正法は、最終的に一九〇五年に、少なくても鉱山業においてその導入を義務化した。労働者委員会は、鉱山業企業家の激しい抵抗に出会ったが、この時点ですでに、二〇人以上の従業員を擁する全ての民間企業の一〇%が、委員会を自発的に設立し、健康保険組合の役員メンバーの負担を軽減した。彼らは、そのたいていの企業で、一般的な苦情の処理のような件でも、労働者代表として受け入れられたのである。[51] 当時の新産業の一つである機械製造業では、すでに半分以上の企業がこの方法を実現しており、これら企業の三分の二は、その影響を肯定的に評価していた。[52] 一九一六年一二月五日の祖国勤労奉仕法は、最終的に、[共済組合のような]労働者の経済組織を、初めて、そのメンバーの[公式に]任命された利害代表として承認し、五〇人以上の労働者を擁する軍需企業において設立を義務づけられた労働者委員会に対して、共同決定権を委託した。

ワイマール共和国では、利害政治の全部で三つのレベルの全てについて共同決定権が実現した。すなわち、それは、経営レベルに関しては一九二〇年の経営委員会法によって、産業部門レベルに関してはZAGによって、そして国民的レベルに関してはワイマール憲法第一六五条で構想された臨時全国経済委員会によって達成された。闘争を孕んだ状況のなかでこれらが実現していったのであるが、そのことが何よりも強調しているのは、いずれにせよ、共同決定の企業政策的・経営経済学的な必要性よりも、その政治的性格であり社会的課題であった。このことは、鉄鋼業における同権的共同決定のイギリス占領軍による承認に対しても、朝鮮半島の危機から発生した特殊な国内政策的・外交政策的状況を考慮して成立した一九五一年の石炭・鉄鋼共同決定法に対してもあてはまった。[53]

確かに、長い一九五〇年代の期間の安定した協調的な労使関係の重要性は、たいていの企業家にも実際に経験しうるものであったし、共同決定は完全に、生産性、成長、競争力の長期的な向上の前提条件に数えられた。[54] だが、労使関係の経済理論においては、依然として、正統派の自由主義的見方が優勢である。[55] この観点は、共同決定の中に、労働市場における労働組合の交渉力の強化を、したがってまた、その独占的地位の強化を見ているのである。しかし、もしも労働組合が、労働市場における独占として振る舞うことが可能であるならば、組合は、組合員の賃金を最大化しようと試みるであろう。他方で、該当するどの企業も、そのような場合にも、その利潤最大化を実現する前提となる雇用水準を選択しうる。正統派の自由主義的見解によれば、その結果が、失業であり物価の上昇であり資源の誤った配分なのである。しかし、共同決定が、産業社会における社会問題の壊れやすいバランスを維持するのに適していると考えられた限りで、根っからの自由主義者も、共同決定が明らかにもたらしうる社会平和と労使関係の安定のために、それを受け入れることができた。しかし、産業社会の終わりとともに、そして物質的生産の意義が失われるとともに、共同決定は、このような見方からしても、社会政策上の有効性の根拠を失うことになる。共同決定は、産業安定化の手段として創り出され、その効果は、まさに産業革命自体の画期的意義が持続する限りで十分であるように思われた。しかし、「第二次経済革命」の新しいパラダイムは、その産業革命の画期性をとうの昔に凌いでしまったのである。

こうした事情を背景に、共同決定の経済的価値にとって決定的な問題となったのは、長期的に協調的な労使関係は、一般的には経済的な付加価値生産過程に対して、また特殊的には取引費用の高さにとって、いかなる意義を有しているかということである。そうした関係は、企業における従業員と彼らの利害を組織的に統合する方法の中に明瞭に現れている。企業組織へのそのような統合とそれによる協調的な労使関係を達成するために、雇い主は、進んで、従業員に通常よりも高い賃金を支払ったり、安定した雇用保障を約束しようとするであろう。雇い主はそれによって、彼らの従業員の職業教育や資格の獲得に投資することが可能となる。まさに、「知識社会」への急速な構造転換という条件の下で、これは、利潤拡大のための前提条件となる。高いコストは、被雇用者の移動の減少と動機付け

(モチヴェーション)の強化によって補償されるのである。(56)

知識社会における生産関係にとっても、同様に特徴的であることは、経営内部における非対称的な知識配分である。非物質的生産とそのために必要な科学的に基礎づけられた資格は、通例、専門的な知識に基づいている。この専門的知識は容易には代替しがたく、それを労働過程に生産的に移し入れることは、容易には制御しがたい。専門的知識を有する従業員の最適な作業実績は、契約によっては詳細に把握できないし、そのような契約を、是認できる適度な経費でモニターしたり、実行させたりすることもできないであろう(プリンシパル・エージェント問題)。それ故に経営側には、労働現場のコントロールを、ある程度是認できる費用で無制限に自分の手中に維持することがますます難しくなる。従業員も、専門的な知識の担い手であるときには、使用者との間で対立が起こった場合、単に一般的で代替が容易な知識しかもっていない古典的な労働者よりも、企業に対していっそう大きな損害を与えうる。もしも「信頼は良いものであり、コントロールはいっそう良いものである」とのレーニンの原則が産業の文脈に適用されるならば、この新たな条件下ではその反対の言明のほうが正しく、コントロールのほうが[信頼よりも]いっそう高くつく方法なのである。この認識は、労働現場のコントロールを、経営側と従業員ないしはその代表との間に分割するという方向に直接につながっている。利益参加と共同決定は、「プリンシパル」と「エージェント」の効用関数における必要な一致を準備するのである。

長期的に安定しコンフリクトの少ない労使関係は、しかし、まさに、急速な構造転換期においては、さらにもう一つの意味をもつ。従業員の高度な熟練と大きな潜在的実力は、企業に、一方では、固定資産へのコスト集約的な投資を行おうとするインセンティヴを生み出す。同時に、それらは、この投資が完全に利用されうるということ、そして投資のための負債は返済されうるということの保証を与えているのである。こうして、高い固定費は、低い単位原価に転換する。新技術への投資は、企業の生産性を上げ、それは今度は、高い市場シェアと大きな利益を生み出す。従業員がこの利益に適度に参加しうるならば、それによって、協調的労使関係はさらに強化される。

工業化研究の新たな視角を採用し、それによって、ポスト工業経済に向かうレースの時期区分を再定義することは、ドイツの共同決定の歴史におけるいくつかの未解決の問題に対して、従来よりもより良い解答を見出すのに適している。まず第一に確認しうることは、ドイツの労働組合は、労働組合が発展した時代である一八九〇年代に、大衆組織への飛躍的な発展を経験した。同時に、制度の範型、行動様式、メンタリティー、組織原理と組織構造が形成され、それは現代に至るまで存続することになる。また労働組合は、それから二〇年以内に経済活動の新しい規則をうち立てた制度的転換の包括的で革命的な過程の一環となった。この新しい規則は、旧い規則とは根本的に異なっていた。「転換の年」となった一八七九年以降、例えば、秩序政策の分野では、競争の原理に代わって、協調の原理が台頭した。経済政策では、レッセフェールに代わって国家による動員が、社会政策では、組織された自助に代わって協調的自治が、利害政治では、議会主義に代わって(少なくとも傾向的には)コーポラティズムが、対外的経済政策では、マンチェスター自由主義に代わって「啓蒙的」保護主義が台頭した(57)。

新しい制度的基礎条件にしたがって作り出されたものの多くは、後に、労働運動によって、「その精神のなかの核心」であると主張されたのであって、このような主張は一九一四年八月の例外状況においてだけなされたのではなかったのである(58)。共同決定の要求は、切れ目なく、団体調整的市場経済のこの新しい秩序政策に順応した。利害政治の「個別経営、産業部門、国民経済という」三つの全てのレベルでそれが実現するのは、ワイマール共和国まで待たなければならなかったとしてもである。そこに反映しているのは、台頭しつつあった新産業の生産過程において人間的要素の意義が増大してきたことへの承認要求であった。この新産業では、知識と技術が、生産性進歩のための、すなわち、ダグラス・ノースの「第二次経済革命」のための新しい革命的な基礎を生み出した。ドイツの共同決定の第二の根源はそこにある。

経営レベルでは、共同決定は、多様化した熟練作業と標準化した大量生産という二つの生産モデルにとって有益な制度となった。確かに、共同決定は、前者に照準をあてて調整されてはいるが、後者にとってもよい刺激であった。専門工がテイラー主義とフォード主義の支配下で怯えたのは、職業的資格の剝奪化というよりも、むしろ、仕事場でのその相対的に自立的な地位の喪失であった。とくに日給五ドルの賃率をフォード社はすでに一九一五年にデトロイトで最低賃金として導入していたのであるが、このフォード主義的な賃率はドイツでは当面する近い将来においては非現実的であると思われていただけに、共同決定は、こうした専門工においては、動機付けの不足を補償することができた。しかし、共同決定とその等価物は、まだ未発達の大量生産セクター以外のところで、いっそう重要であった。「ドイツの合理化」については、販売市場に限界があり資本調達が不十分なために、それは、とりわけ「人的資本」(ヒューマンキャピタル)に投入されなければならないとされた。このいわゆる「合理化」の圧力の下で、新産業はもちろんのこと、「旧産業」の企業家サイドでさえも、職場での労使協調を重視した。このコンセプトは広い範囲に及んでおり、「熟練労働者」の「工場共同体」への統合から、「人間に関する経済学」(メンシェンエコノミー Menschenökonomie)というテクノクラシーのコンセプトを経て、新産業の多くの企業で現に実施されたような事業所委員会による経営共同決定の具体的諸形態にまで至った[59]。ちなみに、「熟練労働者」の「工場共同体」への統合を、重工業は、一九二五年に設立された「ドイツ技術労働教育研究所」(DINTA)によって目指した。また、「人間に関する経済学」の考え方による企業の社会政策には労働組合の一部からも支持を得た。

それ故に、ZAGは革命期の政治的空白を埋めるはずであったが、それが早い時期に挫折した後にも、いくつもの闘争が重畳するワイマール共和国の政治表層の深部では、協調的な基調が維持され続けた。この基調は、企業レベルでの実際的共同作業から、最終的には挫折したものの、ZAGを何らかの方法で再活性化しようとする努力にまで及んだ。一九三〇年代、工業にペシミズムが急速に台頭し、工業経済の終わりが近づいてきたように思われると、それだけいっそう強力に経済発展の新しい時代への信念が成長した。それは、人間的要素が決定的な役割を果たさなければならなくなるような時代であると考えられた。仕事場での協調は、ナチスによって悪用された「経営共同体」の形態においても、要求を満たしたように見えた。生産と競争の展開がいっそう不確かになり、技術変化が同時にいっそう複雑になる状況の中で、個々の投資決定は、市場の調整よりも、技術革新の過程における企業と団体による計画的調整に、いっそう強力に依拠しなければならなかった。二〇世紀に非物質的生産と分業が急速に発展するにつれて、それだけいっそう急速に、取引費用は上昇し、同時に、それを低く維持しようとする制度的調整と協定への要求も高まった。(60)

確かに、二〇世紀前半のドイツ経済に重くのしかかった世界戦争と経済恐慌の危機的条件のもとで、新しい生産様式の火花が新産業から経済全体へと飛び移るということは、希にしか起こらなかった。非物質的生産と生産性の革新的条件は、ドイツ帝国において、「第三次産業」へと、そして、最終的にはそれを超えて経済全体へとダイナミックに拡大し始めたが、この傾向は、両大戦間期には、とりわけアメリカと比べると、後退しさえした。それにもかかわらず、「第三次経済革命」の開拓者であるドイツは、ポスト工業時代へのドイツの道を維持した。そして、かつて形成された制度的枠組みも、様々な外的ショックにもかかわらず、漸次的にしか変化しなかったのである。このことは「共同決定」の制度——あるいは、より適切に表現すれば、経営内の協調的労使関係の原理について、また、その特色はより薄らいだとしても、経営を超えた協調的労使関係の原理についても、該当する。ワイマール共和国におけるその組織形態や第三帝国におけるその悪用とは全く無関係に、ドイツの「共同決定」は、かつても今も、新産業の制度的武器庫であって、それは繰り返し新しい組織的基礎条件を生み出してきている。この共同決定が一九四五年以降に見出した法的・組織的形態は、確かにその時代の政治的条件によって形成されたのであるが、その時期の経済的要求に対応するものであった。

二〇世紀の終わりには、「人間的資産」の価値は、それ固有の量や質に即してだけでなく、とりわけ、各々の社会の「社会性」（ソシアビリテ）に関する能力、すなわち経済過程において信頼できる共同作業を作り出す能力に即しても、測られるべきであるということが、ほぼ公理となった。[61] もしもこの能力が欠けると、協調の実現には規則や規定や強制措置が必要になる。その際に発生する費用（取引費用）は、（世界市場を含めて）市場で成功するために、国民経済が克服しなければならない課題が複雑になるにつれて、それだけいっそう高くなる。実際に、信頼の喪失は、課税が経済活動に対して及ぼすのと同様の影響をもつのである。共同決定の導入がドイツにおいて初めから目指したのは、このような費用を最小限にすることであった。二〇世紀における新産業の台頭に伴って、この協調の資産はさらに重要になった。これは、ドイツの生産体制があらゆる政治的破局を超えて、その基本線——共同決定はその本質的な特徴の一つである——において維持されたことの一つの説明要因である。[62] 共同決定は労使関係のドイツ的システムにとってのみならず、職業教育システム（二元制システム）や賃金政策（産業別の集団的労働協約）にとっても本質的な構成要素である。それらの制度は、さらにまた、部門内部の技術移転、標準化、そしてドイツの企業間システムのその他の特徴を促進する。したがって、共同決定は、団体調整的市場経済の不可欠の構成要素となるのである。

信頼の経済文化が有するこうした高度な価値は、共同決定という新たな組織形態が——石炭・鉄鋼産業の共同決定によるものであろうが、一九五二年の経営制度法の規則によるものであろうが——最初は論争含みで出発したにもかかわらず、なぜ急速に受け入れられることになったのかを、説明しているように思われる。それは、とりわけ、本来の法的枠組みを超えた、組織形態の強化と実際的な発展を説明するのである。そうした関連は、石炭・鉄鋼産業における労使同権的な共同決定の導入自体を容易にした。それは、第二次世界大戦後におけるイギリス占領軍による同権的共同決定の「認可」（Oktroi）によりも、むしろドイツの独自な伝統に負うのである。鉄鋼業に関するドイツ信託統治の指導者、ハインリヒ・ディンケルバッハ（Heinrich Dinkelbach）は、この新しいコンセプトの形成に決定的な役割を果たした。彼は、合同製鋼（Vereinigte Stahlwerke）の以前の重役会メンバーとして、鉄鋼業の事情を熟知していただけでなく、カトリックの社会的教義の信心深い主唱者として、団体による共同決定モデルを支持したのであった。鉄鋼業は以前は、通例、他の組織的解決法を優先していたのだ。

歴史研究のこの新しいパースペクティヴは、他の諸結果に対しても先鋭な見方を与える。団体的な制度的調整の——より狭くは、共同決定の——起源は、過ぎし工業時代の理論のなかにあるのではない。それは新産業の基礎であり、その非物質的な生産性パターンは、今日、ますます強く意識されるようになったが、それは、就業人口と付加価値生産において旧工業の物質的生産が占める比率が劇的に減少した結果であった[63]。その経済的価値は、ただ単に、産業平和的で社会政策的な機能にのみあるのではなく、それを超えて、複雑な市場過程・生産過程内部での生産コスト・取引費用の安定化と引き下げにそれが貢献するということにある。この認識は、もちろん、共同決定の伝統的な組織形態に固執すべきであるなどと主張しているのではない。適切な制度的調整は確かに、組織の鋳型に対しても施されるのである。だが、「資産特殊性」(asset specificity) の法則*によれば、異なった選択肢への転換は、著しく高い費用と結びついている[64]。制度変化は計画できないので、成功は決して保証されないであろう。それ故に、もしも、五〇年以上の間蓄積されてきた「協力の資産」が十分に償却されてしまわない限りは、ドイツの共同決定モデルの「経路依存的な」さらなる発展を支持する多くの理由がある。この経路が社会的生産システムの全体的発展に対応している限り、それは工業社会の時代錯誤に至るわけではなく、一九世紀末に作り出された、新産業の制度的基礎の意味ある拡張を確かなものにするのである[65]。

*「資産特殊性」の概念は、所与の取引での使用を意図された資産を、他の用途に転用する可能性が相対的に不足していることと関連している。高度に特殊な資産は、特殊な取引のコンテクストでの利用を超えると相対的にほとんど価値をもたないサンク・コスト（埋没費用）を意味する。高い資産特殊性は、機会主義の脅威（例えば、小規模下請けとその顧客の関係におい

て、後者が前者にとって唯一の顧客であり、しかも、後者が異なったサプライヤーに注文を変更する可能性があるような場合)と闘うために、強力な契約か内部化を必要とする。

4　生産的秩序政策としての社会的市場経済

社会的生産システムの文化闘争において最も先鋭なフロントラインの位置にあるのは、経済において国家が占めている役割であって、それは国によって異なっている。市場と国家、規制と規制緩和とを対立するものと捉え、経済操舵の最も効率的な方法をめぐる競争のなかで対立する二つの秩序化の力として見なす観点は、経済史の立場からは、もちろん正当化しがたい。市場と国家の間には、実際には、市場と企業の間のような機能的な対立はほとんどない。一九九一年の経済学ノーベル賞を受賞したロナルド・H・コース（Ronald H. Coase）がすでに一九三七年に示したように、企業は、生産コスト並びにとりわけ取引費用を引き下げ、それによって経済的需要を、それら企業なしで「市場で」調達することが可能であると仮定した場合よりもより安い費用で充足することに貢献することによって、企業は自らの存在を正当化する。コースによれば、企業は、所有権を内部化し、契約を保証し、信頼を形成することによって、こうしたことを行うのである。

国家の経済政策に関しても事情はこれと異なってはいない。国家の経済政策は、経済主体の多くが自発的に従う規則や規範を作成し実行するが、その目的は、それら経済主体の行動を、国家の関与なしに市場がなしうるよりも、よりいっそう計算可能で、より確実で、より大きな費用効果があるように、引き起こすためである。いかなる経済政策もその本質的な核心は、それ故に、秩序政策であり、したがって、制度的枠組みの形成であって、経済過程に介入する政策ではないのである。たとえそれがケース・バイ・ケースで必要になることがあるとしてもである。「最も重要な非物質的資本」としての国家の特性と機能は、制度経済学に基づいて議論を展開したドイツの経済学者の考え方のなかでは、すでに一九―二〇世紀の転換期に、次のような要素、すなわち「少なくても間接的には、どの重要な経済的生産にとっても、不可欠であることは十分に明白である」ような要素となった(66)。アドルフ・ヴァーグナーの公準によれば、経済政策の「抑制原理」、すなわち国家の課題とは専ら経済秩序の混乱が起こったときに後からそれを修正することであるとの考え方は、「予防原理」によって置き換えられるべきであるとされている(67)。上記のような国家の特性と機能に関する認識は、このヴァーグナーの公準と結びついて、一九世紀末に発達したのであるが、それは偶然ではない。科学と経済の共生(知識社会)を生産的に編成していくこと、および一九世紀の過程でしばしば中断しつつも進行した世界規模での諸市場の絡み合いとダイナミズム(グローバリゼーション)の安定化を要請すること――これらは秩序政策上の新たな前提条件を要求したのであるが、国家の必要性に関する先の認識は、こうしたことを考慮に入れているのである。このような試練に対する回答とみなしうる多様化高品質生産システムのような生産モデルの実現は、国家が提供しなければならなかった大量の包括的集合的投入がなかったらほとんど考えられなかったであろう。明らかに必要とされているのだが、それがアクセス可能な市場構造の外部に存在しているようなものは、物的インフラストラクチャーから、自発的に成長する制度の法的保証を経て、基礎研究や職業的資格付けの規則にまで及ぶのである。それ故に、国家は、社会的生産システムの内部で、長い間、経済に対する優位を実現できなかった。だが、自由主義的経済政策の理論とも実践とも調和しない課題が、国家に次第に課せられるようになった。

二〇世紀におけるドイツの経済政策は、その核心において、生産に関わる秩序政策であった。その主要な対象分野は、ドイツ帝国以来、外国貿易と並んで、広義のインフラストラクチャー政策、経済的次元と並んで社会的次元をも有した地域開発政策、人的資産の新たな能力資格の活用を目指した職業指向の教育政策・養成政策である。すなわち、この国家による秩序政策の目的は、経済発展の基本的枠組みを構築することである。この政策が目指すのは、民間の経済活動を活性化し、産業立地の構築に影響を与え、生産性を向上させるために、多面的な意義をもち、民間経済の全体にとって包括的に機能する経済活動のインプット(経済基盤)やルールを準備することである。このようなポスト自由主義的な経済政策の特性は、これまでは知られていなかった強力な、生産性の潮流の源泉として非物質的生産の意義をも認識し、それによって新たな発展を正当に評価することであるが、そのような発展は、まさにドイツにおける新産業の台頭のなかに、すでにはっきりと現れていたものであった。さらに次の点も新しい認識であった。すなわち、取引費用を引き下げるという意味で適切な制度や規範は、集合的投入要素として、確かに直接に価値を生み出すわけではないが、経済全体の生産性を長期的には、決定的に規定するのである。

このような関連において重要なことは、一九世紀末の経済的革新のいくつかは、国家によっても市場によってもコントロールされなかったということである。実際、都市、郡や市町村のような地方自治体は、長いこの世紀の開始［すなわち一九世紀末］以来、まさに最もダイナミックな市場において活動する次の経済諸部門、すなわち電力事業やその他の(電気・ガスなどを供給する)公益事業あるいは地域の信用制度(貯蓄銀行)を統御し、地方自治体の福祉政策・開発政策の構築を目指した。こうしたアプローチの仕方は「自治体社会主義」と呼ばれた。革新性を豊かに孕んで急速に成長するこの経済開発セクターの成功のチャンスは、国家の経済政策の立案者にとって、無関心な事柄ではありえない。彼らは、地方自治体のサービスや物的インフラストラクチャーの広範な領域に、理想の場所を見出していた。すなわち、そこでの経済的近代化の潜在的諸要素への投資を媒介にして――まさにフリードリヒ・リストの生産力理論の意味で――［経済活動が展開する場所としての］経済空間の深部に潜在する新たな資源と生産性の蓄積が動員されうるのである。この経済活動を貧しい市町村にも可能とするための資金は、公的支出の他のたいていの使い方を遥かに超えるような開発政策的な乗数効果をもつことが望まれた。そのための前提条件は、地域間の機能的な財政均衡であって、それは、一九世紀を通じてドイツの財政経済にとって特徴的なことがらであった。これは、現在でもなおドイツの経済制度の堅固な構成部分として批判にもちこたえて維持されているが、それを支えているのは次のような事実である。すなわち、生活状態の平等と、諸地域間で均衡のとれた生産諸力の配置は、伝統的にドイツの経済政策の高次の目標であり、その結果、公共投資のうちで中央政府の責務に属するのは小さな部分のみであるということである。

このことは、とくに、科学と研究の振興について妥当する。経済のリーディングセクターとして科学に基礎をおく工業が台頭し、二〇世紀における経済発展のパラダイムとして非物質的生産が登場するのに伴って、科学と研究の振興は生産的秩序政策の核心となった。もっとも、集合的投入としての知識の生産とその経済的生産性との間の関連は必ずしもはっきりと確立していたわけではない。しかし、生産要素として一般的には「労働」が、特殊的には「科学」が重要性を獲得するにつれて、国家の経済政策は、国家政策が関与するための制度的枠組みを構築し、新たな労働資格と知識ストックの「生産」を促進するための諸手段を準備することによって、知識生産とその経済的生産性との関連を考慮しなければならなくなった。科学と技術と経済との間の結びつきが、まさにドイツのように密接であったような国は他にはない。この国は、大規模工業と並んで「大規模科学」が体系的に促進された。そこに、テオドア・モムゼン（Theodor Mommsen）は、一八九〇年に、「我々の文化発展の必要な要素」を認め、アドルフ・フォン・ハルナック（Adolf von Harnack）は、カイザー・ヴィルヘルム協会での講演で、この「大規模科学」に対して、「科学の大経営」という効果的な表現を与えた[68]。

戦争、革命、そしてドイツ帝国からワイマール共和国への移行は、生産的秩序政策としてのドイツ経済政策という基本的コンセプトを原理的にはほとんど変えなかった。この政策が実行されるべき制度的枠組みには、決定的な変化は起こらなかった。とりわけ、ドイツ帝国の時代に生まれた「生産体制」はほとんど変化しなかった。組織された労働者層の団体主義的位置づけは、おそらく、戦時期と最終的には一一月革命の中で強固になった。

国家の経済政策は、経済の基礎的枠組みに影響を与えたり、次第に経済過程に直接介入することによって経済的成功を促す点で重要になっていったと考えられるが、そのことは経済の優位［すなわち経済活動における民間のイニシアティヴ］を損なうことはなかった。組織上、政治上利害の諸問題における［企業家団体や労働組合の］自治と自律性［に孕まれた分配面での非妥協性］は、結局、ワイマール共和国における団体調整的市場経済の［生産面で発揮された］優れた性能と鋭い対照をなした。この齟齬には本質的に客観的根拠があった。それは、共和国の団体調整的市場経済を、内外の多くの諸問題が最終的には団体調整的市場経済のダイナミズムを停止させて分配闘争を激化させることにより、座礁させたのである。これを促したものとしては、さらに、団体調整構造の官僚制化と「自己満足」（ヘーゲルの言葉で言えば「自閉」* “Verhausung”）がある。この団体調整構造に関して、クルト・トゥホルスキー（Kurt Tucholsky）のような社会批評家は最後には辛辣な嘲笑をよせた[69]。国家は最終的に経済過程の結果に対する最後の責任を引き受けることになるが、これに関して決定的な出来事となったのは、世界経済恐慌の破局を前にして団体調整的利害政治が挫折したことであった。その結果国家は新しい役割を担うことになるが、国家のこうした移行の実現が、ドイツにおいては「ナチの権力掌握」とナチス体制の登場を伴ったことは偶然ではない。新政府は、この移行を実現するために抵抗を克服する必要はなかった。政治の優位［すなわち経済活動における政治的イニシアティヴの優位］が必要であろうとの認識は、一九三三年には、労働市場での民間経済による制御が機能しなくなるという嘆かわしい状態に直面して、経済政策の主要な学派のなかに広範に拡大した。それ故に、この政治の優位という概念は、世界経済恐慌の厳しい経験がドイツの全ての経済秩序政策を集約していく共通分母を提供したのである。

*Verhausung（自閉）は、ヘーゲル『法の哲学』§二五五（追加部分）のなかの言葉に拠っている。本書、第II章第3節2項では、ヘーゲルに関して次のように述べられている。「彼［ヘーゲル］は団体の特権に賛同し、同時にそれを『国家のより高次の監督』の下に置くことを望んだ。『なぜなら、そうでなければ団体は硬直化し、内に引きこもり［＝自閉し］、みすぼ

らしい同業組合制度に成り下がるであろう』からであった」。引用は、Georg Wilhelm Friedrich Hegel, *Grundlinien der Philosophie des Rechts* (*Sämtliche Werke, 7*) 2. Aufl. 1938, S. 276.（ヘーゲル、藤野渉・赤沢正敏訳『法の哲学』世界の名著、第三五巻、中央公論社、一九六七年、四七七頁）。

これは、ドイツ経済政策の介入主義的な主潮流にとって別に驚くべき事態ではない。その秩序思想は、アドルフ・ヴァーグナーやグスタフ・シュモラーに代表される歴史学派国民経済学の国家学的伝統と結びついている。社会政策学会に集まった講壇社会主義者は、近代へと至るプロイセン・ドイツの道を褒め称えつつ、国家に奇跡を行う力があるものと見なそうとし、彼らが国家にはできないと考えた課題は何もなかった。労働運動も、国家を「唯一の覚醒した、強制力を与えられた社会組織」であり、それは、「自由競争の資本主義的原理を、計画的生産という社会主義的原理によって原理的に代替すること」を実現しうる、と見なしたのであった。[70] それ故に、労働運動が自らの主要な任務と見なしたのは、「国家の助けによって、意識された社会規則によって、資本家により組織され指導された経済を、民主的国家によって指導された経済へと転換させること」であった。[71] ドイツの秩序政策の二つの潮流、すなわち保守的・介入主義的立場と社会主義的立場は、比較的容易に、国家の優位に順応した。

だが、この世界経済恐慌という分岐点が最も深く刻まれたのは自由主義の主流的学説であった。自由主義学説は親しんできた自由主義国家観から訣別する必要があった。その際にこの学説が批判的に対峙したのは、「介入主義的経済国家」の現実だった。この「介入主義的経済国家」は、ヴァルター・オイケン（Walter Eucken）の見解によれば、「純粋な国家利害を発揮させることはほとんど不可能」であった。[72] 介入主義そのものを拒否するのではなく、「リベラルな介入主義」を発展させることは、今や、オイケンが告発する「資本主義の沼沢化*」からの打開策を示しているのである。[73]「リベラルな介入主義」というコンセプトを、彼やアレクサンダー・リュストウ（Alexander Rüstow）のような改革派は、次のように理解した。すなわち、それは、「これまでなされてきた介入とはまさしく正反対の方向での介入、つまり市場法則と対立するのではなく、市場法則に沿った、旧い状態を維持するのではなく、新しい状態を促進するための、自然の過程を延期させるためではなく、加速化するための介入」である。[74] これに対して、介入に対する自由主義的不安という伝統的な枠組みの中では、秩序政策は、暗黙の留保（reservatio mentalis）に相当していた。秩序政策における国家の役割は、確かに、アダム・スミスによって、彼のエピゴーネン以上に、承認されたのではあるが、その際に国家に与えられたのは、市場のアクターへの明らかに従属的な位置であった。世界経済恐慌の経験は、そのような国家の留保を終わらせることになった。一九三二年の社会政策学会ドレスデン大会でのリュストウによる「新しい自由主義の」弁護論は次の議論によって絶頂に達した。「今日支持しうる新しい自由主義が要請しているのは、いずれにしても、強い国家、すなわち、それが属しているその場所において、経済の上、諸利害の上に立つ国家である」[75]、と。

＊利益団体の経済権力が顕著に発達したワイマール共和国のような資本主義国家（「経済国家」）では、市場メカニズムが損なわれることによって資本主義経済秩序が衰退していくとオイケンは考え、これを「資本主義の沼沢化」と呼んだ。こうしたワイマール経済への批判から、市場の機能を回復し自由経済の秩序を再生することを目指す、新たなタイプの国家介入政策（リベラルな介入主義）が必要であるとの考え方が生まれてきた。詳しくは次を参照。雨宮昭彦『競争秩序のポリティクス』（東京大学出版会、二〇〇五年）、93頁以下。

世界経済恐慌の打開策は、それ故に、ドイツでは、ジョン・メイナード・ケインズのイギリスのように経済理論の領域ではなく、経済秩序の新たな構築のなかに探し求められた。改革自由主義のコンセプトは、一九四五年以後になって初めて発展したのではなく、一九三〇年代初期以来、ドイツ秩序政策の確固たる選択肢の一つに数えられていた。それは、包括的な法体系を含み、安定的で制約のない通貨交換の要求と並んで、重心を競争・営業の自由・移動の自由・消費の自由・私的自治（契約自由　Privatautonomie）・契約法に置いた。原理的には、そこから、結果として、ドイツにおける社会的生産システム「の自由主義的改革」に関する広範な諸結果が引き出された。しかし、それらの［ドイツ社会的生産システムの改革自由主義的転換に関わる］論点は、理論的に議論されることはなかったし、一九四五年以降、実行に移されたわけでもなかった。

西ドイツは、一九四九年に、経済秩序政策における特殊な道を選択したことによって、ヨーロッパの中では確実に例外であったように思われる。この社会的市場経済によって、西ドイツの経済政策は、伝統的な自由主義的秩序思想を克服し、市場経済的競争原理を改革しようとしただけではない。それはケインズ的な包括的誘導政策に対する別の選択肢をも提供しようとしたのであり、とりわけ、経済恐慌の影の中ですでに早期に生まれたドイツ的特徴をもつケインズ主義に反対したのである。しかし、それがとくに強調したのは、秩序政策の中心的意義であり、それによって強い国家は、市場に対して、生産の支配的社会システムに対応した制度的な基礎条件を保障すべきであるとされた。改革自由主義もまた、それ故に、ドイツ帝国以来実行されてきたような生産的秩序政策の伝統のなかに位置づけられた。したがって、社会的市場経済は、長期的な学習過程の結果であり、それは、ドイツ産業経済の一連の危機と成功から教訓を引き出したのである。この教訓に属しているのは、何よりも、経済全体の生産機能は、非物質的な生産要素である「国家」の優位なくしては、長期的には安定できないという認識である。もしも、社会的市場経済が、それが定着して以来半世紀のうちに経験しなければならなかった深甚な変化にもかかわらず、ドイツ経済政策のドクトリンであり続けているとするならば、このことは、とりわけ生産的秩序政策における連続性に負っているのであって、社会的市場経済が象徴するのはそれである。

ニュー・エコノミーへのドイツの道は、生産的秩序政策に適合する集合的な財の流れにそれを埋め込むことなくしては考えられないとしても、そのことは、経済のなかで歴史的に成長した、国家の影響のあらゆる自然的繁茂を受け入れることを意味しているわけではない。国家や地方自治体や地域団体の経済活動の多くは、一九世紀に特殊な条件の下で生まれたのであるが、それらの条件は現代に至るまでの間に不適当となった。そこで、これらの活動はもはや自動的に継続を保証するものではないように思われる。このことは、公的な電力供給についても、交通・情報伝達部門、銀行・貯蓄銀行、保健・衛生制度、公的・民間保険、そして教育・職業教育・研究の広範な領域についても該当する。財やサービスに対する経済全体の需要が、産業部門の構造変化の結果として、ドイツでは伝統的に広範に国家管理のもとにある経済諸部門へと移動したが、それがいっそう増加すればするほど、それだけ国家は供給サイドとして適切に対応することができなくなっていく。公共の手は、その経済活動を市場の条件に柔軟に適応させ、その生産能力を需要の増大に対応して拡大していくことを、多くの制約によって、妨げられている。重商主義の行政学に由来する会計制度の法的・精神的残滓、経営実務の不足、コスト意識の発達の弱さ、公共的財やサービスに関する自由な価格形成に対する法的・政治的抵抗、さらにとりわけ追加的費目を税で予算措置していく方法に関する政治的制約――これらは、公共的セクターには、まさに経済のダイナミックな領域で管理を継続して行うことが不適当ではないかと思わせるのである。民営化は多くの場合に、弊害を除去するための確かな手段であると考えられるが、それは次のような事柄を前提としている。すなわち、国家の経済的役割が、社会的生産システムの機能と効率性にとってなお依然として重要であるようなところに民営化の限界が設けられるということである。これは例えば、貯蓄銀行に関して妥当する。その公益原理と地域的課題との結び付きは、以前と同様に引き続き、放棄できないものと思われる。それは、ドイツのように強力に「中間層指向」で分散化した国民経済において一定の地域全体をカヴァーするような融資を保証するためである。しかし、とりわけ、多様化高品質生産を目的とする生産体制は、経済的な機会の平等への制限のないアプローチと人間的資産の十分な動員と利用を保障する職業教育システムなしには考えられないのである。

（1） Michael E. Porter, *The Competitive Advantage of Nations*, London 1990; 関連するドイツについての研究として次を参

照。Claas van der Linde, *Deutsche Wettbewerbsvorteile*, Düsseldorf 1992.

（2）Soskice, Globalisierung.

（3）M. Albert, *Capitalisme contre Capitalisme*, Paris 1991.

（4）Fukuyama, *Trust*.

（5）フランスは第三の、全く異なったモデルを示している。それは、国家と企業とエリートによって共同で調整される市場経済システムとして特徴づけることができよう。この独自なフランス・モデルは、他の二つのモデルに比べて、明らかにいっそう不安定で移行状態にあるものとされている。これについては次を参照。Bob Hancké and D. Soskice, *Coordination and Restructuring of Large French Firms: The Evolution of French Industry in the 1980s* (WZB Discussion Paper FS 1-96 No. 303, 1996).

（6）North, *Institutionen*, S. 6.

（7）工業国論争については次を参照。Barkin, *Controversy*.

（8）ダグラス・ノースは、こうした関連で、「第二次経済革命」について語っている。彼の次の著書を参照。*Theorie des institutionellen Wandels. Eine neue Sicht der Wirtschaftsgeschichte*, Tübingen 1988.

（9）Soskice, Globalisierung, S. 207f.

（10）このコンセプトの今日的な諸次元については、次を参照。W. Streeck, On the Institutional Conditions of Diversified Quality Production, in: *Beyond Keynesianism, The Socio-Economics of Full Employment*, ed. by Egon Matzner and W. Streeck, Brookfield, VT 1991, pp. 21–61.

（11）*Ebenda*, S. 31.

（12）Frederick Winslow Taylor, *Die Grundsätze wissenschaftlicher Betriebsführung*, München 1913.

（13）Friedrich von Gottl-Ottlilienfeld, *Fordismus. Über Industrie und technische Vernunft*, Jena 1926, S. 12.

（14）Heidrun Edelmann, *Vom Luxusgut zum Gebrauchsgegenstand. Die Geschichte der Verbreitung von Personenkraftwagen in Deutschland*, Frankfurt a. M. 1989, S. 234.

（15）これについては次を見よ。Anita Kugler, Von der Werkstatt zum Fließband. Etappen der frühen Automobilproduktion in Deutschland, in: *GG* 13. 1987, S. 334f.

（16）Petition an den Deutschen Reichstag betreffend die Novellierung der Zollgesetzgebung, 8. Juli 1925, Drucksachen.

(17) A. Kugler, *Arbeitsorganisation und Produktionstechnologie der Adam-Opel-Werke (von 1900 bis 1929)*, Veröffentlichungsreihe des Internationalen Instituts für Vergleichende Gesellschaftsforschung (IIVG)/Arbeitspolitik des Wissenschaftszentrums Berlin, Berlin 1985, S. 53–57.

(18) Fred Ledermann, *Fehlrationalisierung: Der Irrweg der deutschen Automobilindustrie seit der Stabilisierung der Mark*, Stuttgart 1933, S. 27.

(19) ドイツ民主共和国(DDR)のソ連占領地区(SBZ)における展開は、ドイツにおけるフォード主義的大量生産の歴史でもう一つの特殊性を示している。ここでは確かに工業生産の規格化と標準化が大幅に進捗したのであり、自動車産業も、それが筆頭に位置するものではないとしても、例外ではない。しかし、DDRが頼ったのは本質的には自分自身の小さな内部市場であったし、フォード主義のコンセプトも、結局は、その経営科学的・技術的側面に限定された。

(20) Karl-Heinz Ludwig, *Technik und Ingenieure im Dritten Reich*, Düsseldorf 1979, S. 462. 国際比較研究として次を参照。Mark Harrisson (ed.), *The Economics of World War II: Six Great Powers in International Comparison*, Cambridge 1998.

(21) W. Abelshauser, Rüstungsschmiede der Nation? Der Kruppkonzern im Dritten Reich und in der Nachkriegszeit 1933 bis 1951, in: Lothar Gall (Hg.), *Krupp im 20. Jahrhundert. Die Geschichte des Unternehmens vom Ersten Weltkrieg bis zur Gründung der Stiftung*, Berlin 2002, Teil III, insbes. Kap. 5.

(22) Monatsbericht des Sonderausschusses Werkzeugmaschinen für Dezember 1943 vom 21. Januar 1944, BA Berlin, R 3/491.

(23) ヘンリー・カイザーは、アメリカにおいて、フォードの方法を、自動車組立から造船に転用して成功した。これについては次を参照せよ。Edward R. Zilbert, *Albert Speer and the Nazi Ministry of Arms: Economic Institutions and Industrial Production in the German War Economy*, London 1981, p. 166.

(24) 次を参照。Jürgen Siebke, *Die Automobilnachfrage*, Köln 1963, S. 79ff.

(25) 次を参照。Bundesminister für Verkehr (Hg.), *Verkehr in Zahlen 1972*, S. 28f.

(26) Angus Maddison, *The World Economy in the 20th Century*, Paris 1989, p. 67.

(27) *Statistische Jahrbücher der Bundesrepublik Deutschland*, Jg. 1952 und 1966.

(28) この節は、一部、筆者のドイツ学術振興会(DFG)プロジェクト「二つのドイツ国家の経済に対する世界市場の影響」の研究成果に依拠している。この成果は、一九九五年に、富士コンファレンスのシリーズで公にされた。次を参照。W. Abelshauser, Two Kinds of Fordism: On the Differing Roles of the Automobile Industry in the Development of the Two

German States, in: Haruhito Shiomi, Kazuo Wada (eds.), *Fordism Transformed: The Development of Production Methods in the Automobile Industry*, Oxford 1995, pp. 269–296, 同論文注3をも見よ。

(29) S. Reich, *The Fruits of Fascism: Postwar Prosperity in Historical Perspective*, Ithaca and London 1990, p. 168.

(30) Mira Wilkins, *Frank Ernest Hill, American Business Abroad. Ford on Six Continents*, Detroit 1964, p. 391.

(31) *Ebenda.*

(32) 次のデータに基づいて計算した。Volker Wellhöner, "*Wirtschaftswunder*"—*Weltmarkt—Westdeutscher Fordismus: Der Fall Volkswagen*, Habil. Bielefeld 1993, Anhang, Tabelle 5.3.

(33) Deutsche Bundesbank, *Geld und Bankwesen in Zahlen*, S. 7.

(34) VDA (ed.), *Geschäftsbericht für das Jahr 1961/62*, Frankfurt a.M., S. 3.

(35) Vgl. Achim Dieckmann, Die Rolle der Automobilindustrie im wirtschaftlichen Wachstumsprozeß, in: VDA (Hg.), *Automobil-technischer Fortschritt und wirtschaftliches Wachstum*, Frankfurt a.M. 1970, S. 101.

(36) Volker Wellhöner, *Wirtschaftswunder–Weltmarkt–westdeutscher Fordismus: Der Fall Volkswagen*, Münster 1996, S. 112.

(37) *Ebenda*, S. 113f.

(38) これについては次を見よ。Henry Ford, *Das große Heute, das größere Morgen*, Leipzig o.J. (1926), S. 130–139.

(39) 次を参照。Michael J. Piore, Charles F. Sabel, *Das Ende der Massenproduktion*, Frankfurt a.M. 1989, S. 92ff.

(40) 英国と米国における異なった慣行については次を見よ。William Lazonick, *Comparative Advantage on the Shop Floor*, Cambridge, Mass 1990.

(41) *Ebenda*, S. 162.

(42) *Reden und Aufsätze. Zeugnisse einer Ära*, Düsseldorf, Wien, New York, Moskau 1992, S. 317.

(43) VDA, 1961/62, S. 15 und 1959/60, S. 79.

(44) 「世界市場の周辺」におけるフォルクスワーゲン社のプレザンスについては，Wellhöner, "*Wirtschaftswunder*", S. 211–215.

(45) *Ebenda*, S. 217f

(46) Hans Matthöfer, Bericht über die Teilnahme am EPA-Programm PIO 07–43–175–60043 "Automation in Handel und

Industrie", IG Metallarchiv im AdsD der FES, IG Metall Vorstand, W 255.

(47) これについては次を参照。Michael J. Piore, Charles F. Sabel, *Das Ende der Massenproduktion. Studie über die Requalifizierung der Arbeit und die Rückkehr der Ökonomie in die Gesellschaft*, Berlin 1985, Kapitel 7 und Horst Kern; Michael Schumann, *Das Ende der Arbeitsteilung? Rationalisierung in der industriellen Produktion: Bestandsaufnahme, Trendbestimmung*, München 1984.

(48) *FAZ* Nr. 108 vom 11. Mai 1998.

(49) これについてはとりわけ次を参照。A. Gerschenkron, Economic Backwardness in Historical Perspective, in: *The Progress of Underdeveloped Areas*, ed. by Bert F. Hoselitz, Chicago 1952, pp. 3–29.

(50) Goetz Briefs, Der wirtschaftliche Wert der Sozialpolitik, in: Bericht über die Verhandlungen der XI. Generalversammlung der Gesellschaft für soziale Reform in Mannheim am 24. und 25. Oktober 1929 (*Schriften der Gesellschaft für Soziale Reform*, Heft 83), Jena 1930, S. 147.

(51) Jeffrey A. Johnson, Die Macht der Synthese, in: W. Abelshauser (Hg.), *Die BASF: Eine Unternehmensgeschichte*, Müchen 2002, S. 152f.

(52) Gerhard A. Ritter, Klaus Tenfelde, *Arbeiter im Deutschen Kaiserreich 1871 bis 1914*, Bonn 1992, S. 422–424.

(53) W. Abelshauser, *Der Ruhrkohlenbergbau seit 1945. Wiederaufbau, Krise, Anpassung*, München 1984, Kapitel II.

(54) Gloria Müller, *Mitbestimmung in der Nachkriegszeit. Britische Besatzungsmacht, Unternehmer, Gewerkschaften* (*Düsseldorfer Schriften zur Neueren Landesgeschichte*, 21) Düsseldorf 1987; Dies., *Strukturwandel und Arbeitnehmerrechte. Die wirtschaftliche Mitbestimmung in der Eisen- und Stahlindustrie 1945–1975* (*Düsseldorfer Schriften zur Neueren Landesgeschichte*, 31) Essen 1991; Norbert Ranft, *Vom Objekt zum Subjekt*, Köln 1988; W. Abelshauser, Soziale Marktwirtschaft in Minden-Lübbecke: Der Arbeitgeber-Verband seit 1945, in: Ders. (Hg.), *Die etwas andere Industrialisierung. Studien zur Wirtschaftsgeschichte des Minden-Lübbecker Landes im 19. und 20. Jahrhundert*, Essen 1999, S. 269–293.

(55) Barry Hirsch, John T. Addison, Joachim Genosko, *Eine ökonomische Analyse der Gewerkschaften*, Regensburg 1990.

(56) W. Lazonick, *Competitive Advantage on the Shop Floor*, Cambridge, MA 1990, pp. 310–312.

(57) Abelshauser, Staat, S. 9–58.

(58) *ADGB-Allgemeiner Deutscher Gewerkschaftsbund, Jahrbuch 1938*, Berlin 1929, S. 34.

(59) Martin Fiedler, Betriebliche Sozialpolitik in der Zwischenkriegszeit. Wege der Interpretation und Probleme der Forschung im deutsch-französischen Vergleich, in: *GG* 22. 1996, S. 370.

(60) John J. Wallis, D. C. North, Measuring the Transaction Sector in the American Economy 1870–1970, in: Stanley L. Engerman, Robert E. Gallman (eds.), *Long-Term Factors in American Economic Growth*, Chicago 1986, pp. 95–161.

(61) これについては次を参照。F. Fukuyama, *Trust. The Social Virtues and the Creation of Prosperity*, New York 1995, ch. 3.

(62) このことは最近，例えば，フクヤマ，アルベール，ソスキスによって，繰り返し強調されている。F. Fukuyama, *Konfuzius und Marktwirtschaft. Der Konflikt der Kulturen*, München 1995. アルベール（Albert, *Kapitalismus*）は，「ラインモデルの社会的優位」を強調した。ソスキス（Soskice, Globalisierung）は，重要な市場におけるドイツの「生産体制」の優位はグローバリゼーションの条件の下でも維持されると見ている。この点はすでに早くショーンフィールド（Andrew Shonfield, *The Changing Balance of Public and Private Power*, Oxford 1965）が強調している。

(63) ドイツ経済の非物質的セクターに関する最近の推計は，合理的に機能的分類法に拠るようになっており，非物質的生産に携わる就業者（第三次産業セクター）の比率を，総就業人口（従って，傾向的には経済全体の価値創造）の七五％とする一方で，物質生産（工業セクター）には五分の一（二二％）が就業しているとしている。これについては次を見よ。*DIW-Wochenbericht* 35/1998.

(64) この概念は新制度経済学に由来し，オリバー・E・ウィリアムソン（Oliver E. Williamson, *The Economic Institutions of Capitalism. Firms, Markets, Relational Contracting*, New York 1985）によって規定された。

(65) これについては，次の著書に収録された諸論文を参照。W. Streeck, Norbert Kluge (Hg.), *Mitbestimmung in Deutschland. Tradition und Effizienz, Expertenberichte für die Kommission Mitbestimmung Bertelsmann Stiftung/Hans-Böckler-Stiftung*, Frankfurt a. M. New York 1999.

(66) Wilhelm Roscher, *Grundlagen der Nationalökonomie*, 20. Aufl. Stuttgart 1892, §42.

(67) Adolph Wagner, *Die Ordnung des österreichischen Staatshaushalts, mit besonderer Berücksichtigung auf den Ausgabeetat und die Staatsschuld* (1863), Wien 1984, S. 31.

(68) Theodor Mommsen, *Reden und Aufsätze*, Berlin 1905, S. 209; Adolf von Harnack, Vom Großbetrieb der Wissenschaft,

in: *Preußische Jahrbücher* 119 (1905), S. 193–201.

(69) これについては、クルト・ツヒョルスキー (Kurt Tucholsky) が一九三一年に書いた、次の際立った風刺を見よ。Wallenstein und die Interessenten, in: *Ausgewählte Werke*, Bd. 2, hrsg. v. Fritz J. Raddatz, Reinbek bei Hamburg 1965, S. 207–212.

(70) Rudolf Hilferding, Die Aufgaben der Sozialdemokratie in der Republik, in: *Protokoll der Verhandlungen des sozialdemokratischen Parteitages 1927 in Kiel*, Berlin 1927, S. 168.

(71) *Ebenda*, S. 169.

(72) Walter Eucken, Staatliche Strukturwandlungen und die Krisis des Kapitalismus, in: *Weltwirtschaftliches Archiv* 36, S. 307.

(73) *Ebenda*, S. 315.

(74) Alexander Rüstow, Aussprache, in: Franz Boese (Hg.), *Deutschland und die Weltkrise, Verhandlungen des Vereins für Sozialpolitik in Dresden 1932* (*Schriften des Vereins für Socialpolitik* 187), München 1932, S. 64f.

(75) *Ebenda*, S. 69.

IV　二一世紀への多様な道

1　目標への多様な経路

本書の研究結果を定式化するときが来た。前世紀においてドイツ生産体制が維持された原因を求める研究は、一九世紀末に出発点を置かなければならない。二〇世紀に「ドイツの経路」を規定した諸制度はドイツ帝国において形成されたのであり、その後の制度的さらには組織的な変化も、引き続きその経路への依存関係の中で起こったのであった。ドイツの辿ってきた道は、異なった文化的背景のもとに経済組織の規準が生まれた近隣の国民経済の発展経路と比較すると、いっそう明瞭に追跡しうる。その際、とりわけ興味深いのは、イギリスとアメリカである。何故なら、イギリス経済は一九世紀末ドイツのポスト工業的転換に追随して来なかったが、アメリカの生産体制の発展は当初ドイツ・モデルとの並行性を示し、一九―二〇世紀転換期以降になるとますますそれとは違っていったからである。

ドイツとイギリスは、その経済を二〇世紀の大きな課題に対応できるようにするために、その都度の制度的基礎条件に基づいて、お互いに全く異なった能力と規準を作り上げた。その際、イギリスでは、第三次産業の生産比率は二〇世紀への転換期にすでに工業部門と肩を並べるようになっており(1)、近代的サービスセクターは、新しい経済目標に到達するための手段を、また国際競争力の保証人を買って出たのであった。これに対して、ドイツでは、世紀転換期に始まった新産業の拡大が継続した。この新産業による価値創造は、[その産業の本質が非物質的生産にあるために]物質的商品生産の中では最初から小さな比重しか占めていなかったし、この比重はますます小さくなっていくのであるが、[同様に非物質的生産に属する]「古典的な」第三次セクターがドイツ経済に対して有する意義は比較的低いままであり、それが工業生産の比率を超えたのはようやく一九七〇年代になってからであった。[物質的生産から非物質的生産への転換において]イギリスとドイツは異なった道を進んだのである。確かに、イギリスでも一九二〇年代には重心は次第に科学技術の育成の方向にシフトしたのだが、新産業への参入は「ためらいがちで、不器用で、金がかかる」という状態であった。(2) それ故に明らかなことは、イギリスでは、生産的資源としての新知識の供給から経済的価値を引き出す能力は、ドイツやアメリカやその他のいくつかの「工業諸国」よりも劣っているか、あるいは、第三次セクターの相対的に狭い領域――例えば、金融サービス――に限定されたということである。その原因は、[イギリスでは]「生産要素」としての知識が利用しにくかったからではなく、そのような知識の経済的利用を可能にするような新しい制度的・組織的な必要条件を整えることが難しかったからであるということは、理解しやすいところであろう。

歴史研究では、このことが困難であった原因はよく知られている。イギリスでは外国への資本輸出と直接投資に強力に傾斜した結果、国内での新産業の発展が促されなかったのである。ドイツについてはそれとは反対の事情が該当する。ドイツでは、外国証券投資や直接投資や多国籍企業の発展の機会が、イギリスよりも、少なかった。このことは国内資本形成を強化した。ことに、ドイツのユニバーサルバンクは国内資本形成への長期的関与に対応する姿勢をもっており、イギリスの分離銀行制度(Trennbankensystem)* に比べて、国内資本形成のためのより有利な前提条件を提供したのであるからなおさらであった。生産体制におけるこのような相違は、イギリス資本市場にとって取引所の意義が今日まで比較的大きいという点に表れている。一九九〇年代初めに、イギリスの取引所は、金額にして国民総生産の約一二五%の高さの資金を引き寄せた。これに対して、ドイツの取引所における同様な比率は僅かに二五%でしかなかった。(3) 確かに、イギリスの競争原理は、ドイツにおける規制された競争の原理と同様に、二〇世紀を経過する中で多くの例外を経験してきた。しかしながら、その時々に基礎にある制度的調整は、今日でもなお明らかに見分けることができるのである。

＊分離銀行制度は、アングロサクソン諸国で有力な銀行制度。ドイツ型の銀行はユニバーサルバンクといい、預金や手形割引のような通常の商業銀行業務と株式の引受発行のような投資銀行業務の双方の業務を兼営して総合的に金融業務を行うのに対して、分離銀行制度では、両業務の厳密な分離を規定している。

アメリカとの比較は、逆説的な結果を導く。すなわち、二〇世紀は多くの点で正に「アメリカナイゼーション」の世紀であると言いうるが、アメリカとドイツ両国の生産体制の分岐は、二〇世紀の終わりには、一〇〇年前に比べて、いっそう拡大する結果になった(97頁の表4参照)。確かに、ドイツ経済の現実は、アメリカからの新しい革新的な方法の絶えざる流入なしには、ほとんど考えられない。テイラー主義、フォーディズム、企業組織の分業的編成、市場調査やマーケティングや広告のような新しいマネジメントの方法やビジネスの実際は、他の多くのアメリカからの「輸入品」のなかでもとりわけ、ドイツの経済的日常を変化させたのであって、ドイツ経済のアメリカ化において侵攻の門として機能しえた包括的な直接投資も同様であった。このような革新的方法の凱旋行進と、日常的な行動様式のドイツへの移転とは通常結びついており、それに対して、ドイツの企業家や経営者はたいてい心を開いて対応した。アメリカの影響はもちろん断続的にやってきたし、必ずしも常に一方通行であったわけではない。一九一四年以前には、双方の利益の貸借対照表はまだ完全に均衡がとれていた。しかし、それは、両大戦間期になると、明らかに、アメリカに有利な方向に変化した。

ドイツとアメリカの新産業分野の大企業は、グローバリゼーションの最初の局面では、世界経済の相互的絡まり合いの進展を牽引した。一八八三年に設立されたＡＥＧ社とコンツェルンのジーメンス社（Siemens-Konzern）はドイツ電機産業の旗艦であるが、両社は、一九一三年には当該市場で世界生産高の三分の一のシェアをもっていた。二〇世紀への転換期にはＡＥＧ社は、ヨーロッパ諸国に三七の、海外に三八の支社を有していた[4]。さらにいっそう印象的なのは、ドイツ化学工業の輸出指向性である。この傾向は、もしも関税法や特許法の規定によって外国に生産設備を建設することを強いられるようなことがない場合には、外国での直接的な生産に対して明らかに抑制的になるという姿勢と一致していた。第一次世界大戦まで電気化学と有機化学の分野では、ドイツ企業は、アメリカ市場を支配さえした[5]。両部門はドイツとアメリカの企業間の相互的技術移転によって際立った。一九四五年以前にはアメリカ化学企業最大手のデュポン社と二番手のケミカル・アンド・ダイ連合会社（ないしはその設立企業）は、すでに一九一四年以前にドイツの特許で生産を行っていた。ＡＥＧ社の台頭は、トーマス・エジソンの発明の利用権に負っていた。それは、アメリカＧＥ社の台頭のための礎石を置くことにもなった。ＧＥ社とＡＥＧ社の間の緊密な関係は、一九〇三年に特許交換と世界市場の分割に関する契約によって堅固なものとなった。重要なことは、ドイツとアメリカの二大新産業企業同士の国家を超えた協力関係、資本結合、技術融合は、世界経済の新しい性格についてのイメージを刻印したことである。このような並行した発展と類似した試練が、両国においてほぼ同時に経済の制度的な基礎条件の根本的な変化を招いたのであるが、それにもかかわらず、両国の社会的生産システムを比較すると明らかに分岐する要素が目立った（96頁の表3参照）。

「第三帝国」までは長らく、アメリカ経済は、ドイツの国家指導者や経済指導者、また広い世論を魅了した。アメリカ経済は、ドイツ経済が自分自身に要求はしていたが、（対外経済）政策上の理由から実現できないでいるような発展水準を表現していたからである。いずれにせよ、コンツェルンＩＧファルベン社は、一九二七年から世界最大企業の一つ、ニュージャージー州のスタンダード・オイル社（後のエッソ Esso）との緊密で利益の大きい業務提携を結ぶことに成功した。(6) 動力用燃料合成のための水素化合技術を、ＩＧファルベン社は、一九三〇年代には政治的・経済的な観点から脇に追いやることになるが、まさにこの技術に関して、この化学コンツェルンは、アメリカの大石油企業と提携して共同作業に入ることに成功したのであった。この提携は、アメリカ国内の大規模な実験施設の建設や特許の共同利用にまで至った。その工業技術的な強さを基礎にして、ＩＧファルベン社は一九三〇年代初頭に再び国際ビジネスで指導的役割を獲得し、それは国際水素化合技術協会の結成のなかで明らかになった。この協会には、エッソと並んでインペリアル・ケミカル・インダストリー（ＩＣＩ）社とロイヤル・ダッチ・シェル社が参加した。このドイツの大化学企業を一九四〇年代に後退させたのは、技術革新や技術移転の能力の欠落ではなく、誤った致命的な企業決定であった。それは、最終的には同企業をナチス体制とそのアウタルキー政策への完全な依存へと巧みに導いてしまったのである。アメリカ合衆国は、一九三〇年に、世界恐慌が最もひどくなるよりもまだ前の時期であったが、経済強国の中では一番最初に世界市場を見捨て、スムート・ホーレイ関税の輸入禁止的な関税障壁を築いてその中に立てこもり、経済的生き残りのために巨大な国内市場に賭けたのであった。

第二次世界大戦後には、アメリカは、マーシャルプランのシンボルの中で、新たに、ドイツ企業家と経営者にとってのメッカへと昇進した。他方で、ほぼ同時に、ドイツのエンジニアや科学者の頭脳流出が、技術的・科学的ノウハウのアメリカへの著しく強力な流出とともに、確認できる。一九三〇年代には、ドイツの亡命者が先遣部隊としてそれに先行した。(7) 多くのケースにおいて旧来の資本結合が戦後間もなく回復し拡大したが、アメリカの対ドイツ直接投資の最初の波は一九五〇年代末まで待たねばならなかった。しかし、通貨の兌換性が保証され、ローマ条約によってヨーロッパにおける西ドイツの役割が明らかにされたように思われた後に、「アメリカの挑戦」が、ドイツ人とその他のヨーロッパ人を衝撃のように襲った。(8) アメリカ合衆国とソビエト連邦に続く第三の産業的世界権力の台頭が浮かび上がった。すなわち、アメリカ多国籍企業のヨーロッパ拠点である。僅かに数世代も経ないうちに、ヨーロッパの諸大国は、この「武器も軍備も伴わない戦争」に敗北したならば、国際舞台における影響力を失う危険にさらされていた。(9) 文化闘争が浮かび上がってきたが、西ドイツ経済がその道から離れてしまうことはなかった。確かに、自分の企業組織をアメリカのスタンダードに適応させるために、アメリカの企業コンサルタントの助けを請わないようなコンツェルンはほとんどなかったが、このことは、その独自な生産体制のルールに顕著な影響をもたなかった。ドルとフォード主義的生産体制の衰退にともなって、一九七〇年代にはアメリカ経済の魅力は一時的に弱まり、その結果、アメリカの未来学者もドイツ経済の未来を、まさにその制度の独自性のゆえに積極的に評価した。(10) これはしかし、一九九〇年代にアメリカ経済による挑戦が、その資本市場の自由化とニュー・エコノミーの台頭の結果として、新たに影響力をもつようになり、それ以来中断することなく続いていくようになるよりも大分以前のことであった。

行動規範と価値の移転は、もちろん、ドイツ経済に制度転換を必然的に強要するものではなかったし、組織転換についても言うまでもない。たとえ、ドイツで「アメリカ的」思考規範・行動規範をすすんで受け入れる用意があったとしても、である。経済分析の装置としての制度概念は、経済における支配的な思考様式・行動様式そのものと同一視されてはならない。ここでは、制度とはむしろ自発的に選択された経済的行為の制限のことであり、それゆえにゲームの規則なのである。それは市場における出来事を単純化・安定化させ、また情報の獲得や経済的な契約締結のコスト(取引費用)を最小化すべきものとされる。たしかに、個人の行為とその変化は制度転換を規定する要因の一つであるが、この制度転換は、第一に、ありうる制度的諸変化から期待される効果と費用の関係に指向する。そのような制度転換のきっかけとして挙げられるのは、規模の経済と並んで、取引費用の引き下げ・外部効果の内部化・リスクの最小化・所得の再分配から生ずる利益であり、(11) とくに市場競争における比較制度的な費用上の優位をアクターに与えるあらゆる変化である。したがって、そのような期待は一般的な性格をもつのではなく、つねに比較制度的な費用上の強みが具体的に見込めるような一定の製品市場に向けられているのである。

こうした事情を背景にすると、二〇世紀におけるドイツの制度的基礎条件の持続性を、よりいっそう容易に跡づけうるであろう。グローバリゼーションの最初の局面が終了したのは、世界経済が第一次世界大戦終了後にその旧来のダイナミズムをもう一度取り戻そうと虚しい希望を抱いたときであったが、それ以来、ドイツ経済にとって将来性が豊かな市場は、高度に革新的な製品の販売にも、大量生産製品のベルトコンベヤー製造にもなかった。革新的な新開発のためには資本が不足していたし、「フォード主義的」生産体制の構築のためには、さらに加えて、需要も不足していた。それだけにいっそう、多様化高品質生産向けの市場が重要になった。その市場においてこそ、ドイツ経済は、自分に残されている相対的強みを十全に発揮することができたのである。そのために決定的に重要となったのは、高度な資格をもつ基幹従業員を基礎にして、成熟し確立した技術を投入することであり、とくに、個々の消費者の独自な要求に対応でき、継続的なサービスを提供しうるような能力を必要としている顧客との緊密な結び付きは大事な点であった[12]。そのために必要な前提条件は、例えば、企業家が意思決定を行うさいの視野の長期的展望や、すでに第一次世界大戦以前に被雇用者をも巻き込んで始まった産業分野の企業間協力であったが、それらは、今や、強化され拡大された。何故なら、多様化した高品質製品のための市場は安定した供給を必要としたが、それらの条件はこうした必要性に広範に合致したからである(96、97頁の表3、表4を参照)。こうしたことを考えると、アメリカ的価値や制度や組織形態が、確かにドイツ企業によって評価されたり賞賛されたりしつつも、ドイツでは広範に取り入れられなかったし[13]、自己の生産体制の改変を招かなかったのは驚くべきことではない。全く反対に、両国の生産体制の違いはさらに拡大したのである。

制度転換の長期的原因に関して、他にもよく知られている諸見解があるが、それらも、ドイツ生産体制の持続性に照らして検討しておかなければならない。マンカー・オルソン（Mancur Olson）のテーゼも本質的にはそれに属している。彼の主張によれば、「敗戦国」では、第二次世界大戦の敗北によって、それまでの「社会的硬直性」がうち破られたとされる。それは、利害政治による硬化症を亢進させる長い安定期に蓄積されたものであった。この硬直性の打破によって、これら諸国は、「戦勝国」では引き続き閉ざされたままであった能力を、すなわち社会的生産システムの効率的で革新的な新たな組織化のための、したがってまた経済成長と技術進歩のための能力を、再び獲得したとされる。[14] しかし、「長い五〇年代」の多くの「経済の奇跡」を制度的転換の力から説明しようとするこのような試みは、まさに、ドイツのモデルケースにおいて限界に出会う。オルソンによって研究されたそのような効果は、確かに、労働組合組織や経済団体のようなドイツの生産体制の個々の構成要素から老廃物を取り除き、ドイツ経済の協調構造の有効性を具体的に再検討し反省することに貢献した。この点は、とりわけ、カルテル組織についてあてはまる。その官僚制的鈍重さはよく知られるところであり、依然としてドイツ工業の基調であったカルテルについては、その擁護者でさえも、このような発展を歓迎したのである。経済活動の団体調整的ルールは戦勝国によって最初は一時的に中断されていたのであるが、このようなルールへの復帰は、それによって妨げられたわけではなかった(13頁の表1を参照)。しかし、[敗戦の]効果が、社会的生産システムにおける硬化症的な鈍重さの解体に影響を与えた限りでは、この効果は、ドイツ生産体制の持続性の説明にも役に立つのである。この体制は、一九四五年の崩壊から、多くの点でいっそう軽快でいっそう効率的な形で生成してきたのである。

2　「経済の奇跡」という時代錯誤

ドイツ経済は占領諸国のほとんどの介入をうまく回避し、「長い五〇年代」の「経済の奇跡」を、実質的に一世紀にわたって維持されてきた社会的生産システムのなかで実現した。こうした歴史的に成長した関係への選好は、主として、次の点から説明されうる。すなわち、ドイツ経済は、確立した技術と強力に多様化した高品質生産の製品市場で素晴らしい成功を収めたということである。たとえ、その都度の高度に革新的な少数の製品市場では、その都度のマーケット・リーダーと比較して、弱点を示すことがあったとしても、である。さらに加えて、すでに示したように、ドイツ経済の制度的基礎条件は、その発生の時点ですでに、市場の国際化と、「科学的方法・理論を生産にいっそう適用する」生産の科学化への傾向に対する対応として構想されたのであり、この点では、キャッチアップの必要性は生じなかったのである。

西ドイツ経済は、「経済の奇跡」の開始の時期に、基本的には古くても魅力的な生産体制を利用した。これはまた、労使関係のように一九四五年以降いっそう制度化され公式的なものとなった部分領域にも妥当する。企業の意思決定への被雇用者との共同決定の導入によって、ドイツでは、一九四七―一九五二年の時期よりもずっと以前に成立した傾向が継続した。すなわち、プリンシパル・エージェント問題への、ドイツの事情にそくした回答を求めようとする傾向であり、したがって、非物質的生産に典型的な、企業の中での知識配分の非対称性を考慮しようとする傾向である。経路依存性のコンセプトは、それがいかに柔軟に適用されようと、全てを説明するものではない。むしろ決定的なのは、一九四五年以降の制度変化の方向をも引き続き規定したインセンティヴ構造の持続性である。このことは、諸市場におけるドイツ経済の位置づけや、新しい問題を解決するためにドイツ企業文化の蓄積された「資本」に助けを求める必要性にも、あてはまることである。

まず第一に、第二次世界大戦後の経済再建過程は、「長い五〇年代」におけるドイツ経済の制度変化のためのインセンティヴ構造をほとんど変化させなかった。ドイツ経済が、市場のグローバル化と生産における科学的方法・理論の優位への適応圧力に晒されることになるのはずっと後になってからのことであるが、その理由は、ドイツの社会的生産体制が、戦後経済の再建過程のなかでも基本的には維持された点に求めることができるであろう。すなわち、このドイツの生産体制は、「市場のグローバル化と生産における科学的方法・理論の優位という」二つの課題に対して対応する用意をすでに長らく積み重ねてきていたのである。それ故にまた、今日でも、ドイツ経済がそれらの課題を克服する可能性には見込みがないとは思えないのである。オイルショック以降、公衆の意識にのぼった曖昧な問題意識は、最初は、経済政策の支配的ドクトリンとの対決に導かれた。［一九六〇年代半ばまで続いた］「長い五〇年代」の社会的市場経済は、［再建過程終了後は］大連立政府（一九六六―一九六九年）の指導の下で驚くべき柔軟性を示し、ケインズ政策的特徴をもつ裁量的マクロ経済政策の現代的モデルをその政権下で採用した。それ以来、ドイツ経済は、明瞭に描かれた目標に結びつけられた。経済成長の計画可能性（グロースマンシップ growthmanship）は、マクロ経済バランスの安定化と福祉国家の保証とともに、その目標となった。しかし、国際的な景気変動のもとで次のことが急速に明らかになった。すなわち、ケインズ的な目標設定に関する魔法の三角形（完全雇用、通貨の安定性、貿易バランス）における均衡は、立法によっても、団体調整的利害政治のモデルによった［労使の］「協調行動」によっても、実現できないということである。

労働市場の問題の深刻化を前にした国家経済政策の明らかな無力は、それ故に、一九八〇年代以降、ネオリベラルな処方箋を改めて魅力的なものに思わせた。需要管理ではなく、供給政策が、完全雇用を再びもたらすものとされた。国家は、すでに――アングロサクソン的な特徴の経済構造をもつ諸国に比べればドイツではより低い度合でではあるが――安定した通貨関係と投資家のための良好な基礎条件を保証することに政策を限定し、経済行動の結果に対する責任を再び民間経済に戻していくように思われた。経済政策のパラダイムにおけるこの再度の転換が問題を解決しうるかどうかは、もちろん、前の世紀の長い経験にてらして疑われなければならない。むしろ重要なことは、国家経済政策のコンセプトをその工業指向性から引き離し、いっそう安定した制度的基礎に従ってポスト工業的な需要を満たすのに適した生産秩序を構築する政策に方向づけることである。そのような政策は二〇世紀の実践のなかにモデルがないわけではないが、こうした経験には、産業社会の過去に深く根ざした精神的刻印が重なっている。

一方で、国家の経済政策ならびにそれを支える世論は工業社会の理想像を追求し続けてきた。他方で、新しい現実は、ドイツ経済研究所の計算によれば、すでに就業者人口と生産価額ともにその七五％が、非物質的なポスト工業的製品の生産に関わっていることを示している。大量失業は、この両立が次第に不可能になっていったことの結果であるように思われる。ドイツは、すでに示したように、グローバリゼーションと生産の科学化の過程で、早くも一九一四年以前に、先駆的役割についたにもかかわらず、経済政策の方向という意味でのこうした混乱は、他の工業諸国に比べてドイツにおいてとりわけはっきりと現れた。その原因は、二〇世紀ドイツを特徴づける危機と再建との政治経済的交替の結果として現れた、長期的経済発展における二つの大きな断層にある。

ドイツ経済の内部時計は、「長い二〇世紀」の開始以来、ポスト工業的、非物質的生産過程に指向する諸力に従って時を刻んだが、経済活動の目に見える指標は、ワイマール共和国、第三帝国、第二次世界大戦後の再建期を通じて、工業分野に止まり続けたのであり、それは、戦争と不況の後に続くその都度のキャッチアップ過程の要求に対応するものであった。経済政策は、こうした矛盾から長い間解放され得なかったのである。

再建期が終わっても、こうした経済政策的パラダイムの時代錯誤は、なおも決して克服されなかった。ドイツの経済政策はむしろ、「長い五〇年代」の終了後も、工業経済の発展の必要性という誤った考えへと幾度も指向したのであり、ポスト工業的発展の先端へとドイツが復帰するのをさらに遅らせたのであった。その具体例を見出すのは容易である。こうした前提のもとで行われ、長期にわたって最も多様な結果を生み出した方向転換に属するのが、外国人労働力の大量募集であり、それは、ベルリンの壁建設後にドイツ人労働力の東ドイツからの流入が止まったのを補うために行われた。疑いなく、経済の再建期に、よく教育された人間の労働力の蓄積が利用できたことは、国際比較の中で見ると、西ドイツ経済の大きなメリットであった。一九六一年以降になると、もちろん、新たな労働移民の労働力の質は、それまで西ドイツに流入した中部・東部ドイツの労働力とは、彼らの実際の熟練資格構成においても、新しい職業への彼らの将来の適応可能性においても異なっていた。そのような適応可能性は、人口動態が変化した場合でも、社会的・文化的要因によって、かつても今も厳しく制約されるのである。一九六〇年代と一九七〇年代の「ガストアルバイター（外国人労働者）」は、どちらかと言えば、ドイツ経済がかつて有したポスト工業生産におけるトップの地位の再建を促進することよりも、工業的大量生産による単純資格労働者の需要を充足することを期待させるものであった。むしろ推測されうるのは、民間経済の視点から見て相対的に安い労働力の一見無制限のようなプールを利用できたことは、ドイツ経済の全部門における生産過程の合理化のための高価な非物質的生産要素の投入を遅らせたのである。この指摘の有効性はとりわけ次のような競争相手との比較の中に示される。すなわち、例えば、日本は、外国人労働者を国内に呼び寄せる可能性を全く利用しなかったし、アメリカは、非常に狙いを定めて一定の有資格者を求めた。後者のように、ドイツ経済の非物質的セクターへの「海外からの」いわゆる「頭脳流出」を組織化することは、工業労働者の「ドイツへの」移住――それは特殊な亡命権の吸引作用によってさらに促進されたのだが――が生み出した法的・社会的・文化的諸問題によって、不可能ではないとしても、極めて困難になった。

一見したところでは、ドイツ生産体制の存続に反論するさいには、次の論拠が挙げられるように思われる。すなわち大量失業である。それは一九七〇年代末から発生し、労働市場問題のあらゆる伝統的治療法から逃れてきた。その結果、これは、グローバルな競争圧力の下で団体調整的市場経済が衰退していくことの徴候ではないか、との疑いが生まれた。しかし、より詳細に観察するならば次のことが示される。すなわち、この大量失業の原因は、労働と社会国家に関するあまりにも高いコストにあるのではなく、無資格労働力が、「システムにそぐわない」ほど歴史的に膨張し過剰になっているということである。物質的生産から非物質的生産へという就業状態の変化における長期的傾向は、ドイツでは、一〇〇年以上の歴史をもち、特別な度合で刻印されてきている。一九七〇年代以降の標準化された大量生産の衰退を通じて、その傾向はいっそう劇的に強まった。この間に就業人口の三分の二以上が、資格付けられ

表 5　熟練資格別にみた労働人口* 1991–2010年(%)

	1991 年	1995 年	2010 年
高度熟練資格労働[1)]	19.3	20.2	24.1
指導的任務をもつ専門労働[2)]	14.4	14.6	16.4
有資格専門労働[3)]	28.4	29.2	30.1
単純労働[4)]	17.9	16.6	13.6
補助労働[5)]	20.1	19.6	15.7

注：*研修生を含まない．丸め誤差 (rounding error) はオリジナル資料のまま．2010 年までの趨勢予測を示す．
1)–5)：原語は，1) Hochqualifizierte Tätigkeiten, 2) Fachtätigkeiten mit Führungsaufgaben, 3) Qualifizierte Fachtätigkeiten, 4) Einfache Tätigkeiten, 5) Hilfstätigkeiten.
資料：Institut für Arbeitsmarkt und Berufsforschung (IAB) VI/4 (Alexander Reinberg). *IAB-Prognos-Projektion zur Veränderung der Tätigkeitslandschaft* (1999).

た高い専門技能を行使しており、したがって通例は非物質的労働に従事している(表5参照)。世界市場におけるドイツ経済のこの部分の競争力は論争の余地なく高い。これはもちろん、労働市場参入者の常に三分の一弱が程度の低い資格しかもたないか、無資格であることをも意味している。その労働力は、大量生産時代が終了した後にはほとんど需要がなくなり、その結果、このグループは、単純な資格に関する労働市場でのグローバルな競争には耐えられなくなったのである。高い成長率さえもこの点をほとんど変えられなかった。それは、失業者の数を減らすというよりも、むしろすでに明らかな熟練労働力不足をさらに強めるものであろう。熟練資格別失業率の比較はこれを明らかにしている(図2参照)。一九七五年から二〇〇二年の期間に、旧西ドイツ諸州(カッコ内は一九九一年から二〇〇二年までの東部ドイツ新連邦諸州)と西ベルリンにおいて、平均失業率は八・三%(一八・五%)であるのに対して、大学生と専門学校生の失業率は三・三%(五・五%)に過ぎなかったのである。これに対して、職業教育修了資格をもたない男性と女性の失業率は一九・八%(四九・一%)であった[15]。明らかに、この生産様式と労働市場に関する資格特性の間の格差の背後に、大量失業の核心的原因が隠されている。それ故に、大量失業は、ドイツ生産体制の弱さの証拠ではなく、むしろ「経済の奇跡」といわれる戦後経済再建期の遺産の重圧である。その時期の特殊な条件は、ドイツにおける第二の「フォード主義的」生産様式の拡大を度を超えて許容した。一九七〇年代初めまでは明らかに無資格の労働力が輸入されさえもした。何故なら、このような労

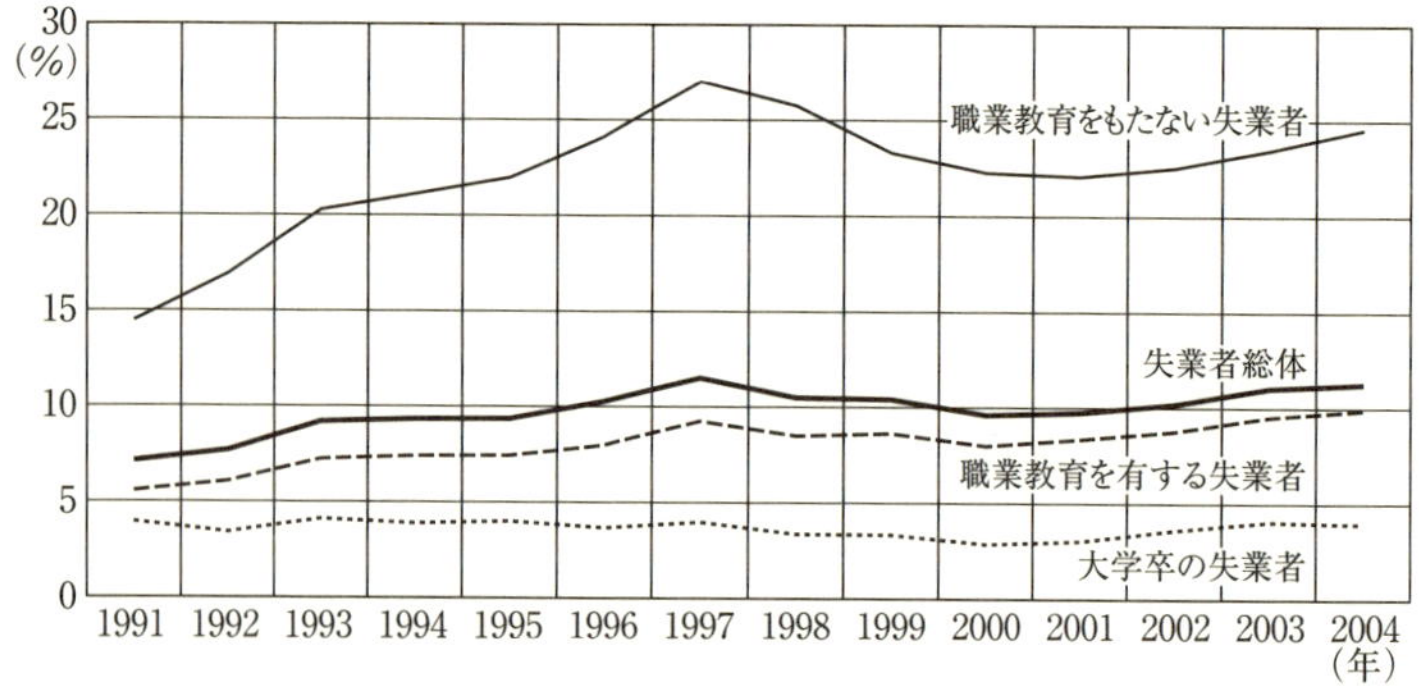

図 2　職業資格別失業率 1991–2004 年

注：失業率は，同等の職業資格を有する全民間就業人口に対する比率(%).
資料：Allmendinger, J., Eichhorst, W., Walwei, U. (Hg.), *IAB Handbuch Arbeitsmarkt. Analysen, Daten, Fakten*, Frankfurt 2005, S. 236–253; Institut für Arbeitsmarkt- und Berufsforschung, *Zusatzinformationen zum Kurzbericht* Nr. 19／2003.

働力は、ドイツの生産体制においては、その多様化高品質生産への志向性のために、伝統的に不足気味だったからである。「多様化高品質生産という」ドイツ経済にふさわしい労働の状態を実現することが、すなわち失業問題を解決することになるであろう。

　労働市場の開放は、一九六〇年代以降、部分的には、農業と旧産業に対する補助金のように作用したとすれば、ドイツの経済政策は――ちなみに、東西ドイツのいずれでも、と付け加えておこう――彼らの産業モデルの幻想のもとに、多くの場合直接的にも、公的補助による不採算部門の維持を決定したのである。石炭業はそのためのまさに古典的な事例を提供している。大連立政府は、一〇年間にわたる深刻な販売危機の後、一九六八年に、ルール石炭業を立て直したが、それは、統一会社であるルール石炭株式会社の設立を促し、全ての関連する利害集団との協調行動の形で、石炭産業部門の、市場適応能力のある規模への計画的縮小を実現した。それによって鉱山業の競争力ある部分を経済全体の利益において維持し、公的財政と社会保険の負担を中期的に軽減し、ライン・ルール地方に、経済的構造転換の可能性を拓くための時間を与えようとした。それによって、政治的・財政的な多大な努力のもとで、公的に側面を保護された構造転換の方法と方向のためのモデルが見出されたように思われた。それは、鉱山業を遥かに超えて、ポスト工業経済への途上において有効性を主張しうるようなモデルであった。しかし、一九七三年と一九七九年の石油価格危機は、その計画を反故にした。何故なら、この危機は、工業社会に固執する諸勢力と鉱山業ロビーによって、経済政策の目標を修正するための好機として受け止められたからである。一九七〇年代と一九八〇年代には、ハイテク国家ドイツでは、情報技術の拡大ではなく、石炭技術の振興による伝統的エネルギー供給の確保が、ドイツの研究・技術政策の議題に高く掲げられた。

明らかに、ドイツの経済政策にとっては、いかなる教義を信奉しようと、新しい方向の設定と立場の規定は、他のヨーロッパ諸国と比べても、とりわけ難しくなった。このことが、遅くても一九九〇年代以降、生産体制自身を前面に押し出し、それをますます批判にさらす要因となったのである。

3　団体調整的生産体制の強みと弱み

二つの結論が確定しうる。第一に、二〇世紀におけるドイツ経済の制度的・組織的基礎条件の驚くべき連続性は次の点によってうまく説明されうる。すなわち、今日の市場の大きな試練は、すでに一九世紀末から、ドイツの経済発展の基本的特徴だったということである。このことは経済全体の制度的基礎条件に関しても、この基礎条件を新産業として初めから刻印した産業分野の生産体制に関しても妥当する。それ故に、経済全体の社会的生産システムも新産業の制度的基礎も、二〇世紀の二つの大きな試練、すなわち市場のグローバル化と生産の科学化という課題に対応する形で編成されていったのである。

第二に、ドイツ工業の最も重要な分野は、最初から、新しい市場を開拓し、ドイツ経済全体の制度的基礎条件から自らを分離することを可能にする大きな自由度をもっていた。例えば、同じ生産体制のもとで化学工業大企業は、一九六〇年代以降全く異なった企業戦略をとることができた。ヘキスト社（Hoechst AG）のように前方統合［川下分野への企業統合］の過程で「化学から」離脱し、「ライフサイエンス」によって未来市場を開拓することができたし、BASF社のように、基礎化学の分野で最高度の完璧なテクノロジーを開発することができた。それによって、BASF社は、多様化高品質生産の原理を、標準化された大量生産の原理と世界的規模で結びつけることができた。(16)これに加えて、新産業の系列には重要な多国籍企業を見出すことができるが、それら企業は、世界市場での競争力を維持するために、世界的規模で、極めて多様な基礎条件の下に行動し、意識的に制度的差異のチャンスを利用している。こうした国際比較のパースペクティヴのなかにおくと、その生産体制の独自なメリットは、いっそう注目すべきものとなったし、現在でますますそうである。もちろん、それらの企業が、ドイツの産業立地における制度的構成に直接に影響を与えうるようなところでは、経済全体における以上に、よりいっそう柔軟に行動し、市場の条件により良く適応することが可能である。

これは決して新しい現象ではない。例えば、化学工業大企業は決して銀行との依存関係には入らずに、リスクの高い分野への投資資金であるリスク資本を、最初から、資本市場で調達した。全ての大規模な、多国籍的に行動する、新産業の企業は、すでに早く、一九世紀末に発生してきた「資本市場資本主義」に埋め込まれていた。このことは、化学工業とは異なって、企業金融のシステムにおいて、伝統的に大銀行に比較的大きな役割を与えてきたような産業分野にも該当する。それ故に、ドイツ生産体制への最近の試練は、ブレトンウッズ体制の終焉以降に増大してきた資本市場の意義そのものにそれほど由来しているわけではない。その対決は、むしろ、「資本市場資本主義」の内部での制度変化に由来するものであり、あらゆる国民的・国際的管理機関に対する世界経済の機能システムの自立化という危機を反映しているのである。

こうした資本市場とその制度変化の双方の展開は、ドイツのニュー・エコノミーの本質を危険にさらしている。何故なら、そうした発展は、一方では、ドイツのニュー・エコノミーの基本原理の一つ、企業家行動のパースペクティヴの長期性を問題視し、他方では、資本市場に統合された企業の独立性を危険にさらしているからである。シェアホルダー(株主)価値は、アメリカでは一九九〇年代以降、株式市場で値を付けられた企業の評価のための唯一の尺度となったが[17]、小株主も含めてステークホルダーの意識――すなわち、企業の利害と長期的に結びついた関係者であるとの意識から、このシェアホルダー(株主)の価値を指向する方向への転換は、団体調整的市場経済の慣行とは両立し得ないのであり、それが機能しうる範囲をかなり制約するということについては、多くの賛成が得られている。そうした結論を引き出し、例えばポルシェ社（F. Porsche AG）のように、彼らの企業文化とは疎遠なこれらの革新を拒否した、新産業に関わるドイツ企業は、これまでのところ僅かではあるのだが。

アメリカ経営文化の他のモデルの模倣については、問題はより少ないように思われる。コーポレート・ガバナンスの規則を最高経営責任者（Chief Executive Officer：CEO）に有利となるように変更するという海外からのアドバイスは、的はずれでさえある。何故なら、これは、新産業のたいていの企業では、株式会社法の精神に反して、長い間の慣行になっているからである。しかし、それによってアメリカ的関係が支配するということはない。驚くべきことにも、共同決定の慣行も、関係者の批判に、公的な論争がしばしば示唆しているほどには、晒されているわけではない。ベルテルズマン財団（Bertelsmann Stiftung）とハンス・ベックラー財団（Hans-Böckler-Stiftung）*は、共同決定慣行の批判的評価を行い、そのさらなる発展のためのアプローチを考案することを目的に、共同決定委員会を設立した。同委員会は一九九〇年代末、その効率性に対して良好であるとの証明書を発行した。ドイツ経済の全ての陣営から構成された委員会メンバーは、細かい部分をめぐる不可避的な闘争を通じて、「共同決定総体の建設的なさらなる発展への共通した関心を忘れてしまう」ような、どのような機会も認めなかった[18]。共同決定が企業の経済目標と葛藤に陥る場合には常に――ドイツ生産体制の指導的代表者と専門家の一致した見解によれば――その原因は、制度自体にあるのではなく、その地域的な適用の仕方にあった。それ故に、彼らは、共同決定が、リーディングカンパニーで開発されたような「ベスト・プラクティス」と連携し、地域の生産過程が最高度に生かせるようにすべきであると主張して、共同決定の廃棄ではなく改良を要請したのであった。

＊ベルテルズマン財団はドイツ西部の都市ギュータースローに拠点をもつ公益財団で、教育・経済・社会・企業文化・厚生等に関わる調査・研究活動――例えば、国際的産業立地ランキング等――を通じて政治と社会に影響を与える。ハンス・ベックラー財団は、ドイツ労働組合連盟（ＤＧＢ）の公益財団で、共同決定・社会科学的研究の振興と学術研究助成を目的とし、経済学・社会科学研究所、マクロ経済・景気研究所を擁する。

ドイツにおける社会的生産システムに関する論争が告発している改革の遅れは、それ故に、企業慣行の問題であるよりも、むしろそれ以上に、政治の問題であるように思われる。ドイツ経済の制度的・組織的基礎条件の異なったレベルにおける経験は、また次のことも示している。すなわちアクチュアルな論争は、ドイツ経済の制度的・組織的枠組みのラディカルな変革ではなく、そのより高い効率性の実現を目的にした修正を目指しているということである。新産業のこの生産体制はニュー・エコノミーの現在においても成功を収めているが、この成功は、この社会的生産体制の全体あるいは諸部分と他の競合的生産体制の構成要素との交換よりも、前者の改良のほうを支持している。新産業の企業の実態は、そうした改良が取りうる方向に関して、豊富な実物教育用教材を提供する。ドイツ生産体制とドイツ企業文化が提供するのはその作業のための基礎素材であるが、それにはすでに示したように、第一に、蓄積された信頼という資本と社会的関係を構築する能力であって、これらは、構造的に安い取引費用と国際市場における競争力のための前提である。良く知られている命題によれば、信頼と社会的美徳の重要性は、まさにグローバリゼーションの条件下で、世界社会の繁栄の源泉として増大する。(19) この種の文化的諸要因が、グローバルな経済的アクターの競争力をますます強く規定するようになるならば、ドイツは、まさにその歴史的に成長した制度的枠組みの故に、二一世紀におけるそうした(経済的)文化の競争に向けて良く装備されているといえるのである。もちろんドイツ経済の将来性は、世界市場において決定される。

ドイツの生産体制の長所と短所、つまり生産拠点ドイツの長所と短所を具体的に示すような実例を求めるならば、その都度の製品市場における経済的成功と競争力を測るために、とりわけ次の二つの尺度が挙げられる。すなわち、与えられた特許のなかに反映した専門化のパターンと、貿易収支における黒字産業と赤字産業という視点である。前者は、経済の革新能力のための尺度である。それは、部門によって著しい違いがあるが、世界市場における競争上の位置と相関している。後者は、その産業立地が有する競争力の尺度として利用しうる。

授与された特許の領域に関しては次のような一般的な証言が全面的に確証されうる。すなわち、ドイツの経済立地の長所は、とりわけ、多様化高品質製品のための市場にあり、それは、高度に発展しているがすでに確立しているテクノロジーを投入して生産される。ミュンヘンにある、システム・イノヴェーション・リサーチのためのフラウンホファー研究所が実施した、一九九一年から二〇〇二年までの比較標本調査が示すように、ドイツのハイテクノロジー関係の特許の重心は、明らかに、そのテクノロジーがすでにある成熟に達しているような分野にあり、したがって、技術革新の目標は具体的な経済的応用に強力に向けられていることである(180頁の図3参照)。このテクノロジーの分野に属するのは、自動車、機械製造、および化学と電気技術の諸産業である。*ドイツの特許の分布構成が伝える印象は、ドイツの産業立地の長所は、基礎的技術革新から生産方法の革新が生まれるようなところで芽生えるということである。これに対して、研究・開発費の対売上額比率が八・五%を超える「高度革新分野」(hochinnovative Branchen)では、ドイツ経済の技術革新力は弱いという特徴がある。この分野での成功は、柔軟でリスクに指向した生産体制を前提とする。技術革新力が弱いとされる分野は、情報テクノロジー、半導体、光学系、バイオテクノロジーである。もちろん、一九九〇年代には、ヨーロッパ特許庁EPAに申告されたドイツの特許の絶対数は、まさに

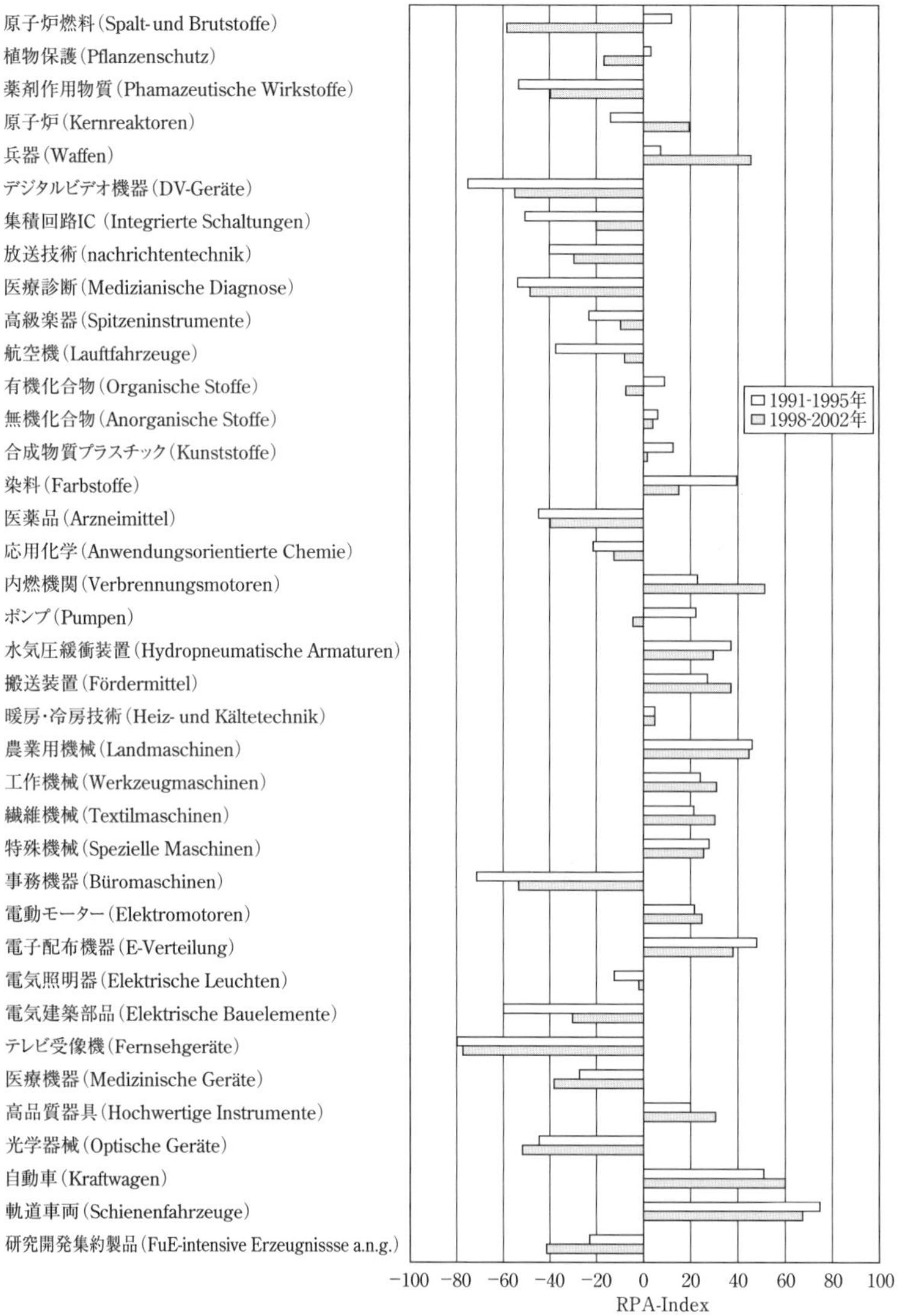

図 3 ハイテク産業の特許取得におけるドイツの得意分野

[訳注] RPA-Index の関係式は次のとおりである.

$RPA_{kj}=100^{*}\tanh \ln [(P_{kj}/\Sigma_{j} P_{kj})/(\Sigma_{k} P_{kj}/\Sigma_{kj} P_{kj})]$

ここで P_{kj} は，技術分野 j におけるある国 k の特許申請数. Fraunhofer Institut Systemtechnik und Innovationsforschung, *Patente-Aktuelle Entwicklungen und längerfristige Strukturänderungen bei industriellen Innovationen. Studien zum deutschen Innovationssystem*, Nr 6–2003, Februar 2003, S. 8.

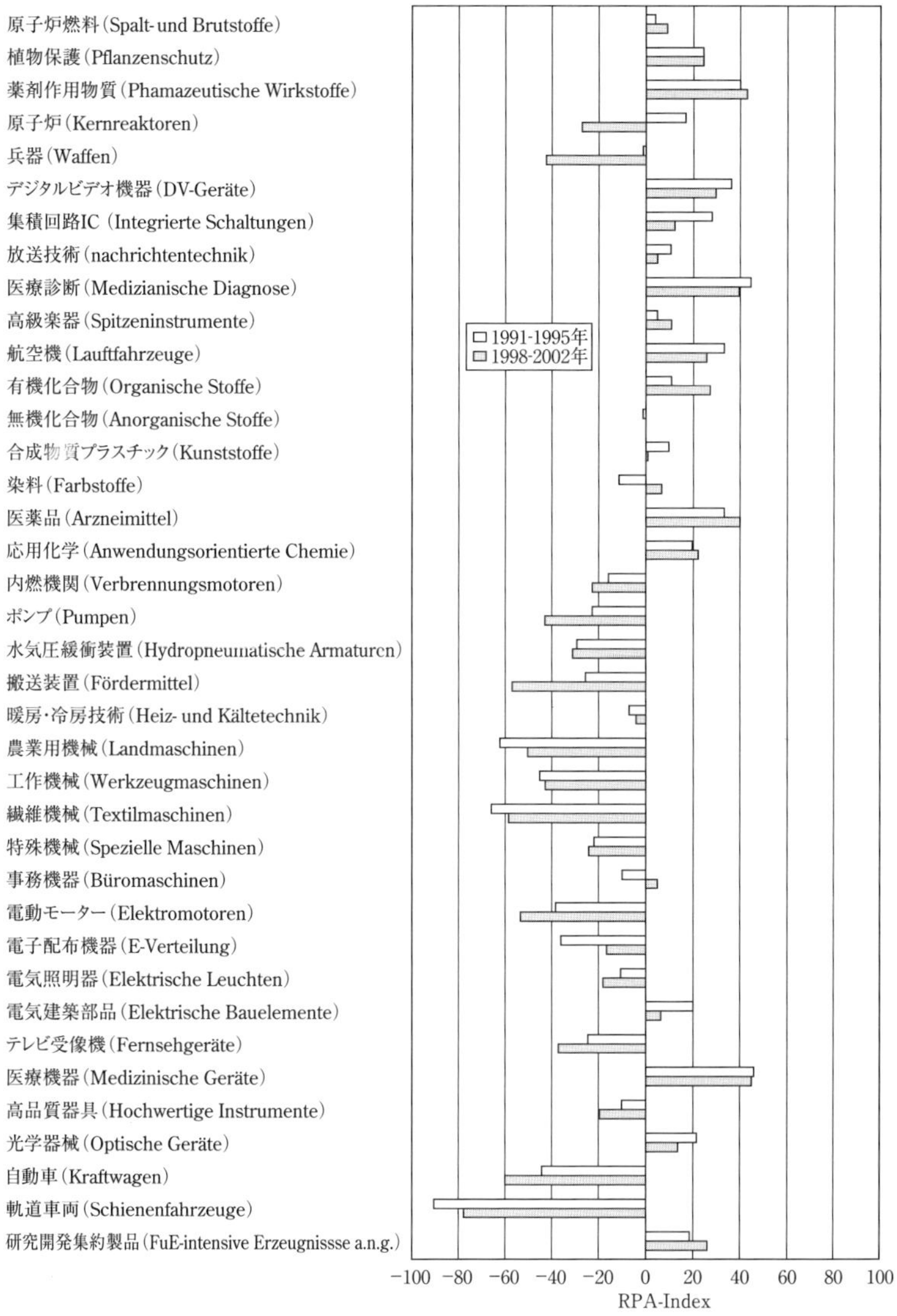

図 4　ハイテク産業の特許取得におけるアメリカの得意分野

注：図 3-5 における RPA-Index (相対特許比率 der ralative Patentanteil) は，世界三大特許庁[ヨーロッパ特許庁 EPA，アメリカ合衆国特許庁 USPTO，日本特許庁]への特許申請総数に占めるある技術分野のみの特許申請総数の比率に対する，ある国の特許申請総数に占める前述の技術分野におけるその国の特許申請数の比率の関係[1)]を示す．プラスの数値は，各々の国内においてある技術分野が占める比重が，世界においてそれが占める比重以上に大きいことを示す．マイナスの数値は，専門化の度合が世界平均以下であることを表す．

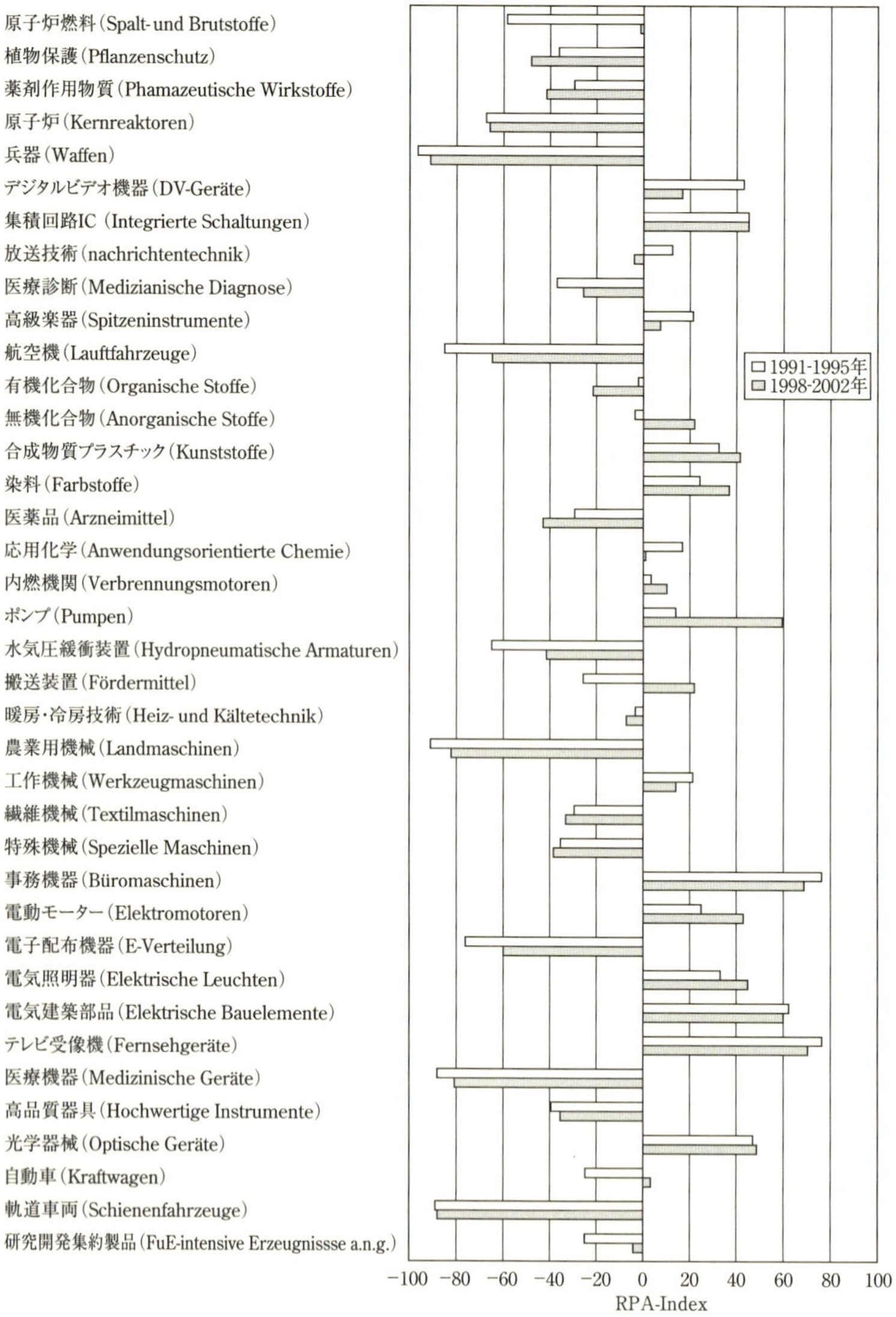

図 5　ハイテク産業の特許取得における日本の得意分野

この高度な革新的トップテクノロジーの分野で三倍に増加した。それに反して、研究・開発費の対売上額比率が八・五％以下の「高付加価値技術」（hochwertige Technologie）の分野における申告数は二倍の増加に止まった。それ故に、トップテクノロジーへのいっそうの発展と、それによるこれまでの相対的な弱点の埋め合わせが認められる。

＊初版では一九八九―一九九一年を扱っている。分類が異なっており、この時点では、輸送機関、工作機械製造、環境技術、機械、乗り物、地下工事、道路工事、熱エネルギー発生技術が挙げられている。

「相対特許比率」で計測した革新能力に対して社会的生産システムが与える影響は、ドイツの特許分布をアメリカのそれと比較すると、とりわけ明瞭になる（181頁の図4参照）。アメリカでは、最も強力な潜在的革新力は、情報テクノロジー、医療技術、バイオテクノロジー、製薬、核技術のような分野にあり、この分野でのドイツの革新力は相対的に弱い。他方で、アメリカで革新力の強さが平均以下の分野は、企業の長期的視野や高度で広範に分布した有資格労働力が重要となるような産業である。両方の分布モデルを相互に対比すると、驚くばかりに明らかなことは、両方の生産体制は、その革新能力で測るならば、ほぼ完全に補完し合っているということである。一方の強みは他方の弱みであり、逆もまた同様である。この点では今日まで本質的な変化はない。

日本のプロフィールは、極度にポジティヴな数字と極度にネガティヴな数字とが示されているという点に表現されている。その背景にあるのは、日本経済の極度な専門化戦略であるが、この戦略はトップテクノロジーや高付加価値テクノロジーへの明白な特殊化を容認していない。その具体的な方向は明らかに電気技術と化学諸分野に置かれている（182頁の図5参照）。全体的に見るとドイツに関して言えることは、一九九〇年代に世界三大特許庁［ヨーロッパ特許庁ＥＰＡ、アメリカ合衆国特許庁ＵＳＰＴＯ、日本特許庁］に申請した特許の数が、各国と比べて、最も高い増加率を示したということである。したがって、この点ではドイツの立場は拡大・強化できたのである。[20] これは単に、電気技術や機械・車両製造のような高付加価値テクノロジー全般だけでなく、情報・コミュニケーションセクターのトップテクノロジーにも関わっている。このトップテクノロジー分野で、ドイツが先端的な位置にいるのは、これらのセクターだけである。こうしたプロフィールを比較すると、ドイツとアメリカは相互に補完的に専門化されていることが明らかになる一方で、ドイツと日本の比較は両国の専門化のあり方が部分的には類似していることを示している。長期的に見ると、そのテクノロジーの指向性が類似している国々のグループが形成されてきている。これは、機械製造に関するドイツ、イタリア、フランス、薬剤分野・データ処理分野に関するアメリカ、カナダ、イギリス、光学機器と一般消費用電気製品に関する日本と若干のアジア諸国が、それである。グローバルなテクノロジー市場における、ドイツの最も強力な競争相手は、アメリカと日本であったし、現在もそうである。

同様にして、ドイツの社会的生産システムの強みと弱みは、貿易収支の残高から読みとりうる。ドイツの輸出経済が、そのダイナミズムと成功の力を真っ先に展開しているのは、車両製造、機械製造、化学工業である一方、現代的事務機器、その他の電子データ処理の諸部門の市場では、明らかな赤字が示されている。ドイツの輸出経済は、アメリカや日本とは異なって、世界市場のなかのどの部分市場でも支配的な地位を占めているわけではないが、その国際的な位置が広範な分野にわたって確かな強さを示していることには驚く。例えば、一九八五年以降三〇〇以上のドイツの輸出産業分野が、世界輸出総額に占める各年のドイツの平均比率(一九八五年：一〇・六%、二〇〇三年：一〇・五%)を超える世界市場シェアを、維持している。[21] それら[三〇〇以上の]輸出産業分野のうちで、一分野の合計がドイツ輸出総額の一%以上に達しているのはごく僅か(例えば、一九八五年は輸出産業分野三四五のうち七つ)に過ぎない。これは、ドイツ輸出経済が、高い生産性をもった相対的に高度な専門分野に重心をおく多様化戦略を追求していることを示している。それ故に、この戦略は、競争や景気変動に対して、とくに抵抗力がある。そのことは、現在では、世界市場における競争相手の数は過去一〇年間でかなり増えたにもかかわらず、ドイツの輸出経済がその位置を守りえている点に、示されている。かつて一九五〇年代以来中断することなく持続した輸出の成功は、もちろん依然として、多様化高品質製品の市場においてドイツ経済が有する団体調整的な制度的比較優位と密接に結びついている[22]。

このことはとりわけ機械製造に該当する。この産業分野は、各々の競争力ある輸出産業「クラスター」において決定的に重要な位置をもっている。ドイツは、一九八五年には、国際的に平均以上の競争力のある、四六の機械製造分野をもっているが、アメリカは僅かに一七に過ぎない。二〇〇三年までにこの関係は九七分野［ドイツ］に対する八〇分野［アメリカ］へと縮まったが、ドイツはなお依然として、機械製造の輸出産業分野一五九のうち五五が第一級の地位を占めているが、アメリカは三一である。それに対して、熟練教育を受けた自由業者のサービス利用のように、その管理の仕組みが大規模で複雑な国際的サービスに関する市場では、両国の関係は逆転している。ここでは二〇年前にはドイツの七分野に対してアメリカは四四分野であったが、この関係はそれ以来ほとんど変化がない。電子工学的部品の利用が顕著に進む、とりわけ事務機器や情報通信製品のような産業では、両国の関係はいっそう不均等である。ここでは平均以上に競争力ある分野の数は、一九九五年にはドイツはゼロ、アメリカ一〇分野であったが、二〇〇三年には、ドイツ二分野に対してアメリカ八分野へと、ドイツの事情が改善した。したがって、このような遅れが急速に拡大するかもしれないとの恐れは、今日まで、裏付けられていない。逆に、まさに、ドイツ機械製造は、ニュー・エコノミーの製品用の製造機械の生産で新しい市場を開拓し、特許登録数で平均以上の増加があり、その革新性を証明したのである[23]。まさにアメリカと比較するとドイツ経済は、その遅れを取り戻し、異なった方法によってではあるが、「革新的製品の現代化」を推し進めたように思われる[24]。ドイツ企業は、その際に、予想されるように、テクノロジーとイノヴェーション、そして顧客に配慮した製品デザインに集中してきたが、過剰設計*の危険性は当然のことだが大きい。アメリカ企業は、ドイツ企業以上に、市場での価格リーダーシップ**を追求する。アメリカ企業によるe-ビジネスの支配はなお部分的でしかないし、この間に、設計・作業計画・製造をコンピュータによって結合する方法を応用する分野の主導権をドイツ企業に譲り渡した。このＣＡＤシステムの起源は、アメリカの航空産業・宇宙航空産業のソフトウェア開発にあったにもかかわらずである。

*提供される製品やサービスが、顧客がそれを支払う意思と準備を有する以上に高度な品質を示している場合に「過剰設計」(オーバーエンジニアリング)と言われる。さらに、商品やその機能の開発に際して、顧客によって期待され、認識され、支払われるところのものに注意を払う代わりに、あまりにも多くの価値を完全主義におくこと。「完全な」製品の必然的に長期の開発期間は、競争相手に、成熟度は低いが利用可能な製品を、いっそう迅速に市場に提示する機会を与える。

**他の企業には長期間の競争を持ちこたえられないような安い価格で販売して、市場支配を目指すこと。

だが、その際に、ドイツのニュー・エコノミーが、依然として、既成のテクノロジーを用いる製品市場では成功するが、事務機器や電子データ加工用部品向け市場のような高度革新的製品市場での競争では弱点を示すということが続くならば、問題が出てくる。すなわち、そのような場合には、将来に関して次のような決定的問題が発生する。つまり、その都度の製品サイクルにおいて基礎技術の革新局面に製造方法の技術革新が続くとき、したがって新たに開発されたテクノロジーが、その具体的な経済的応用目的へと転換するような段階に到達したとき、ドイツの生産体制はその強みを、常に必ず、発揮できるであろうか――こうした問題である。この場合にも、ドイツの生産体制はその比較優位を十分に発展させうる可能性があろう。だが、しかし、ドイツ経済が、自分自身で新しい製品サイクルを発展させることができなくなっていった場合には、新しい製品サイクルの形成への関与を長い間には失ってしまうという可能性も考えられる。最初のケースではドイツの生産体制がその強みを繰り返し新たに証明しうるであろう。その場合には、残された弱点は、例えば、異なった制度的・物質的な比較優位の差異の利用を目的とした海外への直接投資のような補完的戦略によって、比較的容易に調整できるであろう。

第二のケース、すなわち新しい製品サイクル形成への関与を失ってしまう場合には、最終的にはドイツ経済の制度的枠組みの刷新が検討事項にのぼって来るであろう。その場合には、現在ドイツで行なわれている議論を背景にして次のような問題が立てられよう。すなわち、ドイツの生産体制は本当に退化してしまったのか、それとも、それは、むしろ、発展の新しい現象形態――ドイツ経済は基本的に長い間それに合わせて調整されてきたのであるが――に適応するために、システムの内在的な改革を必要としているのか、こういう問題である。それとは反対に、個々のサブシステムのみを、システムとは異質な「モジュール」と交換することは問題外であるように思われる。何故なら、システム全体は、その個々の構成要素において相互に密接にからみ合っており、そこから成功の大部分を引き出しているからである。(25) 多くの多国籍企業の事例が示すように、企業家の改革戦略はアメリカの生産体制の導入に置かれたが、その失敗に関して、すでに現在明らかな徴候がある。コーポレート・ガバナンスや金融や労使関係のアメリカ的慣行への無条件の適応という最初の局面の後には、ドイツの多国籍企業は、彼らが現在直面しているとりわけ深刻な緊急問題の原因はまさにここに存在していると言えるのかどうかということを、反省し始めている。ドイツの大銀行はニュー・エコノミーの一部門であり、歴史的に成長した独自な金融部門の文化資産からの逃避という、この「アメリカ化の」戦略を過去数年にわたって促進したのであるが、いずれも存続の危機に瀕している。ここで生じたことは、もしも銀行が選択的改革を通じてその金融資産を過度に拡張するならば、経済全体をも脅かす可能性があろう。ドイツの銀行は、多大な努力にもかかわらず、投資銀行業務（investmentbaking）で足場を固めることに成功しなかったし、彼らの伝統的なコア業務を無視することなく二つの経済文化の間に両足を広げて立つことはできなかった。ドイツ銀行の戦略的なジグザグコースはその良い事例である。投資銀行への一面的な志向性は、ドイツ銀行の経済的・道徳的衰退を加速しそうであった。今日では、ドイツ銀行は再び、ユニバーサルバンクとしてのその強みを自覚し、自らの「ドイツ的」強みから利益を得ている。

社会的生産システムにおける変化は、「ドイツ経済の」批判者たちがその刷新を徹底的に要請したときに彼らのたいていが意識した以上に、ドイツ社会のアイデンティティーを、いっそう深く浸食したはずであった。そのような断絶は、ドイツ経済史に前例がないわけではないであろう。[ドイツ帝国の]ヴィルヘルム時代が我々に示唆していることは、一つの生産体制は、長くくすぶった危機の後には、他の生産体制によって、急速に解体されうるということである。しかし、それは、社会がさらされる厳しい試練を伝えるものでもある。

知識社会・情報社会の最近の発展を創造的に習得する、団体調整的市場経済の能力を根本的に疑うような理由はもちろんない。ドイツ自身の歴史的経験のなかにもそれを支持するような証拠を求めることができるが、そのことを示す事例は他にもある。すなわち、際立った福祉国家であり、そこでは団体調整的な労使関係が支配的で、国家が生産的秩序政策（produktive Ordnungspolitik）の領域で中心的役割を果たしていて、自分の本来のグラウンドでアメリカ・モデルに完全に抵抗しえているような事例である。フィンランドは、この間に、ＩＴ企業三〇〇〇社以上からなる産業クラスターをもっている。そのなかにはノキア（Nokia）社のような真の世界企業がある。リナックス（Linux）のことは言うまでもない。それは、フィンランドで生まれたオープン・ソースのコンピュータ・オペレーティング・システムであって、マイクロソフト社のウィンドウズに対する数少ない本格的な挑戦者に数えられる。この国が、情報テクノロジーの分野で世界の指導的なサプライヤーへと成長したことは、一九九〇年代の一〇年間に、次のことを明らかにした。すなわち、高水準の技術と競争力を達成することは、極めて多様な出発点や、社会的・経済的発展の制度的・組織的ヴァリアントから、可能であるということである。[26] このスカンジナヴィアの人々は、そのために、カリフォルニア・モデルが要求していると思われるような社会的不平等の代価を支払う必要はなかったし、グローバルなニュー・エコノミーの競争に首尾よくうち勝つためにシンガポールや他の東南アジア諸国が利用したような権威主義的な政治手段を用いる必要もなかった。彼らは、逆に、自分自身の社会的生産システムの特性を、競争の比較優位へと転換させることに成功したのである。フィンランドのような八〇％という高い労働組合組織率は、ニュー・エコノミーの法則性と必然的に対立せざるをえないわけではなく、革新的市場で企業家的戦略の柔軟な形成を容易にする労使関係の安定性を保証しうるのである。労働組合は、逆に、社会国家の信頼性および成長経済がもたらす雇用政策上・賃金政策上のメリットを保持している。税や賦課のような比較的高い負担も、それが魅力的な水準の社会給付や高い生活水準を全ての市民に可能にし、さらに、人間や市場が有能でありうまく機能するために必要とされるインフラストラクチャーを保証する限りで、生産的であり政治的に維持できるのである。社会国家は、必然的に、ニュー・エコノミーの発展のじゃまをするわけではない。社会国家は、反対に、保健衛生制度と情報技術を結びつけたフィンランドの事例が示すように、新しい市場を拓くことができる。

フィンランドとドイツは社会的生産システムという点で非常に似ているのだが、他の点では非常に違っている。フィンランドは、過去一〇年に、絶対的後進性と相対的貧困の位置から、情報技術における世界のトップに上昇した。それに対して、ドイツの問題は、むしろ、経済的豊かさと「もてる者の甘え」から生じた、改革のための経済的刺激の不足という点にある。ドイツの経済と社会が、それでも、改革のための力を見出すかどうかは、わからない。いずれにせよ、そのための諸前提は、与えられている。グローバル経済の現実は、システムの同質性にもかかわらず、多様な文化的諸要因によってますます強力に規定されるようになってきた。ドイツの制度的枠組みに沈殿した老廃物の排出に集中しつつもその特性は維持し、その競争力をいっそう高めるような改革は、こうしたグローバル経済の現実によって支持されているのである。

ドイツの政治が現在必要としている最も重要なことは、それ故に、ドイツ経済の資産についての明確な像である。この経済には何ができて、何ができないのかは、政治の（あるいはビジネス・エリートの）英雄的決定によりも、市場や組織について歴史的に積み重ねてきた経験にいっそう依存しているのであり、そうした経験が、企業文化や経済文化として、企業や経済政策の中で、成功を約束する戦略の選択範囲の大枠を決めているのである。企業研究から我々が知るのは、弱い市場で首尾よく成功するために、固有な企業文化に反して、蓄積してきた資産から脱出するような試みは、失敗する可能性があり、過去の経験ではしばしば酷い挫折をしてきたことである。一九九〇年代以降、それ故に、たいていのコンツェルンは、その強みを最適に利用できるように、本業に集中している。強力な経済文化をもったドイチュラント・アーゲー(Deutschland AG)*も、これを推奨するであろう。長期的に蓄積された制度も、確かに、急速に解体されうるが、経済の新しい慣行や新しい組織形態は長い時間をかけてしか構築されないのである。しかも、そのような急進的な改造が成功するかどうかは、不確かなままである。

*直訳は「ドイツ株式会社」。本書が論じてきたような、ドイツで成長した、国内の投資家、銀行、産業コンツェルンからなるネットワークであり、一般に「ライン資本主義」とも呼ばれるドイツ経済の独自な構成を指す。

ドイツの[経済文化に内在する]イノヴェーション・マシーンがその精神を決定的に捨ててしまわない限りで、次のような試みに代わるような別の有意義な選択肢はない。すなわち、それを、数十年間に積もった老廃物や荷重から解放し、新たな、とくに今後予想される人口の量的・構成的な動態変化を含む展開と両立できるようにする試みである。これは、改革者の視線を、まず、「経済の奇跡の時代」という、時代錯誤的な工業の世界像に指向した一九七〇年代の誤った決定に向けることになろう。遅くなってしまったが、少なくとも今、すでに当時行われるべきであった、ポスト工業関係に指向した経済政策・社会政策の新しい方向付けが、取り戻されなければならないのである。*

*こうした関連で、一九八二年のシュミット連立政権下で構想されたまま実現されなかった経済改革に、著者は特に注目している。この点については、訳者解説(「ドイツ型ニュー・エコノミーへの回帰と『ドイツ病』への対処」の項)を参照。

国家の革新政策は、まず、経済における国家の役割を新たに規定することから始めることが望ましい。ドイツのイノヴェーション・マシーンは、生産的秩序政策を集合的な財の流れのなかに埋め込むことなしには、考えられないとしても、このことは、国家介入の、歴史的に成長した自然の繁茂の全てを受け入れるということを意味しない。国家や地方自治体などの経済活動の多くは、一九世紀に、特殊な条件のもとに発生したのであるが、そうした条件はこの間に退化しており、介入を継続することが、今日では、直ちに必要であるとはもはや言えなくなっているように思われる。このことは、公的な電力供給にも、交通・情報伝達セクター、銀行・貯蓄銀行、保健衛生制度、公的・私的な治安、教育・職業教育・研究の広範な領域についても妥当する。経済の総需要が、産業部門の構造変化の結果として、ドイツでは伝統的に広範に国家管理のもとにある経済部門へとシフトし、増大すればするほど、国家はますます、供給サイドにおいて適切に対応しえなくなっているのである。公共の手は、その経済活動を市場の条件に柔軟に適応させ、需要の上昇に対応してその生産能力を拡大することが、各種の制限によって妨げられている。会計制度における重商主義時代の行政学の法的・精神的残滓、マネジメント手法の欠落、コスト意識の発達の弱さ、公共財・公共サービスの自由な価格形成に対する法的・政治的抵抗、そしてまたとりわけ、追加的経費を租税で補塡することに関する政治的制約――こうした事柄は、まさに経済の最もダイナミックな領域で、公共セクターが、引き続き管理していくことは不適当であると思わせるのである。

民営化は、たいていの場合、弊害を除去するための確かな手段であるように思われるが、その際には、次の点に民営化の限界が承認されていることが前提とされる。すなわち、国家の経済的役割は、社会的生産システムのすぐれた機能と効率性のためにはなお依然として重要であるということである。このことは、例えば、貯蓄銀行に該当する。その公益原理や地域的課題との結び付きは、ドイツ経済のように非常に強力に「中間層に指向した」分権的な国民経済において地域を覆う融資を保証するためには、以前と同様に今後も放棄しえないのである。しかしとりわけ、多様化した熟練資格労働に指向する生産体制は、経済的チャンスの平等や人間資産の十分な動員と利用を保証する、制約のない職業教育と研究の風土なしには、ほとんど考えられない。そのためにエリート大学は必要ではない。ドイツのイノヴェーション・マシーンは、むしろ、広い範囲での職業教育の高度な品質水準を目指している。これがまず最初に保証されているならば、エリート教育も別に悪いことではありえない。トップテクノロジーもドイツでは長い間、社会的生産システムの革新能力の制度的基礎に属しているのである。

国家の役割以上に、アクターの行動は試されている。ライン資本主義はその魅力をただ次の場合のみ主張するであろう。すなわち、まずそのアクターが、システムが機能するためには自分がいかに行動しなければならないかを、そしてそれをいかに成しとげようとするのかを知っていることである。しかし、それだけではない。さらに彼らがそれを可能にするためには、全ての前提条件が満たされていなければならないのである。改革の二重戦略がここで設定されなければならない。生産的秩序政策を、衰退しつつある工業経済の時代錯誤から解放するとともに、経済の制度的枠組みをますますポスト工業的発展の要求に適応させていかなければならない。

制度的景観の多様性と深さは、経済行動をする人間の社会性に高度な要求をする。もしもドイツ経済が、多様化高品質製品向け市場で制度的比較優位を維持することを望み、したがって、その強みを主張しさらにそれを拡大する機会を保持しようと望むならば、そのアクターの意志と能力が重要になる。すなわち、規則と協力関係と信頼からなるこの複雑な、歴史的に成長したネットワークを有意義に利用し、それを競争上の利点として把握する意志と能力である。そのための推進力は市場から発生し、その経済的論理から必然的に、社会的生産システムとして構成されるような行動様式をもたらすことになるであろう。この経済的基礎条件は、明らかになお依然として存在しているし、ドイツ経済の競争力は、世界全体の比較で見ると、ほとんど疑問視され得ないであろう。問題は、むしろ、ドイチュラント・アーゲーに統合されようとはしないし、彼らの視点から見るとそのための理由ももっているような特殊諸利害の強さにある。

とりわけ、グローバル・プレイヤーとして世界市場を相手に行動する大企業にとっては、フレキシブルに反応し、利益を短期的に最大化するために市場とヒエラルキーだけを頼りにするという選択肢がある。その際、団体調整的市場経済から降りてしまうことを決断することは、企業家の恣意に委ねられているわけではない。国際資本市場が、企業家の長期的パースペクティヴを困難にし企業の支配・指揮関係に深く介入するような諸規則によって支配されればされるほど、ドイツの企業はディレンマの前に立つのである。彼らは新しい慣行を受け入れようとするのか、それを通じて自己の企業文化と断絶するという危険を賭し、その結果、彼らは世界市場でのその制度的比較優位を失うことになるのか。あるいは、彼らは、ライン資本主義の機能を確実にし、必要があればそれを再建し、たとえリスクを冒してでも、国際資本市場が提供する幾多のメリットを放棄しなければならないという結果になるのか。こうした異なった戦略の結果は、ただ単に経済的性格のものであるにとどまらず、人間の生活様式や社会全体の制度に広く関わってくるので、これらの選択肢を選び取ることは、政治的な原則決定を前提とする。ことに、どの選択肢の戦略も、政治という資源に依拠しないで済ますわけにはいかないだけに、そうである。こうした関連こそが、そしてまさに、ドイツ憲法である基本法に不可欠の要件として要請されている所有権の社会的義務(第一四条第二項)*こそが、アクターに対して社会的生産システムにおける役割と責任を指示しそれを義務づけることを、国家の正当な秩序政策の課題とするのである。

*ドイツ連邦共和国の憲法である「基本法」第一四条第二項には、「所有権は、義務をともなう。その行使は、同時に公共の福祉に役立つべきものでなければならない。」(Eigentum verpflichtet. Sein Gebrauch soll zugleich dem Wohle der Allgemeinheit dienen.) とある。

制度的枠組みの老廃物を除去することに傾注し、その特性を維持し、その競争力をいっそう強調するという進路は、グローバル経済の現実も支持している。この現実は、東西の経済システム間の巨大な対立関係が終わった後にますます強力に、多様な文化的諸要素によって規定されるようになったのである。こうした事柄を背景にして、次のような考え方には多くの批判がある。すなわち、世界市場で長期的に競争力を維持する方法はたった一つしかない。何故なら、その方法は、企業家的行動に関して同質的なベスト・プラクティスを表しているからであり、そこには、規制されない市場と制限のない企業家的特権が結晶しているのである——こうした考え方である。我々が、歴史的経験から知っているのは、むしろ、異なった市場の条件は、供給サイドに制度的な変種（ヴァリアント）を要求する、ということである。たいていのヨーロッパ諸国で成立しているような制度的に強力で、高度に規制された生産体制は、それ故に、競争において、組織と指揮能力の点でとりわけ市場とヒエラルキーに依存したアメリカのような弱い制度の国民経済に比べて、必然的に悪い結果になるということはないはずである。したがって、ドイツの経済政策は、二一世紀の初めにあたって、成功した競争相手の革新体制を模倣することで終わってしまうべきではなく、自己の制度的比較優位を創造的に拡大していくべきであろう。

（1）Colin Clark, *The Conditions of Economic Progress*, London 1940, p. 187.
（2）Sidney Pollard, *The Development of the British Economy 1914–1967*, London 1970, p. 93 f.
（3）William P. Kennedy, Die Rezeption des deutschen Bankensystems in England. Vom belächelten "Unsinn" zum Vorbild, in: Hartmut Berghoff u. Dieter Ziegler (Hg.), *Pioniere und Nachzügler? Vergleichende Studien zur Geschichte Großbritanniens und Deutschlands im Zeitalter der Industrialisierung. Fs. S. Pollard*, Bochum 1995, S. 99.
（4）Peter Hertner, Financial Strategies and Adaption to Foreign Markets: The German Electro-technical Industry and Its Multinational Activities: 1890s to 1939, in: Alice Teichova *et al.* (eds.), *Multinational Enterprise in Historical Perspective*, Cambridge 1986.
（5）Alfred D. Chandler, *Scale and Scope: The Dynamics of Industrial Capitalism*, Cambridge, MA, 1990, pp. 474–486.
（6）Ray G. Stokes, Von der IG Farbenindustrie AG bis zur Neugründung der BASF (1925–1952), in: Abelshauser, *BASF*, S. 239–243.
（7）これについては次を参照。John Gimbel, *Science, Technology, and Reparations: Exploitation and Plunder in Postwar Germany*, Stanford, CA, 1990; Matthias Judt and Burghard Ciesla (ed.), *Technology Transfer out of Germany after 1945*,

Amsterdam 1996.

（8） これについては次を参照。Jean-Jacques Servan-Schreiber, *Le défi américain*, Paris 1967（ドイツ語版：*Die amerika-nische Herausforderung* (mit einem Vorwort von Franz-Josef Strauß), Hamburg 1968).

（9） *Ebenda*, S. 22.

（10） Herman Kahn, *Michael Redepenning, Die Zukunft Deutschlands. Niedergang oder neuer Aufstieg der Bundesrepublik*, Stuttgart 1982.

（11） Knut Borchardt, Der "Property Rights-Ansatz" in der Wirtschaftsgeschichte, in: Jürgen Kocka (Hg.), *Theorien in der Praxis des Historikers. Forschungsbeispiele u. ihre Diskussion*, Göttingen 1977, S. 151.

（12） Streeck, Diversified Quality Production, pp. 21–61.

（13） Paul Erker, "Amerikanisierung" der westdeutschen Wirtschaft? Stand und Perspektive der Forschung, in: Konrad Jarausch u. Hannes Siegrist (Hg.), *Amerikanisierung und Sowjetisierung in Deutschland 1945–1970*, Frankfurt 1997. これは，必要な変更を加えて，他のヨーロッパの国民経済にも該当する。次を参照せよ。Nick Tiratsoo and Jim Tomlinson, *Industrial Efficiency and State Intervention: Labour 1939–1951*, London 1993; Noel Whiteside and Robert Salais, *Governance, Industry and Labour Markets in Britain and France, 1930–1960: The Modernizing State*, London 1997; Jonathan Zeitlin, *Between Flexibility and Mass Production: Strategy, Debate and Industrial Reorganization in British Engineering, 1830–1990*, Oxford 1997.

（14） Mancur Olson, *The Rise and Decline of Nations: Economic Growth, Stagflation, and Social Rigidities*, New Haven 1982.

（15） Alexander Reinberg u. Markus Hummel, Facharbeitermangel bedroht Wettbewerbsfähigkeit der deutschen Wirtschaft, in: *ApuZ*, B 28/2004, Tabelle 1.

（16） だが，ＩＧファルベン社を継承する諸企業の最近の発展が示すように，長い目で見て有利な戦略の選択肢はその時々にたった一つだけだった。Abelshauser, *BASF*, Kap. 9.

（17） Alfred Rappaport, *Creating shareholder value: The new standard for business performance*, New York 1986（ドイツ語版：*Shareholder Value. Wertsteigerung als Maßstab für die Unternehmensführung*, Stuttgart 1995).

（18） Bertelsmann Stiftung/Hans-Böckler-Stiftung (Hg.), *Mitbestimmung und neue Unternehmenskulturen: Bilanz und Perspektiven. Bericht der Mitbestimmungskommission*, Gütersloh 1998, S. 119.

(19) Fukuyama, *Trust*.

(20) Fraunhofer Institut für System- und Innovationsforschung, *Patente in Europa und der Triade: Strukturen und deren Veränderung* (*Studien zum deutschen Innovationssystem* 9-2005), Karlsruhe 2004, S. 1.

(21) Porter, *Competitive Advantage*, p. 356. 産業部門は、国際連合の国際貿易商品目録（ＳＩＴＣ）に従って編成している。輸出部門の総数は現在七八六であり、一九八五年以降継続して増加しており、それは長期的比較を困難にしている。次を参照せよ。SITC 2 and UN Commody Trade Statistics Database.

(22) Porter, *Competitive Advantage* および Linda von Delhaes-Günther, *Erfolgsfaktoren des westdeutschen Exports in den 1950er u. 1960er Jahren*, Dortmund 2003.

(23) IFO-Institut für Wirtschaftsforschung, *Der mittelständische Maschinenbau am Standort Deutschland: Chancen und* Risiken im Zeitalter der Globalisierung und "New Economy", München, Okt. 2001.

(24) これについては、Jürgen Wengel, Gunter Lay, *Deutschland und die USA auf verschiedenen Wegen. Konzepte der Produktionsmodernisierung im Vergleich* (*Fraunhofer ISI*, *Mitteilungen aus der Produktionsinnovationserhebung*, 23), Sept. 2001.

(25) Soskice, Globalisierung, S. 207 f.

(26) これについては次を見よ。Manuel Castells and Pekka Himanen, *The Information Society and the Welfare State: The Finnish Model*, Oxford 2002.

ライン資本主義と経済文化の闘争——訳者解説

雨宮昭彦

本書は、ドイツの著名な経済史家ヴェルナー・アーベルスハウザーの近著『文化闘争——「新しい経済」へのドイツの道とアメリカの挑戦』[1]の邦訳である。訳書の表題は、本書の趣旨をより端的に示すために、本書刊行後にドイツと日本で同氏が試みた講演タイトル「経済文化の闘争におけるライン資本主義」[2]から借用して、『経済文化の闘争』とした。訳書副題「資本主義の多様性を考える」は、多様な資本主義の歴史的な葛藤と共生という本書のテーマに鑑みた。

ところで原書副題には「ドイツの道」とあるが、これには多少の注釈が必要であろう。なぜなら、EUによってヨーロッパ統合が一段と進み、ドイツの通貨「マルク」が消えて「ユーロ」が登場した現在、さらにはグローバリゼーションで経済が国家や地域を超えて地球的なものになろうとしている現在、なぜ改めて今さら「ドイツ」なのかという疑問が自然に湧いてくるからである。最初に、その点を「ライン資本主義」というキーワードを頼りに簡単に述べておこう。

ライン資本主義の使命と欧州憲法条約

フランスとEUのトップ行政官と大企業経営者双方の長期にわたる実務経験をふまえて、ミシェル・アルベールは、世界的ベストセラーとなった著作『資本主義対資本主義』[4]において、ドイツ経済すなわちライン資本主義に、極めて明瞭なオマージュをおくった。何よりも長期を展望し安定して営まれる資本主義、一度買った株を容易には手放さない資本主義、所有というものが——土地や家屋や建物のような——具体的な響きを維持し、それが個人的であると同時に社会的機能をも備えた資本主義。そうした意味合いがライン資本主義にはこめられている。アーベルスハウザーによれば、この協調的で高度に制度化された市場経済のタイプは、地理的には、その機関車であるライン川の流れるドイツを越えて、南北ではスカンディナヴィアから北イタリアにまで、東西ではセーヌ川からエルベ川さらにはオーデル川にまで達している。(5) しかし、このライン資本主義は、レーガニズム以後のアングロサクソン型自由資本主義との競争のなかで、次第にノスタルジアの彼方に消えていこうとしているのであろうか。冷戦終了後の資本主義社会が、「医療、教育、都市、法律、市民の連帯等、すべての領域に拡がった、活気を取り戻すためという口実のもとに、取り返しがつかない、社会的冷却、分裂、衰退の道を進んでいる」とのペシミスティックな予感のなかで、アルベールは、そうであってはならないとの思いをライン資本主義の未来に託し、そのいっそうの奮闘を期待したのである。

近年ますます明らかに、そして決定的になりつつあるのは、冷戦に勝利し、グローバリゼーションとともにデ・ファクト・スタンダードとなったかのように思われた自由資本主義は、アルベールの議論に非常に早い時期に鋭敏な反応を示したジャック・プラサールが予言したように、(6) いつしか金目当ての傭兵による金融の統治へと「進化」し、情報の不完全性に直面して、経済の具体的現実からますます遠ざかっていったことである。規制緩和やインターネットなど情報通信技術の進歩によって生まれた市場調整の迅速化による景気循環の消滅とインフレなき経済成長というアメリカ型ニュー・エコノミーの神話は、エンロン社やワールドコム社のようなそれを牽引した企業の破綻に示されるような株価の世界的暴落や、やがてサブプライム問題となって爆発することになる住宅バブル、さらにはイラク侵攻のような根拠が不明で限度のない「終わりなき戦争」による軍拡バブルによって、その魅力を急速に失っていった。そして、二〇〇八年秋のアメリカ金融危機から始まった未曾有の世界経済危機は、それに止めをさしたように思われる。「経済文化の闘争」は、原書初版刊行から六年目に、グローバルスタンダード資本主義のミッションや旗振り役を務めた国際金融機関（ＩＭＦ、世界銀行など）やポリシー・インテレクチャルズの権威喪失に伴って、その最終局面を迎えつつある。本書の視点にとって、今回の経済危機の意味はそれだけではない。ＥＵの欧州委員会は経済対策規模の目標値や控え目な規模の特別景気刺激プログラムなどを示すに止まり、この危機への対応の実際のイニシアティヴは、ヨーロッパにおいてもなお依然として「国民国家」にある。グローバルな経済危機のなかで、経済制度の点のみならず、経済政策の点でも、改めて、国民国家・国民経済の視点の相変わらずの重要性が浮かび上がったのである。

ドイツ経済から生成し拡大するライン資本主義に寄せたアルベールのオマージュは、こうして、アイロニカルなことにも、資本主義の勝利をもたらした冷戦の終了とともに始まる資本主義衰退の危機のなかで、ますます現実味を帯びてきたと言わなければならない。「欧州はライン資本主義を広めなければならない」とのプラサールの提言に呼応するかのように、二〇〇四年一〇月二九日にメンバー諸国代表によって調印された欧州憲法条約は次のように規定した。「欧州連合は、均衡のとれた経済成長および価格の安定性に基づく持続的成長、完全雇用および社会的進歩を目標とする高度に競争力ある社会的市場経済、ならびに高水準の環境保護と環境の質の改善をめざす」（第三条：欧州連合の目的、第三項）[7]、と。このように定義された市場経済が、ライン資本主義のそれであることを本書の読者は容易に了解されるであろう。社会的市場経済は、本書（第III章第４節）が示すように、その元々の意味から離れて、今や、ドイツ経済システムの象徴、ライン資本主義の代名詞なのである[8]。しかし、同時に、このライン資本主義の拠点である今日のドイツ経済が、こうした議論から想像されるような安定した静態的な経済類型を構成しているわけでは決してなく、むしろ、自由主義型とライン型との経済文化の闘争ラインは、ドイツとヨーロッパの真ん中を貫いて走っていることをも知るであろう。ちなみに、この葛藤は、欧州憲法条約の上記規定のなかにも読みとることが可能であるかもしれない。[9] 後に述べるように、この闘争線上にあるドイツ大企業のライン型維持・退出をめぐるミクロ・レベルでの葛藤のみならず、制度の「スリム化」・「ハイブリッド化」によるライン資本主義の進化はそのことと密接に関わっていよう。いずれにしても、アーベルスハウザーは、本書では、「緊密であるとともに多彩な風景」[10] と彼自身が形容するライン資本主義の経済制度の疑う余地のない擁護者として登場している。ここに至るまでの彼の研究歴を以下ではごく簡単に辿ってみよう。

アーベルスハウザー命題——戦後経済における成長と制度の再建

さて、ヴェルナー・アーベルスハウザーの研究として何よりも筆頭に挙げなければならないのは、「経済の奇跡」といわれる戦後西ドイツ経済の再建過程に関わる。この時期を、彼は、本書でもしばしば言及されるように、「長い五〇年代」と呼んでいる。それは、東西ドイツへの分断によって西ドイツ経済の再建が始まる一九四九年から、それが最初の景気後退によって終了する六〇年代半ばまでの時期である。彼は、博士論文「一九四五—一九四八年の西ドイツ経済——英米占領地区における再建と成長条件」[11] に始まる一連の研究によって、それまで戦後経済再建の起動力であるとされてきたマーシャルプラン、通貨改革、競争制限禁止法[12] の意義（西ドイツの「経済創設神話」）を相対化し、それ以上に、戦後再スタートの時点で戦禍を免れて相当に残存していた資本ストックと東部難民をも含めた熟練労働力を再建のいっそう重要な経済的条件としたのであった。

この過程へのアメリカの関わりについては、一九四七年の西ドイツ経済に対する方針転換の決定（西ドイツの潜在的生産力の顕在化とその欧州復興への利用）そのものの方が、マーシャルプランよりも遥かに重要であるとされた。さらに、「経済の奇跡」の前提条件として、西ドイツを最終的に世界市場に復帰させることになる朝鮮半島危機とそれによる世界経済ブームが付け加わる。これら一連の研究成果はアーベルスハウザー命題といわれ、激しい論争を呼び起こすとともに、それを通じて彼は現代ドイツ経済史研究の牽引車となった。その後登場してくる若い気鋭の現代経済史研究者たち、例えば、戦後西ドイツの世界経済への再統合について重要な研究をしたクリストフ・ブーフハイム（一九五四年生まれ）から戦間期とくにナチス期の数量経済史的研究で現在業績をあげつつあるアルプレヒト・リチュル（一九五九年生まれ）やマルク・シュペーラー（一九六三年生まれ）、ヨッヘン・シュトレープ（一九六六年生まれ）(13)にいたるまで、彼らの重要な研究成果は、プロヴォカティヴなアーベルスハウザー命題とそれをめぐる論争に何らかの形で関わって生み出され続けてきたものであり、現在でもそれは変わっていない(14)。

この戦後経済史における成長のダイナミズムの再建として提出された彼の命題は、『ドイツ連邦共和国の経済史一九四五―一九八〇年』（一九八三年）(15)を経て、本書や最新作の大著『一九四五年以後のドイツ経済史』（二〇〇四年）(16)では、制度の観点が導入されることにより、経済制度の再建論へと拡張される。戦後、経済のドイツ独自な組織形態、すなわち大銀行による金融システム、カルテル化した産業部門システム、二元的職業教育システム、団体の利害政策、株主だけでなく従業員（労使の共同決定）から取引先に至るまで様々な利害関係者からなるドイツ的コーポレート・ガバナンス、そしてビスマルク型社会保険――これらの制度は、最初、アメリカ合衆国によって解体の対象となった。しかし、とりわけ朝鮮半島危機を背景に、その方針は撤回され、その結果としてドイツ独自な社会的生産システムが復活してくる。それが、一九世紀末の「第二次経済革命」（ダグラス・ノース）を起点に生成してきた「団体調整的市場経済」と呼ばれるものである。この社会的生産システムをもつドイツ経済は、それが得意とする「多様化高品質生産」において現在も比較優位を維持し、世界市場をリードしているとアーベルスハウザーは見ている。

ドイツ型ニュー・エコノミーへの回帰と「ドイツ病」への対処

彼は、本書や『一九四五年以後のドイツ経済史』、また二〇〇六年三月に来日した際に東京大学で行われた講演(17)でも述べているように、ドイツにおけるポスト・フォーディズムの「新しい経済」の展望を、アメリカ型ニュー・エコノミーへの転換にではなく、「多様化高品質生産」を支える「団体調整的市場経済」というドイツ独自な社会的生産システムの合理的再編に求めるとともに、戦後西ドイツにおけるフォーディズムへの過剰適応を、「経済政策の時代錯誤」であり一九世紀末「第二次経済革命」に始まったドイツ型ニュー・エコノミーからのいわば「大いなる逸脱」であるとして批判するのである。その意味で、ドイツにおけるポスト・フォーディズムの展望は、アーベルスハウザーにおいては、戦後アメリカニズムからの脱却とドイツ本来のニュー・エコノミーの歴史的経路への(その改革を伴う)回帰という自己のアイデンティティーの確認に直結していく。ここに現代ドイツ経済史を今日まで牽引してきた歴史家としての深い経験と鋭い眼識に支えられた強い使命感が発動していることは明らかであろう。このような視点からいかなる史料が発掘され、史実にいかなる新たな光があてられ、またどのような具体的政策が提起されることになるのか。彼の最近の研究から非常に印象的な点を二つだけ指摘しておこう。

第一は、すでに一九八二年のシュミット連立政権下で、経済大臣ランプスドルフ（ＦＤＰ：自由民主党）と大蔵大臣レーンシュタイン（ＳＰＤ：社会民主党）によって、社会保障システムを中心とした鋭利な現状分析と改革案が提出されていたことに彼は注目し、すでにこの時点で提起されていた改革が停滞してしまった一九八〇年代と一九九〇年代を、いわば「失われた二〇年」と見た。そして、ポスト・フォーディズムに臨んで、「団体調整的市場経済」の社会的生産システムの新たな展開を図るのに必要なその社会改革は二〇年後になって漸く、シュレーダー政権の「アジェンダ二〇一〇」により継承され、いまなお未完の課題であり続けているとしている（『一九四五年以後のドイツ経済史』第九章第二節。また、「戦後ドイツ経済制度における連続性の再建」）。経済史家ベルクホッフは、この点について、「フランクフルター・アルゲマイネ」紙の書評（二〇〇五年一〇月四日付、No. 230）[18]で、「衝撃的」(erschütternd) と評していることを付け加えておこう。

第二は、ドイツ経済の宿痾となって久しい構造的失業問題に関わっている。本書でも指摘されているように（第Ⅳ章第2節）、その起源を、アーベルスハウザーは、先に紹介した彼のロジックに忠実に、戦後フォーディズムへの過剰適応に求めた。無資格不熟練労働者層がフォード主義の意想外の成功により度を超えて蓄積され、それが今や失業人口のプールと化したのである。フォーディズムの終焉と経済のグローバル化によって、その後のドイツの経済成長はこの部分への需要増を伴うことはない。逆に、高い資格をもつ熟練労働者の失業率は現在すでに著しく低く、それは今後の人口動態の変化の中で不足していくことが予想されている。こうして、無資格不熟練労働者層の職業的再教育による職業資格の底上げによって生産のドイツ的社会システムを強化し、グローバル経済の中での比較優位を維持・発展させていくことが提案される。[19]

高賃金と大量失業という、いわゆる「ドイツ病」への通常的な処方箋が、規制緩和による低賃金サービス労働の拡大や、（ドイツでは「市民労働」と呼ばれる）ボランティア労働のような「第二労働市場」の導入といった、いずれにしてもアメリカ型へのそれなりの接近であることを鑑みれば、これは歴史研究と政策提言とがクロスする場所から投じられた、極めて挑発的な問題提起であるといってよい。

『経済文化の闘争』——そのテクスチャーの縦糸と横糸

（博士論文から数えて）ほぼ三〇年間にわたるアーベルスハウザーの研究は以上のような解説でとうてい要約できるものではなく、とくに化学企業ＢＡＳＦ社、鉄鋼企業クルップ社、さらにまた戦後東西ドイツの自動車産業等に関する企業史は、著作一覧からも明らかなように、彼の主要な研究領域の一つである。多様化高品質生産や共同決定のようなドイツ的生産システムが実際に展開する現場である企業を舞台に長い時間をかけて歴史的に成長してきた経済文化への著者の深い理解と共感が、とりわけ本書には随所に滲み出ている。

ともあれ、アーベルスハウザーの長い研究歴を背景にしてみると、本書は、アカデミックな厳しい論争の中で鍛え上げられてきたアーベルスハウザー命題の現在最もアクチュアルな部分、すなわち制度の連続性に関わる議論を縦糸に、豊かな細部をもつ企業史研究の蓄積を横糸にして、ドイツ経済史の──それが培ってきた経済制度について彼が用いた印象的な表現を再び借りれば──「緊密であるとともに多彩な風景」を織り上げているのである。

この縦糸に関して言えば、原題「文化闘争」に端的に示されているように、グローバリゼーションにともなう新自由主義的な「ベスト・プラクティス」への同調、それによるライン資本主義からの離脱と自由主義市場経済への収斂化に警鐘を鳴らし、長い歴史が育んできた豊かな制度がもたらす比較優位をよく自覚して、ネオリベラルな圧力に屈することなく自分たちの「緊密な制度の文化」を守れとの率直で強い、明瞭なメッセージを送っている。それは、本書が、ドイツの工業都市エッセンにあるノルトライン・ヴェストファーレン州立文化科学研究所で行われた一般聴衆向けの講演(二〇〇二年一〇月)から生まれたという事情も手伝っていよう。しかしその音色は、率直であるとともに、この碩学の長年にわたる研究蓄積と深く響き合って豊かな倍音を含んでいる。そのいくつかをここに記しておこう。

それは、まず第一に、ドイツの「歴史」を、「未来の力」に繋がる大切な遺産として再評価していることである。その意味で、団体調整的市場経済というポスト工業的経済制度の温床である一九世紀末のドイツから、さらに深く中世ヨーロッパにまで遡って、ドイツ経済モデルの「原風景」をイギリスとの比較の中で探究している第II章は、特別の意義を担っている。プラグマティックに経済的課題を追求する自律性の弱い私法上の制度であるイギリスのギルドに対して、ドイツのツンフトは、営業を遥かに超えて政治的・経済的・社会的な諸目的をトータルに担う自律的な公法団体であった。こうした中間団体を軸とし、やがてコーポラティズムへと展開していく一四世紀から二〇世紀大恐慌期までの歴史は、それを過去の重圧や負の歴史の主役と見なした「ドイツの特殊の道」論の筋書きとは大きく異なって、ここでは、団体を市場経済のアクターとして立ち上がってくる新しい経済の前史として位置づけられている[20]。政治学者シュミッターは、第II章第3節で紹介されているように、戦後ヨーロッパ社会の団体的構成(自由コーポラティズムないし社会コーポラティズム)を、ナチズムやファシズムのそれ(権威主義的コーポラティズムないし国家コーポラティズム)から区別して類型化し、それによって、コーポラティズム論を民主主義社会の利害政治の分析に有効な装置へと昇格させた。団体による利害調整のシステムを民主主義論と接合しようとするこの理論的営為の核心的モチーフは、シュミッターによれば、経済的・政治的市場における権力と資源の分配の不平等が進んでいる状況の中で、自由競争と契約自由のフィクションがもはや説得力をもたなくなったという事実にある。コーポラティズムの「ドイツ・モデル」を、従来の紋切り型の権威主義的汚染から解放したことは、このネオ・コーポラティズム論の最大の功績の一つである。アーベルスハウザーはそうした政治学の研究成果をもふまえて、ドイツの伝統の再評価を試みている。

この団体をアクターとする市場経済の「緊密であるとともに多彩な風景」を織りなす「制度の文化」は、「組織化や操舵能力という点でとりわけ市場とヒエラルキーをあてにするアメリカのような制度的に弱い国民経済」(第I章第1節)と対比される。「第二次経済革命」のもう一方の主役となるアメリカについては、「多様化した高品質製品を生産する能力は、一般的に受容され社会的に埋め込まれたルールや、団体とか公式的な法規範のような『ハードな』制度に依拠してはおらず、個々の大企業の成果そのものであり続けた。それら大企業は、この点で、確かに、伝統的な、そしてまさに単純な生産パターンが溢れる海の中の孤島とよく似ていた」(第III章第1節)とされている[21]。この比較において、制度に埋め込まれた市場経済をもつ社会の理解は、リストやシュモラーと並んで、とりわけヘーゲルの

『法の哲学』、なかでも「欲求の体系」と「司法活動による所有の保護」と「福祉行政と職業団体による特殊利益の共同的配慮・管理」からなる「市民社会」論がベースになっていることを指摘しておこう[22](第II章第3節2項)。ポランニーは『大転換[23]』のなかで、労働・土地・貨幣の商品化によって社会をその内部に埋め込み「悪魔の挽き臼」と化した市場経済を、再度、社会へと埋め込むという人類史的課題を設定した。本書が第IV章第3節で言及するように「所有権は、義務をともなう」とした基本法第一四条第二項にも基礎づけられた「制度の経済文化」は、社会への市場の再埋め込みによって市場の暴走を制御し、肥大していく経済を持続可能な状態にランディングさせるという今日の課題に照らしても、いっそうの注目に値するであろう。

また、「特殊な道」という見方を成り立たせてきた戦後の「イデオロギー的な磁場」(八木紀一郎)が消滅した今、制度の思想と科学を世界のどこよりも先駆けて芽吹かせ発展させたドイツ語圏の哲学や経済学が再発見されつつあるが[24]、本書はまさにそれを目のつんだテクスチャーのなかに織り込んでいることも強調しておきたい。例えば、その遺著『経済と社会』に収められた、自由主義者ヴェーバーのカルテル論の解読(第II章第3節3項)は、「第二次経済革命」のただ中を生きた社会科学者としてのヴェーバー像を提出しており、挑発的な魅力にも欠けてはいない。

第二の点は、すでに述べたように、フォード主義をドイツ固有のニュー・エコノミーからの逸脱とし、固有の経路への回帰を、ライン資本主義に属する経済文化の使命として長い歴史を振り返りつつ丁寧に説いていることである。それが大きな説得力をもつのは、製品市場における(物質的・非物質的な費用の)比較優位を通じた相互依存的な国際分業という観点とならんで、それを超えて、グローバリゼーションの試練を克服して存続すべき多様化高品質生産による資産性耐久消費財の文明史的意義が示唆されているからではないだろうか[25]。「使い捨て原理から耐久性へ」の転換は、大量生産、大量消費、大量廃棄という悪循環や大衆化した自動車生産に支えられた産業システムから今なお離脱しえずに、持続可能な未来への展望をもちえないでいる工業社会の全てにとっての、もはや猶予の余地のない喫緊

の課題でもあろう。(26)

第三に、この文明史的意義を担った「新しい経済」の出発点を、一九世紀最後の四半世紀に起こった「第二次経済革命」に意識的に求めていることである。(27) それは、知識と技術の結合による社会の潜在的生産力の根本的な変化（物質的生産から非物質的生産への産業の重心移動）(28)と、それを実現する組織的革新からなる。それにともなう交換行為の多様化・複雑化がもたらす取引費用（Transaktionskost）の上昇やプリンシパル・エージェント問題に対して、アメリカと並んでこの「第二次経済革命」のトップランナーとなったドイツは、いかに対処したのか。ドイツにおけるその制度的な装置こそが、本書で、共同決定や二元的職業教育システムや産業別労働協約などを構成要素とする「団体調整的市場経済」といわれているものである。ドイツはポスト工業時代の開拓者として、「多様化高品質生産」を核とするこの新しい経済の発展に不可欠な諸条件——すなわち、高い熟練資格をもつ従業員、職場での信頼によって結ばれた共同作業（「社会性（ソシアビリテ）」という能力）、そうした信頼関係を前提にして可能となった固定資産へのコスト集約的投資など——を、共同決定を初めとする独自な制度をつうじて構築したのである。(29)「サービス社会化の遅れ」というドイツ経済の一般的なイメージを払拭し、「非物質的生産」への「多様な道」が強調されている点も見落とすことはできない。(30)

最後に、「経済文化の闘争」というコンセプトについて一言しておこう。それは、冷戦終了後に鮮明になった新しいコンフリクトの一つであり、以下でも触れる「資本主義の多様性」（Varieties of Capitalism）という国際的な定式化を獲得した資本主義の制度をめぐる競争に極めて近いところで発想されており、グローバリゼーション（しかし、とりわけあの九・一一のアメリカ同時多発テロ事件）とともに異様なリアリティーを獲得したかに見える、「グローバル化の過程にある国際社会の異なった文明に由来する諸集団の間の闘争」である「文明の衝突」（ハンチントン）とは遠く離れたところに位置している。(31) またそれは、「新たに発生しつつある世界経済秩序の見方を、怪物じみたものや病理学的なものに狭隘化する」グローバリゼーション批判とも一線を画している。この「経済文化の闘争」というキーワードは、彼が繰り返し述べているように、「市場の事象に関するルールや慣行をめぐる競争」を特徴づけるものであり、そのコンフリクト・ラインは、「世界経済の舞台で今日まで持ちこたえることができた、少数の歴史的に成長した経済文化・企業文化」の間を走っている。しかし、それだけではない。[32] この闘争において、その一方の主人公はアメリカのアクターであるにもかかわらず、「彼らは今日なお、その周辺部にいる」とされている。すなわち、「経済文化の闘争」のコンフリクト・ラインは、「ドイツとヨーロッパの真ん中を貫いて」いるのである。ここにドイツ企業の歴史と現状の細部に通暁した彼の力点の一つが置かれているとみて間違いない。

世界市場で行動し、国際資本市場と深く関わるグローバル・プレイヤーとしての大企業こそは、「市場とヒエラルキー」だけを頼りにしうる可能性があり、それ故に、新しいゲームの規則を受け入れて、団体調整的市場経済から退出していこうとする選択肢が現実味を帯びている。固有の企業文化と断絶し世界市場での制度的優位を放棄するのか、国際資本市場での幾多のメリットを放棄するのかというディレンマの前に彼らは立たされている。団体調整的市場経済に踏みとどまり、同時に化学工業の世界トップへと邁進したBASF社と、そこから離脱することによって「筆舌に尽くしがたい廃墟だけを今なお残している」ヘキスト社との対比など、本書やその後に書かれた関連する論考の中で示されているように、[33] この選択をめぐるコンフリクトのただ中にあるドイツの大企業についてその現状を告知し、彼らに、豊かな制度の景観を育んできたヨーロッパ文化の砦としての責務を自覚して「固有の企業文化」を維持せよと呼びかけるのである。

出版後の反響

本書ドイツ語版の出版はそれ自体が、ドイツ・ヨーロッパで展開するこの「文化闘争」へのアンガージュを意味しており、とりわけ上記の、ドイツとヨーロッパの内部を走るコンフリクト・ラインの指摘にあるように、従来の静態的な類型論を超えた視点を打ち出したものであるが故に、また、歴史研究を「産業立地競争」のようなアクチュアルな論争や現状分析と結びつけるものであっただけに、アカデミズム内外に大きな反響を引き起こした。以下では、筆者が調査し得たもののなかから、若干の興味深い指摘をアトランダムに示しておこう。

「ドイツ・ラジオ」――ドイツ統一後に新設された、ケルンとベルリンにセンターを置く統一ドイツのための公営ラジオ放送局――のケルン放送プログラム「ドイチュラント・フンク」のホームページ内に設けられた書評欄（二〇〇四年二月一一日付）で本書が取り上げられ、かなりの長文で紹介された。タイトルは「必読文献。文化闘争としての経済についてのヴェルナー・アーベルスハウザーの新著」、評者はマティアス・エッコルト(34)。

それは次のように始まっている。「経済立地ドイツについてどう考えるべきか。向上を示す指標は皆無で、その代わりに五〇〇万人もの失業を生み出しているこのドイツについて。ドイツには何もない、と反対政党は述べ、改革派は警告を発する。ドイツには何もないと新聞・雑誌の文化欄も述べ、魅せられたように、アメリカを凝視する――財政赤字の追い風を受けて金のかかる戦争を次から次へと始めることが可能であったアメリカを。こうした見解に対して、ヴェルナー・アーベルスハウザーは、その新著『文化闘争』のなかで、ドイツには経済立地として価値あるものが沢山あると述べている。著者が、こうした文化欄や政治家よりも卓越しているのは、ヨーロッパと海外の経済構造に関する詳細な知識であり、間近の出来事に惑わされずに大きな時間の流れのなかで思考することに慣れた歴史家の冷静な落ち着きである」。評者は、書物の内容紹介の後で次のような言葉でその文章を締め括っている。「アーベルスハウザーの本は、もちろん、ドイツの生産システムが神聖であるかのように議論するつもりは全くない。本書は説得力をもって改革を訴えている。しかしそれは、正しい改革でなければならず、それにはアメリカをモデルにすることはできない。大事なことは、ドイツ経済構造の廃棄や新たな規定ではなく、そのスリム化である。本書の読者はドイツ経済に関する先入見や一知半解から根本的に解放されることであろう。ただ、現在の改革の試みについての著者の評価が聞けないのは残念である」、と。（本邦訳の底本である）本書ドイツ語第二版の課題の一つが、この最後の要請への対応であることは明らかであろう。

この改革の方向に関連して、「経済のための闘争」と題されたホルガー・キュッパーズの短い書評[35]は、アーベルスハウザーが主張する改革の方向、すなわち独自な制度上の比較優位を創造的に拡大するという立場にとって、フィンランド経済への参照が特別の意味を有している点を強調している。この点に関わって、雑誌『ベルリン共和国』(Berliner Republik) の編集長トビアス・デュールは、ブランデンブルク州の経済改革の方向をめぐる論争に関する興味深い紹介論文[36]のなかで、ドイツの著名なエコノミスト、ハンス・ヴェルナー・ジンの見解、すなわちアメリカをモデルとした自由主義的改革に対して、（本書でも参照されている）マニュエル・カステルとペッカ・ヒマネンの共著『情報社会と福祉国家――フィンランド・モデル[37]』とともにアーベルスハウザーの本書を参照文献にあげている。これらが示唆しているのは、本書が、すでに今日のドイツ経済をめぐるアクチュアルな改革論争に深く関与しているということである。

アカデミズムの関係では、『歴史学雑誌』にヴェルフ・ヴェルナー（ブレーメン国際大学教授）の、「フランクフルター・アルゲマイネ」紙にギュンター・シュルツ（ボン大学教授）の比較的穏当な書評が掲載されたが[38]、論争的な意味で最も興味深いのはクリスティアン・クラインシュミット（ボーフム大学講師）の長文論評である。それはフンボルト大学を中心に運営されている歴史研究サイトの書評コーナーで公にされた[39]。

クラインシュミットが、アーベルスハウザーを批判して強調するのは、国際的な文脈をもつ長期的なアメリカ化やインターカルチャー主義や消費社会論に関する最近のドイツの研究に反映されているような、ドイツにおけるアメリカナイゼーションの進展であり、ドイツ企業のアメリカ・モデルへの収斂や傾倒である。また、労使関係のドイツ・

モデルも一九八〇年代以降は解体傾向にあり、企業管理の自由主義化がいっそう進んでいるとし、「文化闘争」が存在した場合でも、それが政治や企業レベルで調停されたことのほうに注意を促している。だが、アメリカ・モデルへの収斂化の諸過程を強調するクラインシュミットも、他方では、共同決定の根強い存続を承認しており、またこの収斂化の過程を、同時に、企業制度の「ハイブリッド化」とも呼び、後者を強調してさえもいる。このコンセプトは文字通りに受け止めれば、単なるドイツ・モデルの解消とアメリカ・モデルへの収斂化を意味しないであろう。したがって、この「ハイブリッド化」の詳細な分析は、彼の「収斂」命題を分化ないし修正させ、実際には、評者とアーベルスハウザーとの距離を縮めることにもなろう。もとより、本書を一読すれば明らかなように、例えば、「戦後西ドイツのフォーディズム」であるフォルクスワーゲン社の事例(第III章)からアーベルスハウザーが説いているのは、生産方法と労使関係における「アメリカとドイツの伝統の総合」、「フォーディズムのドイツ的ヴァージョン」、すなわち「フォーディズムの独自な、ドイツの特殊な制度的条件を十分に生かしたタイプ」の誕生であった。こうした「ハイブリッド化」は、後に触れるように、近年急速に進展しているドイツのコーポレート・ガバナンスの実証研究が確認しつつある中心的テーマでもある。

ドイツを超えたヨーロッパの文脈では、本書はどのような反響を見出しているであろうか。看過しえない論点を一つだけ紹介しておきたい。

ヨーロッパの社会・経済構想においては、ドイツ・モデル（モデル・ドイチュラント）やいわゆる「社会的市場経済」モデルがその筆頭に挙げられるが、フィレンツェにあるヨーロッパ大学教授クリスチャン・ジョージズ(経済法専攻)は、このモデルに関わって重要なのは、それが、一方でのコーポラティスト(団体主義)的な組織された経済と、他方でのオルド(秩序)自由主義的な社会的市場経済との共存であり、この二重構造が現実にはうまく機能して戦後ドイツの繁栄が実現した点であると述べている。(40) このうち前者の要素、すなわち団体的要素や経済的民主主義や福祉国家のような要素は、ジョージズによれば、オルド自由主義者にとっては呪詛であり、ドイツを再び「奴隷制への道」に導くものであったという。この点でヨーロッパ統合構想におけるオルド自由主義の主張は、福祉国家や社会政策からの経済統合のデカップリング（分離）であった。したがって、統合ヨーロッパの社会的次元、とりわけ「社会的ヨーロッパ」にドイツ・モデルを関わらせていく議論は、そう単純ではなく、ドイツ・モデルの歴史的再検討を要請しているのである。ジョージズは参考文献に本書を挙げているが、こうした議論においても、コンフリクト・ラインの所在をドイツ・ヨーロッパのなかに見出すアーベルスハウザーの本書は参照されるべき重要文献であることが確認できよう。

社会科学と歴史学の架橋――「資本主義の多様性」から「ライン資本主義」へ

先に指摘したように本書は、経済学、政治学を専攻する社会科学者の占有領域であった「資本主義の多様性」や「資本主義の収斂と分岐」に関わる議論に歴史的な次元を開拓することにより、それと歴史学との架橋を試みた。その点について述べておこう。

この議論の出発点となったピーター・A・ホールとデヴィッド・ソスキスが編集し、二〇〇一年に刊行された名著『資本主義の多様性――比較優位の制度的基礎』の序文で述べられているように[41]、そのプロジェクトは一九九二年にハーバード大学ヨーロッパ研究センターとベルリン社会科学研究センター（WZB[42]）の間の協同作業として始まったものだった。そして、二〇〇五年には、このベルリン社会科学研究センターで、フォルカー・R・ベルクハーンと「多様性」プロジェクトの執筆者の一人、ジーグルト・ウィトルス（同センターのシニア・リサーチ・フェローで気鋭の社会経済学者）をオルガナイザーに、同センター所長ユルゲン・コッカの協力によって大規模なコロキアムが実施され、その成果は二〇〇六年にベルクハーン、ウィトルス編『ドイツ資本主義は存在するか――社会的市場経済の伝統とグローバル・パースペクティヴ』として刊行された(43)(なお、この副題にある「社会的市場経済」とは、ここでは、報告・寄稿者の一人レームブルッフが指摘するように、「改革主義的諸論説」を統合した「折衷的な論説連合」を示すコンセプトであって、ドイツ新自由主義系列の占有概念ではない)。

報告・寄稿者にはコッカと上記二名の編者の他、「多様性」プロジェクトの編者ソスキス、レームブルッフ、それにアーベルスハウザーを初めとする錚々たる経済学者、政治学者、経済史家、歴史家が加わった。その異例に長い序文の冒頭でコッカが述べているように、それは、(とりわけ一九九〇年代以降の)歴史学の文化主義的方向への変質や社会科学の「歴史離れ」に伴ってドイツでは今や「希な」出来事となってしまった社会科学者と歴史家との緊密な協同作業が実現し結実した貴重な記録であるといっていいが、その結合の触媒となり、議論の中心テーマを提供したのが二〇〇三年に刊行されたアーベルスハウザーの本書であることはベルクハーン、ウィトルス編の随所から看取することができる。そこでは、ドイツ資本主義への「悲観」論(ハッセル)と「楽観」論(アーベルスハウザー、ソスキス)の対比を軸に、ドイツとアメリカの関係史(ベルクハーン、マリー・ノラン)やドイツ・モデルの政治経済学的分析(ウィトルス)からライン資本主義の消費社会論(ミヒャエル・プリンツ、クラインシュミットなど)までが縦横に論じられている。諸利害のコンセンサス形成を顧慮することなく首相の意向が、人権の法的慣習のような重要問題にいたるまで抵抗を排して、比較的難なく貫徹するイギリス政治(当時はブレア政権)の問題点を開口一番に指摘して、ドイツの時間をかけた合意形成の仕組みを擁護するソスキスや、比較の対象となっているアメリカ経済のそもそもの脆弱性に、「例えば、中国が、アメリカ経済を支えているアメリカ国債を買うことを止めてしまったらどうなるであろう」と注意を促すノランなど(二〇〇八年秋までは世界最大の米国債保有国であり、現在も中国に次ぐ位置を維持している日本がこういう文脈で「仮定としてでも」登場してこないのは誠に寂しい限りではあるが)、現代への危機意識を反映した印象的な発言も聞かれる。かつてケルン・マックスプランク社会研究所のヴォルフガンク・シュトレークのもとで働き、現在はベルリン・ヘルティー・スクール・オブ・ガバナンスで公共政策の教授を務めるハッセルの、傾聴に値する鋭利な「悲観」論も、最近公にされたドイツ・モデルの改革案[44]では、その生産システムにではなく、社会保障の分野に集中してきており、必要な改革を「生産レジームの周辺、社会保障システム」に求めるアーベルスハウザー[45]との距離は大きくはなくなっているように思われる[46]。

いずれにせよ、ネオリベラルの収斂化圧力に抗した「資本主義の多様性」とその意義は、今日いっそう重視されるようになった[47]。「ル・モンド・ディプロマティーク」二〇〇六年五月号においてサンフォード・M・ジャコービィは、日本経済の回復の要因の一つとして、多くの大企業における企業文化の尊重や社会的ルールへの敏感さを強調した[48]。ドイツでは、ベルリン社会科学研究センターの上記二つのプロジェクトに関わったウィトルスらのエコノミストを中心とした研究チームによって、共同決定制や長期的企業金融システムを含む団体調整的コーポレート・ガバナンスの再編とそのメリットが、最新の国際的文脈の中で実証的に明らかにされつつある。そこでは、「シェアホルダー価値」をも、企業経営に長期的な視点をもつドイツ・モデルに組み込んだ、その意味で「ハイブリッド化」の進展が確認された[49]。そうした実証分析の成果を踏まえ、ドイツのメジャーでハイクオリティーの経済新聞「ハンデルスブラット」紙上（No. 236, 二〇〇五年一二月六日付）で、ウィトルスは、「自己の強みを認識せよ」と企業家に呼びかけた[50]。そのなかで彼は、「ネゴシエイトされたシェアホルダー価値は時間がかかるものであるにもかかわらず、その実行には、アングロサクソンの企業よりも摩擦が少ない」と指摘し、また、「アメリカ経済の野放図な負債依存構造を回避しえていることもドイツの大きな得点である」としている。世界経済がアメリカ発の恐慌に巻き込まれるまでは、ドイツ経済が絶好調にあり、再び、ヨーロッパ経済の強力な機関車となっていたことは、欧米のメディアでも報じられた[51]。本書ドイツ語版刊行時には五〇〇万人とまでいわれた失業者数も、二〇〇七年半ばには、主としてフルタイム就業者の雇用増によって三七〇万人にまで減少し、過去一二年間の同期失業者の最低を記録した。ちなみに、世界で最大規模の国際会計事務所アーンスト・アンド・ヤング（Ernst & Young）の二〇〇六年・産業立地調査で、ドイツは世界で三番目（アメリカ、中国に次いで）の魅力的な産業立地であると世界の企業家から評価されるに至ったが[52]、それが、低賃金や環境基準の甘さなどではなく、高度なインフラストラクチャー、高い専門能力をもつ人材、高水準の研究・開発部門、魅力的な国内市場などによるものであるだけに、ライン資本主義をめぐる論争には今後いっそう目が離せなくなるであろう[53]。現代の最もアクチュアルなトピックスの一つ、CSR（企業の社会的責任）についてドイツ経済制度の効率性の賞賛文を書いたマイケル・ポーターが[54]、本書（第Ⅲ章）では、「文化闘争」の布陣においてドイツ経済制度の効率性の賞賛者として登場していることは、決して偶然ではない。企業が依拠しうる「ハードな制度」が存在しないアメリカという或いはグローバル経済の「フロンティア」という、いわば制度的真空の「海」で、企業は何をもって自らのCSRとするのか。企業活動の社会的インフラ整備を主張するポーターのCSR論が、他を圧して抜群の精緻な具体性と体系性そして説得力を誇示しうる背景には、ドイツ経済制度に関する彼の観察と洞察が隠されているに違いない。これに対して、ドイツのような「緊密で多彩な風景」と形容される制度の文化空間においては、端的に雇用保障こそが企業の最大のCSRなのである。

ところで、一九八〇年代の絶頂期から極めて短期間のうちに急降下していった日本経済について、経済学者の脇田成は、「そこそこうまくいっていたシステムを日米貿易摩擦やバブルで台無しにしたと思われてならない」と述べている[55]。さらに、その後のいわゆる新自由主義の「構造改革」は、不良債権処理には成功したものの、安い資金（ゼロ金利）と安い労働（非正規雇用）と安い輸出価格（円安）による輸出拡大という、いわば〈安易な三安〉の不況脱出策によって、「失われた一〇年」の混乱を増幅させたのである。こうしたなかで国内の消費市場（＝家計）の充実は置き去りにされる一方で、知識資本の結晶体である大切な諸制度（司法、医療、行政関係、大学）における「文化大革命」＝荒廃が進行しつつある。今必要なのは、日本のこうした現状を批判的に捉える〈強力な自意識〉であろう。なによりも大事なのは、本書についてドイツ・ラジオの書評が述べているように、「海外の経済」に関する知識と「間近の出来事に惑わされずに大きな時間の流れのなかで思考する」ことである。ここで「海外」という場合、言うまでもないことだが、アメリカ以外の海外に視線を向ける必要が今ほど大事なときはない。長く貴重な歴史的時間のなかでじっくりと形成されてきた「自国の経済資産について明確な像」を描くことを政治に要求し、その資産を守り抜き、洗練・発展させようと呼びかける、「経済文化の闘争」という本書のメッセージは、そうした強い自意識の表れであろう。このメッセージは、強力な経済文化を資産としてもつ日本にも、いやまさに日本にこそ妥当するはずである。本書を翻訳しようとした最大の動機もそこにある。

ヨーロッパの日常生活の深部に眼を転ずるならば、新しい、持続可能な街づくりや風力・太陽光のような自然エネルギーの活用などの地道な試行を重ねながら、着々と堅実に営まれ続けている「ドイツという生き方」は、経済社会の将来を見据えたとき、今後ますますその革新性を明らかにしていくであろう。[56] この点で重要なことは、「緊密であるとともに多彩な風景」を織りなす「制度の文化」は、企業経済だけに止まらないということである。とくに自治体の自立性と自治体間の相互支援の伝統には眼をみはるものがある。アーベルスハウザーが強調しているように（第III章第4節）、ここでも文化闘争の渦中で苦戦を強いられつつも維持されている地域間の機能的な財政均衡政策の伝統は、積極的な経済活動を貧しい市町村にも可能とし、生活状態の平等と、地域間で均衡のとれた生産諸力の配置を実現しているのである。[57] そうしたアクチュアルな文脈に、歴史の深みから新しい光をあてた経済史家アーベルスハウザーの本書の意義が今後ますます発見され、日本でもその知見が広く共有されていくことを期待したい。

経歴と業績

最後に、アーベルスハウザーの経歴と業績を簡単に述べておこう。彼は一九四四年にドイツのバーデン州ヴィースロホに生まれた。マンハイム大学で経済学を学んだ後、一九七三年にボーフム大学教授ディートマー・ペッツィーナの下で博士論文「一九四五—一九四八年の西ドイツ経済——英米占領地区における再建と成長条件」をまとめ、教授資格取得(一九八〇年)後は、ボーフム大学歴史学部教授(経済史・社会史)、同大学付属ヨーロッパ労働運動研究所所長、フィレンツェのヨーロッパ大学歴史・文化史学部教授(二〇世紀ヨーロッパ史)を経て、一九九二年より、シドニー・ポラードの後任としてビーレフェルト大学歴史・哲学部教授(経済史・社会史)に就任し現在に至っている。またこの間にオックスフォード、ゲッティンゲン、ケルン、セントルイス、シドニーで客員教授を務めた。歴史的社会科学を代表する雑誌『歴史と社会』誌の共同編集者であり、ビーレフェルト大学世界社会研究所の創設と運営にも関わっている。

彼の研究成果は、多数の書物(著書、編著、共著)や論文として公にされているほか、「フランクフルター・アルゲマイネ」、「ハンデルスブラット」、「ドイツ・ファイナンシャル・タイムズ」、『キャピタル』、『シュピーゲル』、「ディ・ツァイト」のようなドイツを代表する新聞や雑誌、さらには「ベルリン共和国 Berliner Republik」や「共同決定 Mitbestimmung」のような高度な社会的・公共的機能を担った、質の高いオンライン・マガジン——民主主義的市民社会におけるデジタル・コンテンツのあり方の一つの模範を示すものであろう——へのこれもまたかなりの数の寄稿や積極的な発言が数えられる。(58)

やや私事にわたって恐縮であるが、最後に若干の御礼を申し述べたい。アーベルスハウザー教授には、今から一〇年以上も前に、経営史学会・富士コンファレンスで東西ドイツの自動車産業史について、また、その後、東京で総動員体制と社会変動に関連して、御報告をお願いした。さらに、二〇〇六年三月には、東京と千葉で続けて行われた研究会において、アーベルスハウザー命題と本書のテーマ「経済文化の闘争」に関して御報告いただいた。多忙で困難な日程の中、その都度、長時間にわたる報告と討論に全力を尽くして下さったアーベルスハウザー教授に心より御礼申し上げたい。これらの研究会の実施においてご尽力くださった山之内靖先生、工藤章先生、馬場哲先生、また千葉大学ＣＯＥプロジェクトの広井良典先生をはじめとする諸先生方、そして二〇〇六年に実施された企画の母体となった柳澤治先生をはじめとする戦時経済研究会のみなさまに深謝したい。研究会の記録は、雨宮・シュトレープ編『管理された市場経済の生成』（日本経済評論社、二〇〇九年）および『公共研究』（千葉大学二一世紀ＣＯＥプログラム・紀要）第三巻第一号と第三号に掲載されている。ご参照いただければ幸いである。そこでも記したように、この翻訳はＣＯＥプログラムの事業の一環として浅田進史さんと共同で取り組んだ成果でもある。筆者の職場が千葉大学から首都大学東京に移った後も続いた長期にわたるこの労多い作業に力を尽くして頂いた浅田さんに感謝したい。本書作成の最終段階では首都大学東京図書情報センター本館および経営学系図書室のスタッフの方々に大変にお世話になった。東京大学出版会の黒田拓也さんには、お仕事がいっそう責任多く繁忙を極めていくなかで、拙著に引き続いて本書の刊行をもお引き受けいただいた。同会編集部の依田浩司さんは、緻密な編集作業を通じて本書を少しでも読みやすくするために力を尽くして下さった。原書に秘められた力がこの日本語版へと十分に移し変えられ、それに適切な形が与えられているとすれば、それは、依田さんの、丹念な読みにもとづく積極的な提案に負っている。心より深く感謝したい。

二〇〇九年五月

注

（1） Werner Abelshauser, *Kulturkampf. Der deutsche Weg in die Neue Wirtschaft und die amerikanische Herausforderung*, Kulturverlag Kadmos: Berlin 2003. 邦訳の底本としたのは、その時点で準備中のドイツ語第二版（die 2. deutsche Auflage）草稿である。初版と第二版では、（とくに現状を扱った第Ⅳ章第3節が）この間の現実の推移にともなって、資料の更新

や、本書の主張への確信をいっそう深める方向で叙述の拡充がなされている。なお、この日本語版作成過程で、次の(ドイツ語初版による)英訳書が刊行された。*The Dynamics of German Industry: Germany's Path toward the New Economy and the American Challenge* (=Making Sense of History. Studies in Historical Cultures, 6), New York, Oxford 2005.

(2) ドイツではベルリン社会科学研究センター(WZB)で二〇〇五年六月に、日本では千葉大学で二〇〇六年三月に行われた。

(3) Werner Abelshauser, Der Rheinische Kapitalismus im Kampf der Wirtschaftskulturen (W・アーベルスハウザー、雨宮昭彦・浅田進史訳「経済文化の闘争におけるライン資本主義」『公共研究』(千葉大学)第三巻第三号、二〇〇六年。

(4) M・アルベール、小池はるひ訳『資本主義対資本主義』竹内書店新社、一九九二年(原著、一九九一年)。

(5) アーベルスハウザー「経済文化の闘争におけるライン資本主義」。

(6) J・プラサール「衰退する資本主義」(一九九一年)(アルベール『資本主義対資本主義』所収)。関連して、次を参照。R・ドーア『誰のための会社にするか』岩波新書、二〇〇六年。ドーアの論点を敷衍して展開した論考として、伊藤光晴「二一世紀——日本の大企業のビヘイビアは変わったのか」『世界』二〇〇七年八月号。

(7) 欧州憲法条約の各国語版については、http://europa.eu/constitution/。ここではドイツ語版から訳した。なお、全文の邦語訳は、次の衆議院のホームページ、資料番号「衆憲資第五六号」を参照。http://www.shugiin.go.jp/itdb_kenpou.nsf/html/kenpou/shukenshi.htm?OpenDocument.

(8) 第III章とりわけ第4節で、著者は、この「社会的市場経済」について歴史家として独自な解釈を示している。雨宮昭彦「社会的市場経済の思想——オルド自由主義(田村信一・原田哲史編『ドイツ経済思想史』八千代出版、二〇〇九年、所収)をも参照。欧州憲法条約への導入過程については、石井聡「EU憲法における『連合の目標』としての社会的市場経済」『大原社会問題研究所雑誌』五七七号、二〇〇六年、を参照。

(9) 前掲、石井論文をも参照。

(10) Werner Abelshauser, Gibt es eine Wirtschaftsethik des Rheinischen Kapitalismus?, in: *Berliner Republik*, 3/2006. http://b-republik.de/.

(11) Abelshauser, *Wirtschaft in Westdeutschland 1945–1948. Rekonstruktion und Wachstumsbedingungen in der amerikanischen und britischen Zone* (=Schriftenreihe der Vierteljahrshefte für Zeitgeschichte, 30), Stuttgart 1975.

(12) この法令は、いわゆる「社会的市場経済の憲章として賞賛されたカルテル法」であって、多義的な性格を有するこの「社会的市場経済」という概念の、この時期における競争政策的な基本内容を明示している。W・アーベルスハウザー、雨宮昭彦・浅田進史訳「戦後ドイツ経済制度における連続性の再建」（雨宮・シュトレープ編『管理された市場経済の生成』日本経済評論社、二〇〇九年、所収）二五一頁。

(13) これらの新しい世代の歴史家によって現在ドイツで精力的に進行しつつあるナチス経済史・法制史研究は、ナチス体制の理解を劇的に変えつつある。その一端については次を参照。雨宮昭彦「一九三〇年代ドイツにおける〈経済的自由〉の法的再構築」、シュトレープ・シュペーラー「ナチス経済像の革新」（いずれも雨宮・シュトレープ編『管理された市場経済の生成』、所収）。

(14) アーベルスハウザー命題をめぐる論争については、次のナチス経済特集号を参照。*Jahrbuch für Wirtschaftsgeschichte*, 2003/1。また、三ツ石郁夫「戦後ドイツの経済発展をめぐるアーベルスハウザー・テーゼの現代的意義」『歴史と経済』第一九八号、二〇〇八年。

(15) Abelshauser, *Wirtschaftsgeschichte der Bundesrepublik Deutschland, 1945–1980* (=Neue Historische Bibliothek, es 1241), [1. Aufl. Frankfurt/M. 1983], 7. Aufl. Frankfurt/M. 1993.

(16) Abelshauser, *Deutsche Wirtschaftsgeschichte seit 1945*, München 2004 (=Schriftenreihe der Bundeszentrale für politische Bildung, 460, Bonn 2004.)

(17) アーベルスハウザー「戦後ドイツ経済制度における連続性の再建」（雨宮・シュトレープ編『管理された市場経済の生成』所収）。

(18) Hartmut Berghoff, Werner Abelshauser schreibt die Wirtschaftsgeschichte der Bundesrepublik neu, in: *Frankfurter Allgemeine Zeitung*, Seite 18/Dienstag, 4. Oktober 2005, Nr. 230.

(19) ユルゲン・コッカもまた、二〇〇六年末の「ハンデルスブラット」紙上で、ドイツの教育政策の遅れを指摘し、所得格差が拡大している中で、とりわけ下層階級や移民の高度教育を促進すべきであること、市場だけではなしえない、人間への公的投資によって社会国家を拡充すべきであることを主張している。Jürgen Kocka, Bürgerschaft macht Mut, in: *Handelsblatt*, 22. Dez. 2006.

(20) この論点に関連して次を参照。G・レームブルッフ、平島健司編訳『ヨーロッパ比較政治発展論』東京大学出版会、二〇〇四年。雨宮昭彦「コーポラティズムと比例デモクラシーへのコミット」『UP』二〇〇五年六月号。水島治郎『戦後オランダの政治構造——ネオ・コーポラティズムと所得政策』東京大学出版会、二〇〇一年。同「中間団体と公共性」『公共研究』第二巻第二号、二〇〇五年。帝政期ドイツのコーポラティズム型の利害調整に関して、植民地の事例から検討した研究として、浅田進史「膠州湾租借地におけるドイツ植民地統治と社会秩序」(千葉大学大学院人文社会科学研究科博士学位論文、二〇〇六年)を参照。フランスの研究史に関しては、鹿住大助「フランスにおけるコルポラティスムの歴史」『公共研究』第三巻第三号、二〇〇六年。コーポラティズム論の基本的な理解のためには次が有益である。「開放経済とコーポラティズム」、「コーポラティズムと経済実績」、「コーポラティズムと金融レジーム」(新川敏光・井戸正伸・宮本太郎・眞柄秀子『比較政治経済学』有斐閣、二〇〇四年、第四—六章)。

(21) これに対して、アメリカ経済の問題をいっそう普遍的な文脈から捉えて、アーベルスハウザーとの討論を試みたものとして、秋元英一「生き方としてのニュー・エコノミー」『公共研究』第三巻第三号、二〇〇六年。

(22) 「団体調整的市場経済」の基礎を、アーベルスハウザーはこのようにヘーゲルの「市民社会」論に求め、とりわけその概念構成に占める「団体」の意義を強調するとともに、この概念の理解にあたっては「団体」の契機が不可欠であることに特別の注意を促している(本書第I章訳注を参照)。なお、兵藤釗は、「公共性」論構築の観点から、同様に、ヘーゲル「市民社会」論、とりわけ、その構成契機である職業団体の意義に注目するとともに、生産過程から遊離したハーバーマス的な「相互行為」の営みの有効性を疑問視している。次を参照。兵藤釗「労働問題研究と〈公共性〉」『公共研究』第三巻第三号、二〇〇六年。さらに、林香理「『公共性』から『連帯』へ」『世界』二〇〇七年七月号。

(23) K・ポランニー、吉沢英成・野口建彦・長尾史郎・杉村芳美訳『大転換——市場社会の形成と崩壊』東洋経済新報社、一九七五年。若森みどり「ポランニー——社会の自己防衛から福祉国家の哲学へ」(小峯敦編『福祉の経済思想家たち』ナカニシヤ出版、二〇〇七年、所収)、をも参照。『大転換』の思想を踏まえて、制度主義の再構築へと向かうポランニー晩年の思索については、Midori Wakamori, Karl Polanyi's Social Philosophy: His Research Project from *The Great Transformation to The Livelihood of Man* (首都大学東京・大学院社会科学研究科・経営学専攻 Research Paper Seies, No. 41), http://www.comp.metro-u.ac.jp/lib.keiei/rps.html.

(24) 八木紀一郎編『経済思想七　経済思想のドイツ的伝統』日本経済評論社、二〇〇六年、vi頁。また、田村・原田編『ドイツ経済思想史』。

(25) 「比較優位」論の再評価と関連して、藤本隆宏「ものづくり日本の活路は『設計立国』にあり」『中央公論』二〇〇九年五月号。資産性耐久消費財に関しては、渡辺尚「現代ヨーロッパの企業行動と地域経済の精神」(渡辺尚・作道潤編『現代ヨーロッパ経営史』有斐閣、一九九六年)四八頁以下の極めて示唆的な指摘を参照。高品質と耐久性を特徴とする「メイド・イン・ジャーマニー」の意義を、「使い捨て原理」から「耐久性原理」へという文明史的コンテクストの中で議論したラフォンテーヌとミュラーの次の文献をも参照。Oskar Lafontaine, Christa Müller, *Keine Angst vor der Globalisierung*, Bonn 1998, S. 165 ff. 以上の点と関連して、雨宮昭彦「歴史的パースペクティヴのなかの公共研究」『公共研究』第一巻第一号、二〇〇四年。

(26)　この論点と関連して、環境の制約という枠組みのもとで経済ルールの再設計を試みた研究として、倉阪秀史『環境と経済を再考する』ナカニシヤ出版、二〇〇六年。

(27)　現代の経済史的起源を、一九―二〇世紀転換期における「第二次経済革命」に求め、産業革命を軸に組み立てられてきた経済史研究にパラダイムチェンジを主張したアーベルスハウザーの次の論考をも参照。Abelshauser, Von der Industriellen Revolution zur Neuen Wirtschaft, in: Jürgen Osterhammel, Dieter Langewiesche und Paul Nolte (Hg.), *Wege der Gesellschaftsgeschichte*, Göttingen 2006.

(28)　この重心移動について、アーベルスハウザーは、トン数で計測した実質産出量と実質経済価値との乖離がこの一〇〇年間に顕著に拡大した事実を挙げている。ベルリン経済研究所は、新たな機能的分類法によって、ドイツにおける、第三次産業セクターすなわち非物質的生産に携わる就業者の比率を新たに推計し、対米比較でドイツのサービス就業人口比率は遜色ないことを実証したが、アーベルスハウザーは、この調査結果も、自説の根拠として挙げている。第Ⅰ章注9、第Ⅲ章注63、第Ⅳ章第1節を参照。

(29)　岩井克人は、産業革命により生まれた産業資本主義とは異なって、二〇世紀後半以降の「ポスト産業資本主義」においては、新技術や独自の商品を生み出す従業員の知識や経験、ノウハウなどが製品差別化の源泉になるため「従業員という資産」の重要性が高まり、株主主権万能論は衰退していくものと見ている。田原総一郎「岩井克人との対話『格差と雇用の十年後』」『現代』二〇〇七年七月号、岩井克人「株主主権万能論は誤りだ」「朝日新聞」二〇〇七年七月八日付朝刊。

(30)　前掲注28を参照。ヨーロッパのサービス社会化の遅れについては、H・ケルブレ、雨宮昭彦・金子邦子・永岑三千輝・古内博行訳『ひとつのヨーロッパへの道』日本経済評論社、一九九八年、二五頁以下、を参照。

(31)　以下引用は、本書第Ⅰ章第1節から。

(32)　以下引用は、アーベルスハウザー「経済文化の闘争におけるライン資本主義」（前掲）から。

(33)　とくに本書第Ⅳ章第3節。ＢＡＳＦ社とヘキスト社の対比は、Abelshauser, Gibt es eine Wirtschaftsethik des Rheinischen Kapitalismus?

（34） Matthias Eckoldt, Pflichtlektüre. Werner Abelshauser über die Ökonomie als Kulturkampf. http://www.dradio.de/dlf/sendungen/buechermarkt/234778/drucken/.

（35） Holger Küppers, Kämpfen für die Wirtschaft, http://vorwaerts.de/allother.php/iAid/439/rev/1.

（36） Tobias Dürr, Brandenburg und das finnische Modell, in: *Perspektive 21. Brandenburgische Hefte für Wissenschaft und Politik*, Jg. 200.

（37） M・カステル、P・ヒマネン、高橋睦子訳『情報社会と福祉国家――フィンランド・モデル』ミネルヴァ書房、二〇〇五年。

（38） Welf Werner と Günther Schulz の書評は、各々、*Historische Zeitschrift*, Bd. 279, 2004; *Frankfurter Allgemeine*, 2.12.2003.

（39） Christian Kleinschmidt の書評(二〇〇三年九月)は次に掲載、H-Soz-u-Kult, http://hsozkult.geschichte.hu-berlin.de/rezensionen/.

（40） Christian Joerges *et al.*, "Social market Economy" as Europe's Social Model, EUI Working Paper LAW No. 2004/8; Christian Joerges, what is Left of the European Economic Constitution?, EUI Working Paper LAW No. 2004/13.

（41） Peter A. Hall, David Soskice (eds.), *Varieties of Capitalism: The Institutional Foundations of Comparative Advantage*, Oxford University Press, 2001,（一―五章までの邦語訳として）P・ホール、D・ソスキス編、遠山弘徳・安孫子誠男・山田鋭男・宇仁宏幸・藤田奈々子訳『資本主義の多様性――比較優位の制度的基礎』ナカニシヤ出版、二〇〇七年。安孫子誠男「〈資本主義の多様性〉論と〈社会的生産システム〉論」（上・下）『千葉大学経済研究』第一八巻第四号、第一九巻第四号をも参照。

（42） ドイツを代表する社会科学研究センターで、一九六九年に設立された。予算はドイツ連邦が七五%、ベルリン州(特別市)が二五%を分担する公益法人。ドイツの研究所を統合するライプニッツ・ゲマインシャフトに所属する。

（43） Volker R. Berghahn, Sigurt Vitols (Hg.), *Gibt es einen deutschen Kapitalismus? Tradition und Perspektive der sozialen Marktwirtschaft*, Frankfurt/New York 2006.

（44） Anke Hassel, Die Modernisierung des deutschen Modells, in: *Berliner Republik*, 1/2006, http://b-republik.de/.

（45） Werner Abelshauser, Wolfgang Merkel, Stein für Stein Pfad frei räumen, in: *Magazin Mitbestimmung*, International edition 2006, http://www.boeckler.de/.

(46) この点については次を参照。安井宏樹「社会民主主義政党のイノベーション」、坪郷實「刷新された社会民主主義と『市民活動の将来』」(いずれも山口二郎・宮本太郎・小川有美編『市民社会民主主義への挑戦――ポスト「第三の道」のヨーロッパ政治』日本経済評論社、二〇〇五年、所収)、加藤榮一「二〇世紀型福祉国家の転換」(日本財政学会編『財政研究』第一巻、有斐閣、二〇〇五年、所収)、雨宮昭彦「ドイツにおける労働市場の危機と『市民参加』」(手塚知彰・中窪裕也編『変貌する労働と社会システム』信山社、二〇〇八年、所収)。

(47) 次を参照。雨宮昭彦「グローバリゼーション、欧州統合とコーポラティズムの再建」(永岑三千輝・廣田功編『ヨーロッパ統合の社会史』日本経済評論社、二〇〇四年)、野田昌吾「グローバル化のなかのヨーロッパ協調政治」(高橋進・坪郷實編『ヨーロッパ・デモクラシーの新世紀』早稲田大学出版部、二〇〇六年、所収)、加藤榮一「福祉国家システムの再編」(同『福祉国家システム』ミネルヴァ書房、二〇〇七年、所収)。歴史研究との媒介の試みとして、田中洋子『ドイツ企業社会の形成と変容』ミネルヴァ書房、二〇〇一年、序章を参照。

(48) http://www.diplo.jp/articles06/0605-2.html.『中央公論』(二〇〇六年八月号)の「特集・日本型雇用が復活する」をも参照。また、丹羽宇一郎、御手洗富士夫『会社は誰のために』文藝春秋、二〇〇六年。その「朝日新聞」書評(二〇〇六年九月三日付)によれば、「対話なしに企業の経営権掌握をねらうマネーキャピタリズム」を「欧米流」としているが、これは正しくは「英米流」というべきであろう。

(49) Sigurt Vitols, Negotiated Shareholder Value: The German Variant of an Anglo-American Practice, in: *Competition & Change*, Vol. 8, No. 4, December 2004. 中園大樹『ドイツ・コーポレートガバナンスの変容に関する研究』(首都大学東京・大学院社会科学研究科経営学専攻・修士学位請求論文、二〇〇八年一月)を参照。日本における同様な「制度進化」については、次を参照。岡崎哲二「日本史に学ぶ課題」(日本経済新聞社編『資本主義の未来を問う』日本経済新聞社、二〇〇五年)、Masahiko, Aoki, G. Jackson, H. Miyajima (eds.), *Corporate Governance in Japan: Institutional Change and Organizational Diversity*, Oxford University Press 2008. 過渡期にある日本の経済システム改革の行方については、伊藤正直「戦後日本経済システムとニュー・エコノミー」『公共研究』第三巻第三号、二〇〇六年。

(50) Sigurt Vitols, Die eigene Stärke erkennen, in: *Handelsblatt*, Nr. 236, 6.12.2005.

(51) ドイツの新聞「ツァイト」(*Zeit*)紙の記事「好況に酔う――なぜドイツ経済はかくも改善したのか」、アメリカの「ヘラルド・トリビューン」(*Herald Tribune*)紙の「ヨーロッパの病人からスーパースターへ」、イギリスの「エコノミスト」(*Economist*)紙の「カムバックするドイツ経済」の紹介と好況の背景については次を参照。「未来を見据えて――絶好調の

○七年ドイツ経済」『Deutschland』4/2007。

（52）http://www.ey.com/global/Content.nsf/Germany/Presse_-_Pressemitteilungen_2006_-_Standort_Deutschland.

（53）一例を挙げるならば、リストラか労使協調かで長期にわたって「文化闘争」の渦中にあったフォルクスワーゲン社では、二〇〇七年一月、株主の短期的利害と人員削減という米国流の手法をとる経営陣が失脚し、労使協調体制が固まったことが日本の新聞でも大きく報道され、企業と長期的に連携した創業者家族や州自治体など大株主の監査役会での機能や、労組代表を含む共同決定など、ドイツ特有の企業統治のあり方が、このシステムによって生産される製品の品質の確かさとともに、改めて注目をひいた。「VW『お家騒動』」『朝日新聞』二〇〇七年一月一三日付朝刊。

（54）マイケル・ポーター、マーク・R・クラマー「『受動的』では価値を創出できない——競争優位のCSR戦略」『Harvard Business Review（ハーバード・ビジネス・レビュー）』二〇〇八年一月号。二〇〇六年マッキンゼー賞受賞論文である。

（55）脇田成「知識資本と日本経済の見えざる『反革命』」（『書斎の窓』二〇〇八年一〇月号、所収）、同『日本経済のパースペクティブ——構造と変動のメカニズム』有斐閣、二〇〇八年、を参照。

（56）「ドイツという生き方」“The Nikkei Magazine”（『日経マガジン』）第二五号（二〇〇六年一一月）を参照。なお、ドイツに関する最新の信頼できる情報は、次のホームページから容易に得ることができる。経済、地理、政治制度、社会システム、教育、文化など今日のドイツのあらゆる領域について、重要な数字、データ、グラフなどを盛り込みながら、わかりやすく解説している。日本語の他、英語、ドイツ語、中国語など各国の言葉で読める。http://www.tatsachen-ueber-deutschland.de/jp/. 持続可能な福祉社会としてのヨーロッパ・モデルの意義については、広井良典『持続可能な福祉社会——「もうひとつの日本」の構想』ちくま新書、二〇〇六年、を参照。

（57）これを、レームブルッフは、二〇〇七年五月二五日に東京大学において行われた講演において、「連邦レベルと州レベルの間の『垂直的』財政調整」に対して、「豊かな州と貧しい州との間の『水平的』財政調整」と呼んでいる。自治体をめぐるこのアクチュアルな問題については次を参照。武田公子『ドイツ自治体の行財政改革——分権化と経営主義化』法律文化社、二〇〇三年。ドイツといえば中央集権的官僚制国家といったイメージがつきまとってきたが、最近の研究では、それを修正し地方自治の強固な伝統が発見されつつある。次を参照。加藤房雄『ドイツ都市近郊農村史研究』勁草書房、二〇〇五年、平井進『近代農村社会と下層民』日本経済評論社、二〇〇七年。

（58）同氏の研究業績については、http://wwwhomes.uni-bielefeld.de/wabelsha/ を参照。著書、編著については巻末のアーベルスハウザー著作一覧を参照。

経済文化の闘争――資本主義の多様性を考える――

2009年 6月17日　初　版

[検印廃止]

著　者　ヴェルナー・アーベルスハウザー

訳　者　雨宮昭彦《あめみやあきひこ》・浅田進史《あさだしんじ》

発行所　財団法人　東京大学出版会

代 表 者　長谷川寿一

113-8654 東京都文京区本郷 7-3-1 東大構内

http://www.utp.or.jp/

電話 03-3811-8814　Fax 03-3812-6958

振替 00160-6-59964

印刷所　研究社印刷株式会社

製本所　誠製本株式会社

ISBN 978-4-13-040246-0　Printed in Japan

訳者紹介

雨宮昭彦

1953年　山梨県に生れる．
1988年　東京都立大学大学院社会科学研究科博士課程単位取得退学．
　　　　千葉大学法経学部教授を経て，
現　在　首都大学東京大学院社会科学研究科教授　博士(経済学，東京大学)．

主要著書

『帝政期ドイツの新中間層』(2000年，東京大学出版会)
『競争秩序のポリティクス』(2005年，東京大学出版会)
『グローバリゼーションと国民経済の選択』(共著，2001年，東京大学出版会)
『西洋経済史学』(共著，2001年，東京大学出版会)
『ヨーロッパ統合の社会史』(共著，2004年，日本経済評論社)
Neoliberalismus und Faschismus: Liberaler Interventionismus und die Ordnung des Wettbewerbs, in: *Jahrbuch für Wirtschaftsgeschichte*, 2008/2.
『ドイツ経済思想史』(共著，2009年，八千代出版)
『管理された市場経済の生成』(共編，2009年，日本経済評論社)

浅田進史

1974年　神奈川県に生れる．
2005年　千葉大学大学院社会文化科学研究科博士課程単位取得退学．
　　　　千葉大学大学院人文社会科学研究科公共研究センター COE フェローを経て，
現　在　首都大学東京都市教養学部経営学系助教　博士(学術，千葉大学)．

主要著書

『帝国への新たな視座』(共著，2005年，青木書店)
『日本の青島占領と山東の社会経済』(共著，2006年，東洋文庫)
『日独関係史　一八九〇―一九四五　I』(共著，2008年，東京大学出版会)
『近代東北アジアの誕生』(共著，2008年，北海道大学出版会)

人名索引

ア 行

アデナウアー (Adenauer, K.)　78
アルベール (Albert, M.)　11, 94, 197–199
ヴァーグナー (Wagner, A.)　150
ヴィッセル (Wissel, R.)　65
ヴィルヘルム 2 世 (Wilhelm II)　136
ヴェーバー (Weber, M.)　62, 206
ヴェブレン (Veblen, T.)　28–29
ヴェルス (Wels, O.)　73
エールマー (Aylmer, J.)　43
エジソン (Edison, T. A.)　164
エドワード 3 世 (Edward III)　34
エリザベス 1 世 (Elizabeth I)　35
エルンスト (Ernst, A.)　59
オイケン (Eucken, W.)　150
オルソン (Olson, M.)　167–168

カ 行

カミーン (Kamien, F.)　59
クーノ (Cuno, W.)　67
クラインヴェヒター (Kleinwächter, F.)　62
クロムウェル (Cromwell, O.)　40
ケインズ (Keynes, J. M.)　9, 151
ゲーレン(Gehlen A.)　v
ケチング (Kätsching, H.)　59
コウルペーパー (Colepeper, J.)　41
コース (Coase, R. H.)　145
ゴットル＝オットリリエンフェルト (Gottl-Ottlilienfeld, F. v.)　106

サ 行

サッチャー (Thatcher, M.)　10
ジェームズ 1 世(James I)　41–42
シュヴァーレツ (Svarez, C. G.)　46
シュタイン (Stein, K. F. v.)　20
シュテーゲルヴァルト (Stegerwald, A.)　72
シュトリュンゼー (Struensee, K. G. v.)　19
シュペーア (Speer, A.)　113–114, 117–118
シュペングラー (Spengler, N.)　59

タ 行

タルノー (Tarnow, F.)　73
チャールズ 1 世 (Charles I)　42–43
テイラー(Taylor, F. W.)　105
ティリー (Tilly, R.)　24
ディンケルバッハ (Dinkelbach, H.)　143
デーニッツ (Dönitz, K.)　118
トクヴィル (Tocqueville, A. d.)　i, 6
トット (Todt, F.)　111, 114
ドネルスマルク伯 (Donnersmark, G. G. H. v.)　59

ナ 行

ナポレオン (Napoleon B.)　20
ノース(North, D. C.)　ii, 7, 140, 201
ノルトホッフ (Nordhoff, H.)　128, 131

ハ 行

ハーヴェイ (Harvey, D.)　24
バーレ (Baare, L.)　59
バイエレ (Beyerle, H.)　59
ハルデンベルク (Hardenberg, K. A. F. v.)　20
ハルナック (Harnack, A. v.)　148
ハンチントン (Huntington, S.)　2, 207
ビスマルク (Bismarck, O. v.)　30, 55, 57–61, 65
ヒトラー (Hitler, A.) 77, 107, 113
ビューヒャー (Bücher, H.)　72
フィヒテ (Fichte, J. G.)　56
フェーグラー (Vögler, A.)　65
フォード (Ford, H.)　104, 106, 115, 126
フクヤマ (Fukuyama, F.)　1, 94
ブラウンス (Brauns, H.)　68
フリードリヒ 1 世 (Friedrich I)　38
フリードリヒ 2 世 (Friedrich II)　45–46
フリードリヒ・ヴィルヘルム 1 世 (Friedrich Wilhelm I)　39, 45
フリードリヒ・ヴィルヘルム大選帝侯 (Friedrich Wilhelm, d. G. K.)　45
ブリューニング (Brüning, H.)　71–72

マ　行

ラ　行

事項索引

サ　行

タ　行

ナ　行

ハ 行

マ 行

ヤ 行

主要文献目録

Abelshauser, Werner (1984), The First Post-Liberal Nation: Stages in the Development of Modern Corporatism in Germany, *European History Quarterly*, 14 (3), 285–318.

———— (1995), Two Kinds of Fordism: On the Differing Roles of the Automobile Industry in the Development of the Two German States, in Haruhito Shiomi and Kazuo Wada (eds.), *Fordism Transformed: The Development of Production Methods in the Automobile Industry*, Oxford: Oxford University Press, 269–296.

———— (1998), Germany: Guns, Butter, and Economic Miracles, in Mark Harrison (ed.), *The Economics of World War II: Six Great Powers in International Comparison*, Cambridge, UK: Cambridge University Press, 122–176.

———— (2002), Rüstungsschmiede der Nation? Der Kruppkonzern im Dritten Reich und in der Nachkriegszeit 1933 bis 1951, in Lothar Gall (ed.), *Krupp im 20. Jahrhundert: Die Geschichte des Unternehmens vom Ersten Weltkrieg bis zur Gründung der Stiftung*, Berlin: Siedler, Teil III.

———— (2004), *Deutsche Wirtschaftsgeschichte seit 1945*, München: C. H. Beck.

———— (ed.) (2004), *German Industry and Global Enterprise: BASF: The History of a Company*, Cambridge, UK and New York: Cambridge University Press.

Albert, Michel (1991), *Capitalisme contre Capitalisme*, Paris: Edition du Seuil (ミシェル・アルベール，小池はるひ，久水宏之訳『資本主義対資本主義』新装版，竹内書店新社，2008 年).

Amemiya, Akihiko (2008), Neoliberalismus und Faschismus: Liberaler Interventionismus und die Ordnung des Wettbewerbs, *Jahrbuch für Wirtschaftsgeschichte*, 2008/2, 173–195.

Ashley, William (1888), *An Introduction to English Economic History and Theory*, Part I, London: Longman, Green & Co.

Barkin, Kenneth D. (1970), *The Controversy over German Industrialization 1890–1902*, Chicago: University of Chicago Press.

Bell, Daniel (1973), *The Coming of Post-Industrial Society: A Venture in Social Forecasting*, New York: Basic Books (ダニエル・ベル，内田忠夫他訳『脱工業社会の到来——社会予測の一つの試み』上・下，ダイヤモンド社，1975 年).

Berg, Maxine, Pat Hudson, and Michael Sonenscher (eds.) (1983), *Manufacture in Town and Country before the Factory*, Cambridge: Cambridge University Press.

Berghahn, Volker R. (1986), *The Americanization of West German Industry, 1945–1973*, Leamington Spa, UK, New York: Berg.

——— and Detlef Karsten (1987), *Industrial Relations in West Germany*, New York: St. Martin's Press.

Bertelsmann Foundation and Hans-Böckler-Foundation (eds.) (1998), *Co-Determination and New Corporate Cultures: Survey and Perspectives. Report of the Co-Determination Commission*, Gütersloh: Verlag Bertelsmann Stiftung.

Blackbourn, David and Geoff Eley (1984), *The Peculiarities of German History: Bourgeois Society and Politics in Nineteenth-Century Germany*, Oxford: Oxford University Press.

Bluestone, Barry and Bennett Harrison (2000), *Growing Prosperity: The Battle for Growth with Equity in the 21st Century*, New York: The Century Foundation.

Borchardt, Knut (1977), Der 'Property Rights-Ansatz' in der Wirtschaftsgeschichte, in Jürgen Kocka (Hg.), *Theorien in der Praxis des Historikers: Forschungsbeispiele und ihre Diskussion*, Göttingen: Vandenhoeck & Ruprecht, 140–160.

——— (2001), *Globalisierung in historischer Perspektive*, Bayerische Akademie der Wissenschaften, Philosophisch-historische Klasse: Sitzungsberichte, Heft 2, München: C. H. Beck.

Bordo, Michael D., Barry Eichengreen, and Douglas A. Irwin (1999), Is Globalization Today Really Different Than Globalization a Hundred Years Ago? NBER Working Paper Series 7195, Cambridge, MA.

Boserup, Ester (1981), *Population and Technological Change: A Study of Long Term Trends*, Chicago: University of Chicago Press.

Bowen, Ralph H. (1947), *German Theories of the Corporative State*, New York and London: McGraw-Hill.

Burt, Roger (1995), The Transformation of Non-Ferrous Metals Industries in the 17th and 18th Centuries, *Economic History Review*, 48, 23–45.

Calleo, David P. (1978), *The German Problem Reconsidered: Germany and the World Order, 1870 to the Present*, Cambridge, New York: Cambridge University Press.

Cameron, Rondo (1982), The Industrial Revolution: A Misnomer, *The History Teacher*, 15, 377–384.

——— (1985), A New View of European Industrialization, *Economic History Review* (2nd Series), 38, 1–23.

Castells, Manuel and Pekka Himanen (2002), *The Information Society and the*

Welfare State: The Finnish Model, Oxford: Oxford University Press（マニュエル・カステル，ペッカ・ヒマネン，高橋睦子訳『情報社会と福祉国家――フィンランド・モデル』ミネルヴァ書房，2005 年）.

Chandler, Alfred D. (1990), *Scale and Scope: The Dynamics of Industrial Capitalism*, Cambridge, MA: Belknap（アルフレッド・D・チャンドラー Jr.，阿部悦生，川辺信雄，工藤章，西牟田祐二，日高千景，山口一臣訳『スケール・アンド・スコープ――経営力発展の国際比較』有斐閣，1993 年）.

Clark, Colin (1940), *The Conditions of Economic Progress*, London: MacMillan（コーリン・クラーク，大川一司，小原敬士，高橋長太郎，山田雄三訳『経済進歩の諸条件』上・下，勁草書房，1953 年，1955 年）.

Cobbett's Parliamentary History of England (1807), vol. 2, London: Bagshaw.

Crafts, Nicholas F. R. (1985), *British Economic Growth during the Industrial Revolution*, Oxford: Clarendon.

―――――――― British Economic Growth 1700–1831: A Review of the Evidence, *Economic History Review* (2nd Series), 36, 177–199.

―――――――― and C. K. Harley (1992), Output Growth and the British Industrial Revolution: A Restatement of the Crafts-Harley View, *Economic History Review*, 45, 703-730.

Cunningham, William (1915), *The Growth of English Industry and Commerce during the Early and Middle Ages* (5th ed.), Cambridge, UK: Cambridge University Press (1882).

Delhaes-Günther, Linda von (2003), *Erfolgsfaktoren des westdeutschen Exports in den 1950er und 1960er Jahren*, Dortmund: Gesellschaft für Westfälische Wirtschaftsgeschichte.

Deutsche Bundesbank (1976), *Deutsches Geld und Bankwesen in Zahlen 1876–1975*, Frankfurt am Main: Fritz Knapp.

Deutsches Patent- und Markenamt (2002), *Jahresbericht 2001*, München: Heymann.

Drucker, Peter F. (1993), *Post-Capitalist Society*, New York: Harper Business（P・F・ドラッカー，上田惇生訳『ポスト資本主義社会』ダイヤモンド社，2007 年）.

Edelmann, Heidrun (1989), *Vom Luxusgut zum Gebrauchsgegenstand: Die Geschichte der Verbreitung von Personenkraftwagen in Deutschland*, Frankfurt am Main: Verband der Automobilindustrie (VDA).

Eley, Geoff (1978), Capitalism and the Wilhelmine State: Industrial Growth and Political Backwardness in Recent German Historiography, 1890–1918, *Historical Journal*, 21, 737–750.

Erker, Paul (1997), 'Amerikanisierung' der westdeutschen Wirtschaft? Stand und Perspektive der Forschung, in Konrad Jarausch und Hannes Siegrist (Hg.),

Amerikanisierung und Sowjetisierung in Deutschland 1945–1970, Frankfurt am Main and New York: Campus, 137–145.

Erzbischöfliches Seelsorgeamt Köln (1950), *Papst Leo XIII, Papst Pius XI, Die Enzykliken Rerum Novarum: Quadragesimo Anno* (Amtlicher deutscher Text), Düsseldorf.

Feldman, Gerald D. (1974), Der deutsche organisierte Kapitalismus während der Kriegs- und Inflationsjahre 1914–1923, in Heinrich A. Winkler (Hg.), *Organisierter Kapitalismus*, Göttingen: Vandenhoeck & Ruprecht, 150–171 (「戦時およびインフレーション期のドイツ組織資本主義，1914–1923 年」H・A・ヴィンクラー編，保住敏彦，近藤潤三，丸山敬一，後藤俊明，河野裕康訳『組織された資本主義』名古屋大学出版会，1989 年).

———— (1977), *Iron and Steel in the German Inflation, 1916–23*, Princeton: Princeton University Press.

———— (zusammen mit Irmgard Steinisch) (1985), *Industrie und Gewerkschaften 1918–1924*, Stuttgart: Deutsche Verlagsgesellschaft.

Fischer, Wolfram (1964), *Unternehmerschaft, Selbstverwaltung und Staat*, Berlin: Duncker & Humblot.

————, R. Marvin McInnis, and Jürgen Schneider (eds.) (1986), *The Emergence of a World Economy, 1500–1914*, Wiesbaden: Steiner.

Ford, Henry (in collaboration with Samuel Crowther) (1930), *Moving Forward*, Garden City, NY: Doubleday, Doran & Company.

Foreman-Peck, John (1985), *A History of the World Economy: International Economic Relations since 1850*, Brighton: Harvester Press.

Fraunhofer Institut für System- und Innovationsforschung (2004), *Patente in Europa und der Triade: Strukturen und deren Veränderung* (Studien zum deutschen Innovationssystem 9–2005), Karlsruhe.

Fukuyama, Francis (1992), *The End of History*, New York: The Free Press (フランシス・フクヤマ，渡部昇一訳『歴史の終わり』新装版，上・下，三笠書房，2005 年).

———— (1995), *Trust: The Social Virtues and the Creation of Prosperity*, New York: The Free Press (フランシス・フクヤマ，加藤寛訳『「信」無くば立たず——「歴史の終わり」後，何が繁栄の鍵を握るのか』三笠書房，1996 年).

Gerschenkron, Alexander (1952), Economic Backwardness in Historical Perspective, in Bert F. Hoselitz (ed.), *The Progress of Underdeveloped Areas*, Chicago: Chicago Univ ersity Press, 3–29.

Gierke, Otto von (1954), *Das deutsche Genossenschaftsrecht*, Bd. 1. Darmstadt: Wissenschaftliche Buchgesellschaft (1868 年初版).

Gimbel, John (1990), *Science, Technology, and Reparations: Exploitation and*

Plunder in Postwar Germany, Stanford, CA: Stanford University Press.

Gross, Charles (1890), *The Gild Merchant* (2 vols.), Oxford: Oxford University Press.

Hall, Peter A. and David Soskice (eds.) (2001), *Varieties of Capitalism: The Institutional Foundations of Comparative Advantage*, Oxford: Oxford University Press (ピーター・A・ホール，デヴィッド・ソスキス編，遠山弘徳，安孫子誠男，山田鋭夫，宇仁宏幸，藤田菜々子訳『資本主義の多様性——比較優位の制度的基礎』ナカニシヤ出版，2007 年).

Hammersley, George (1991), The Effect of the Technical Change in the British Copper Industry between the 16th and the 18th Centuries, *Journal of European Economic History*, 20, 155–173.

Harley, Knick (1982), British Industrialization before 1841: Evidence of Slower Growth during the Industrial Revolution, *Journal of Economic History*, 42, 267–289.

Harnack, Adolf von (1905), Vom Großbetrieb der Wissenschaft, *Preußische Jahrbücher*, 119, 193–201.

Harrisson, Mark (ed.) (1998), *The Economics of World War II: Six Great Powers in International Comparison*, Cambridge: Cambridge University Press.

Harvey, David (1989), *The Condition of Postmodernity: An Inquiry into the Origins of Cultural Change*, Oxford: Blackwell (デヴィッド・ハーヴェイ，吉原直樹監訳『ポストモダニティの条件』青木書店，1999 年).

Haupt, Heinz-Gerhard (Hg.) (2002), *Das Ende der Zünfte: Ein europäischer Vergleich*, Göttingen: Vandenhoeck.

Hegel, Georg, Wilhelm, Friedrich (1938), *Grundlinien der Philosophie des Rechts* (Sämtliche Werke, 7), 2. Aufl. (G・W・F・ヘーゲル，藤野渉，赤沢正敏訳『法の哲学』世界の名著，第 35 巻，中央公論社，1967 年).

Hertner, Peter (1986), Financial Strategies and Adaption to Foreign Markets: The German Electro-Technical Industry and Its Multinational Activities, 1890s to 1939, in Alice Teichova, Maurice Levy-Leboyer, and Helga Nussbaum (eds.), *Multinational Enterprise in Historical Perspective*, Cambridge: Cambridge University Press, 113–134 (「金融戦略と海外市場への適応——ドイツ電機産業とその多国籍的活動、1890 年代から 1939 年まで」アリス・タイコーヴァ，モーリス・レヴィールボワイエ，ヘルガ・ヌスバウム編，鮎沢成男，渋谷将，竹村孝雄監訳『歴史のなかの多国籍企業——国際事業活動の展開と世界経済』中央大学出版部，1991 年).

Hirsch, Barry, John T. Addison, und Joachim Genosko (1990), *Eine ökonomische Analyse der Gewerkschaften*, Regensburg: Transer.

Hollingsworth, J. Rogers (1997), Continuity and Changes in Social Systems of Production: The Cases of Japan, Germany, and the United States, in J. Rogers

Hollingsworth and Robert Boyer (eds.), *Contemporary Capitalism: The Embeddedness of Institutions*, Cambridge: Cambridge University Press, 265–310.

Huntington, Samuel P. (1996), *The Clash of Civilizations and the Remaking of World Order*, New York: Simon & Schuster (サミュエル・ハンチントン，鈴木主悦訳『文明の衝突』集英社，1998 年).

IFO-Institut für Wirtschaftsforschung (October 2001), Der mittelständische Maschinenbau am Standort Deutschland: Chancen und Risiken im Zeitalter der Globalisierung und 'New Economy', IFO-Institut für Wirtschaftsforschung, München.

Johnson, Jeffrey A. (2004), The Power of Synthesis, in Werner Abelshauser (ed.), *German Industry and Global Enterprise: BASF: The History of a Company*, New York, Cambridge, UK: Cambridge University Press, 115–205.

Judt, Matthias and Burghard Ciesla (eds.) (1996), *Technology Transfer out of Germany after 1945*, Amsterdam: Harwood Academic Publishers.

Kaelble, Hartmut (1967), *Industrielle Interessenpolitik in der Wilhelminischen Gesellschaft: Centralverband Deutscher Industrieller 1895 bis 1914*, Berlin: Walter de Gruyter.

Kaun, Heinrich (1938), *Die Geschichte der Zentralarbeitsgemeinschaft der industriellen und gewerblichen Arbeitgeber Deutschlands*, Jena: Gustav Fischer.

Kern, Horst und Michael Schumann (1984), *Das Ende der Arbeitsteilung? Rationalisierung in der industriellen Produktion: Bestandsaufnahme, Trendbestimmung*, München: Beck.

Kleinschmidt, Christian (2002), *Der produktive Blick: Wahrnehmung amerikanischer und japanischer Management- und Produktionsmethoden durch deutsche Unternehmer 1950–1985*, Berlin.

König, Wolfgang (2004), Adolf Hitler vs. Henry Ford: The Volkswagen, the Role of America as a model, and the Failure of a Nazi Consumer Society, *German Studies Review* 27 (2), 249–268.

Kugler, Anita (1987), Von der Werkstatt zum Fließband: Etappen der frühen Automobilproduktion in Deutschland, *Geschichte und Gesellschaft*, 13, 304–339.

Lane, Christel (1999), Globalization and the German Model of Capitalism: Erosion or Survival? *Discussion Paper, Faculty of Social and Political Science*, Cambridge University, England.

Lazonick, William (1990), *Comparative Advantage on the Shop Floor*, Cambridge, MA: Harvard University Press.

Lehmbruch, Gerhard (2001), The Institutional Embetting of Market Economies: The German 'Model' and Its Impact on Japan, in Wolfgang Streek and Kozo Yamamura (eds.), *The Origins of Nonliberal Capitalism: Germany and Japan in Comparison*, Ithaka, NY: Cornell University Press, 39–93.

Lessenich, Stephan (2003), *Dynamischer Immobilismus, Kontinuität und Wandel im deutschen Sozialmodell*, Frankfurt/M.: Campus.

Levy, Hermann (1927), *Monopole, Kartelle und Trusts*, 2. Aufl., Jena: Fischer.

Linde, Claas van der (1992), *Deutsche Wettbewerbsvorteile*, Düsseldorf: Econ.

List, Friedrich (1996), *Outlines of American Political Economy in Twelve Letters to Charles Ingersoll*, Wiesbaden: Böttiger (1827 年初版).

―――― (1931), Über den Wert und die Bedingungen einer Allianz zwischen Großbritannien und Deutschland, in Friedrich List, *Schriften*, Bd. 7. Berlin: Reimar Hobbing, 267–296 (1846 年初版).

Maddison, Angus (1989), *The World Economy in the 20th Century*, Paris: OECD (アンガス・マディソン，金森久雄監訳『20 世紀の世界経済』東洋経済新報社，1990 年).

Maier, Charles S. (1975), *Recasting Bourgeois Europe*, Princeton: Princeton University Press.

Manoïlesco, Mihaïl (1936), *Le siècle du corporatisme: Doctrine du corporatisme integral et pur*, Paris: Alcan (1934 年初版).

Maurer, Ilse und Udo Wengst (Hg.) (1980), *Politik und Wirtschaft in der Krise 1930–1932, Quellen zur Ära Brüning*, Teil 1, eingl. v. Gerhard Schulz, Düsseldorf: Droste.

Mayer, Arno J. (1981), *The Persistence of the Old Regime: Europe to the Great War*, New York: Pantheon.

Middlemas, Keith (1979), *Politics in Industrial Society: The Experience of the British System since 1911*, London: André Deutsch.

Mokyr, Joel (ed.) (1993), *The British Industrial Revolution: An Economic Perspective*, Boulder, CO: Westview Press.

Mommsen, Theodor (1905), *Reden und Aufsätze*, Berlin: Weidemann.

Nolan, Mary (1994), *Visions of Modernity: American Business and the Modernization of Germany*, New York: Oxford University Press.

North, Douglass C. (1981), *Structure and Change in Economic History*, New York: W. W. Norton.

―――― (1990), *Institutions, Institutional Change and Economic Performance*, Cambridge: Cambridge University Press (ダグラス・C・ノース，竹下公視訳『制度・制度変化・経済成果』晃洋書房，1994 年).

―――― and Robert P. Thomas (1973), *The Rise of the Western World: A New Economic History*, Cambridge: Cambridge University Press (ダグラス・C・ノース，R・P・トマス，速水融，穐本洋哉訳『西欧世界の勃興――新しい経済史の試み』増補版，ミネルヴァ書房，1994 年).

Olson, Mancur (1982), *The Rise and Decline of Nations: Economic Growth, Stagflation, and Social Rigidities*, New Haven, CT: Yale University Press (マン

サー・オルソン，加藤寛監訳『国家興亡論――「集合行為論」からみた盛衰の科学』PHP 研究所，1991 年).

O'Rourke, Kevin H. and Jeffrey G. Williamson (2000), *Globalization and History: The Evolution of a Nineteenth-Century Atlantic Economy*, Cambridge, MA: MIT Press.

Orwell, George and Reginald Reynolds (eds.) (1948), *British Pamphleteers, vol. I: From the Sixteenth Century to the French Revolution*, London: Wingate.

Pauly, Louis W. and Simon Reich (1997), National Structures and Multinational Corporate Behavior: Enduring Differences in the Age of Globalization, *International Organization*, 51 (1), 1–30.

Piore, Michael J. and Charles F. Sabel (1984), *The Second Industrial Divide: Possibilities for Prosperity*, New York: Basic Books (マイケル・J・ピオリ，チャールズ・F・セーブル，山之内靖，永易浩一，石田あつみ訳『第二の産業分水嶺』筑摩書房，1993 年).

Politische Discurs, von den eigentlichen Ursachen/deß Auff- und Abnehmens der Städt/Länder und Republicken etc. (1688/1972), unveränderter Neudruck der 3. Ausgabe Glashütten im Taunus: Auvermann.

Pollard, Sidney (1970), *The Development of the British Economy 1914–1967*, London: Arnold.

Porter, Michael E. (1990), *The Competitive Advantage of Nations*, London: The Free Press (M・E・ポーター，土岐坤，中辻萬治，小野寺武夫，戸成富美子訳『国の競争優位』上・下，ダイヤモンド社，1992 年).

Ptak, Ralf (2004), *Vom Ordoliberalismus zur Sozialen Marktwirtschaft. Stationen des Neoliberalismus in Deutschland*, Opladen: Leske+Budrich.

Quinn, John Brian (1992), *Intelligent Enterprise: A Knowledge and Service Based Paradigm for Industry*, New York: The Free Press.

Rappaport, Alfred (1986), *Creating Shareholder Value: The New Standard for Business Performance*, New York: The Free Press (A・ラパポート，古倉義彦，岡野光喜訳『株式公開と経営戦略――株主利益法の応用』東洋経済新報社，1989 年).

Reich, Simon (1990), *The Fruits of Fascism: Postwar Prosperity in Historical Perspective*, Ithaca and London: Cornell University Press.

Rhodes, Martin and Bastiaan van Apeldoorn (1997), Capitalism versus Capitalism in Western Europe, in Martin Rhodes, Paul Heywood, and Vincent Wright (eds.), *Developments in West European Politics*, New York: St. Martin's Press, 171–189.

Richta, Radovan (1971), *Richta-Report: Politische Ökonomie des 20. Jahrhunderts*, Frankfurt am Main: Makol.

Ritter, Gerhard A. und Klaus Tenfelde (1992), *Arbeiter im Deutschen Kaiserreich*

1871 bis 1914, Bonn: Dietz.

Rosenau, James N. (1990), *Turbulence in World Politics: A Theory of Change and Continuity*, New York: The Free Press.

Rosenberg, Hans (1967), *Große Depression und Bismarckzeit*, Berlin: Walter de Gruyter.

Sabel, Charles F. and Jonathan Zeitlin (eds.) (1997), *World of Possibilities: Flexibility and Mass Production in Western Industrialization*, Cambridge, UK, New York: Cambridge University Press.

Schmitter, Philippe C. (1974), Still the Century of Corporatism? *The Review of Politics*, 36 (1), 85–131.

———— (1977), Modes of Interest Intermediation and Models of Societal Change in Western Europe, *Comparative Political Studies*, 10 (1), 7–38.

Schmoller, Gustav (1898), *Über einige Grundfragen der Socialpolitik und der Volkswirtschaftslehre*, Leipzig: Duncker & Humblot.

———— (1901/04), *Grundriss der Allgemeinen Volkswirtschaftslehre*, Leipzig: Duncker & Humblot.

———— (1906), Das Verhältnis der Kartelle zum Staat, in Verein für Socialpolitik (Hg.), *Verhandlungen des Vereins für Socialpolitik am 27. und 28. September 1905 in Mannheim*, Schriften des Vereins für Socialpolitik, Bd. 116, Leipzig: Duncker & Humblot, 237–271.

Schumpeter, Joseph A. (1939), *Business Cycles: A Theoretical, Historical, and Statistical Analysis of the Capitalist Process*, vol. 1, New York: McGraw Hill (J・A・シュムペーター，金融経済研究所訳『景気循環論——資本主義過程の理論的・歴史的・統計的分析』復刻版，有斐閣，1985 年).

Scranton, Philip (1997), *Endless Novelty: Speciality Production and American Industrialization*, 1865–1925, Princeton, NJ: Princeton University Press (フィリップ・スクラントン，廣田義人，森杲，沢井実，植田浩史訳『エンドレス・ノヴェルティ——アメリカの第 2 次産業革命と専門生産』有斐閣，2004 年).

Servan-Schreiber, Jean-Jacques (1967), *Le défi americain*, Paris: Denöel.

Shonfield, Andrew (1965), *Modern Capitalism: The Changing Balance of Public and Private Power*, Oxford: Oxford University Press (A・ションフィールド，海老沢道進他訳『現代資本主義』オックスフォード大学出版局，1968 年).

Skidelsky, Robert (2000), *John Maynard Keynes: Fighting for Britain 1937–1946*, Basingstoke: MacMillan.

Smith, Adam (1811), *An Inquiry into the Nature and Causes of the Wealth of Nations*, vol. 1. Hartford: Oliver D. Cooke, 2nd edition from the 11th London edition (A・スミス，水田洋訳『国富論』上・下，河出書房新社，2005 年).

Smith, Toulmin (with an introductory essay by Lujo Brentano) (1870), *English*

Gilds, Oxford: Oxford University Press.

Sombart, Werner (1955), *Das Wirtschaftsleben im Zeitalter des Hochkapitalismus*, 2. Halbband, 4. Aufl., Berlin: Duncker & Humblot.

Soskice, David (1999), Divergent Production Regimes: Coordinated and Uncoordinated Market Economies in the 1980s and 1990s, in Herbert Kitchelt *et al.* (eds.), *Continuity and Change in Contemporary Capitalism*, Cambridge, UK: Cambridge University Press, 101–134.

——— (1999), Globalisierung und institutionelle Divergenz: Die USA und Deutschland im Vergleich, *Geschichte und Gesellschaft*, 25, 201–225.

Ständiger Ausschuß des Vereins für Socialpolitik (Hg.) (1873), *Verhandlungen der Eisenacher Versammlung zur Besprechung der sozialen Frage*, Leipzig: Duncker & Humblot.

Stokes, Raymond G. (2004), From the IG Farben Fusion to BASF AG (1925–1952), in Werner Abelshauser (ed.), *German Industry and Global Enterprise: BASF: The History of a Company*, New York and Cambridge, UK: Cambridge University Press, 206–361.

Streeck, Wolfgang (1991), On the Institutional Conditions of Diversified Quality Production, in Egon Matzner and Wolfgang Streeck, *Beyond Keynesianism: The Socio-Economics of Full Employment*, Aldershot: Elgar, 21–61.

——— (1997), German Capitalism: Does It exist? Can It Survive? in Colin Crouch and Wolfgang Streeck (eds.), *Political Economy of Modern Capitalism: Mapping Convergence and Diversity*, London: Sage, 33–54 (コーリン・クラウチ，ウォルフガング・ストリーク編，山田鋭夫訳『現代の資本主義制度——グローバリズムと多様性』NTT出版，2001 年).

——— and Kozo Yamamura (eds.) (2001), *The Origins of Nonliberal Capitalism: Germany and Japan in Comparison*, Ithaka, NY: Cornell University Press.

——— und Norbert Kluge (Hg.) (1999.), *Mitbestimmung in Deutschland: Tradition und Effizienz*, Expertenberichte für die Kommission Mitbestimmung, Bertelsmann Stiftung and Hans-Böckler-Stiftung, Frankfurt am Main and New York: Campus.

Supple, Barry E. (1959), *Commercial Crisis and Change in England 1600–1642: A Study in the Instability of a Mercantile Economy*, Cambridge, UK: Cambridge University Press.

Taylor, Frederick Winslow (1911), *Principles of Scientific Management*, New York: Harper & Brothers (フレドリック・ウィンスロー・テーラー，横河民輔訳『科学的経営法原理』横河民輔，1912 年).

Tilly, Richard (1999), *Globalisierung aus historischer Sicht und das Lernen aus der Geschichte*, Köln: Forschungsinstitut für Sozial- und Wirtschaftsgeschichte an

der Universität zu Köln.

Tiratsoo, Nick and Jim Tomlinson (1993), *Industrial Efficiency and State Intervention: Labour, 1939–1951*, London: Routledge.

Tocqueville, Alexis de (1951), *De la Démocratie en Amerique*, vol. 1, Paris(1835 年初版, A・トクヴィル, 松本礼二訳『アメリカのデモクラシー』第 1 巻上・下, 第 2 巻上・下, 岩波書店, 2005–2008 年).

Troeltsch, Ernst (1922/1965), *Die Soziallehren der christlichen Kirchen und Gruppen*, Aalen: Scientia, 2. Neudruck.

Tucholsky, Kurt (1965), Wallenstein und die Interessenten, in Fritz J. Raddatz (Hg.), *Ausgewählte Werke*, Bd. 2, Reinbek bei Hamburg: Rowohlt, 207–212 (1931 年初版).

Unwin, George (1963), *The Gilds and Companies of London* (4th ed.), London: Crank Cass & Co. (1908 年初版)

Van Hook, James C. (2004), *Rebuilding Germany: The Creation of the Social Market Economy, 1945–1957*, Cambridge, UK: Cambridge University Press.

Vaudagna, Maurizio (1981), *Corporativismo e New Deal*, Turin: Rosenberg & Sellier.

Veblen, Thorstein (1968), *Imperial Germany and the Industrial Revolution*, Ann Arbor, MI: University of Michigan Press (1915 年初版).

Wallerstein, Immanuel (1979), *The Capitalist World-Economy*, Cambridge: Cambridge University Press (I・ウォーラーステイン, 藤瀬浩司, 麻沼賢彦, 金井雄一訳『資本主義世界経済 I——中核と周辺の不平等』, 日南田靜眞監訳『資本主義世界経済 II——階級・エスニシティの不平等, 国際政治』名古屋大学出版会, 1987 年.

Wallis, John J. and Douglass C. North (1986), Measuring the Transaction Sector in the American Economy 1870–1970, in Stanley L. Engerman and Robert E. Gallman (eds.), *Long-Term Factors in American Economic Growth*, Chicago: Chicago University Press, 95–161.

Weber, Max (1922), *Wirtschaft und Gesellschaft*, Tübingen: Mohr.

Wehler, Hans-Ulrich (2002), Sonderwegsdebatte, in Michael Behnen (Hg.), *Lexikon der deutschen Geschichte 1945–1990*, Stuttgart: Kröner, 531–534.

Wellhöner, Volker (1996), *Wirtschaftswunder – Weltmarkt – westdeutscher Fordismus: Der Fall Volkswagen*, Münster: Dampfboot.

Wengel, Jürgen und Gunter Lay (September 2001), Deutschland und die USA auf verschiedenen Wegen: Konzepte der Produktionsmodernisierung im Vergleich, *Fraunhofer ISI, Mitteilungen aus der Produktionsinnovationserhebung*, 23.

Whiteside, Noel and Robert Salais (1997), *Governance, Industry and Labour Markets in Britain and France, 1930–1960: The Modernizing State*, London:

Routledge.

Whitley, Richard (1994), Dominant Forms of Economic Organization in Market Economies, *Organization Studies*, 15 (2), 153–182.

———— and Peer Hull Kristensen (eds.) (1996), *The Changing European Firm: Limits to Convergence*, London: Routledge.

Wilkins, Mira (1989), *The History of Foreign Investment in the United States to 1914*, Cambridge, MA: Harvard University Press.

———— (ed.) (1991), *The Growth of Multinationals*, Aldershot, England: Elgar.

———— and Frank Ernest Hill (1964), *American Business Abroad: Ford on Six Continents*, Detroit: Wayne State University Press.

———— and Harm G. Schröter (1999), *The Free-Standing Company in the World Economy, 1830–1996*, Oxford: Oxford University Press.

Williamson, Jeffrey G. (1984), Why Was British Growth so Slow during the Industrial Revolution? *Journal of Economic History*, 44, 687–712.

Williamson, Oliver E. (1985), *The Economic Institutions of Capitalism: Firms, Markets, Relational Contracting*, New York: The Free Press.

Windolf, Paul (Hg.) (2005), *Finanzmarkt-Kapitalismus. Analysen zum Wandel von Produktionsregimen* (=Sonderheft 45 der Kölner Zeitschrift für Soziologie und Sozialpsychologie), Wiesbaden.

Wrigley, Edward A. (1988), *Continuity, Chance and Change: The Character of the Industrial Revolution in England*, Cambridge: Cambridge University Press (E・A・リグリィ，近藤正臣訳『エネルギーと産業革命——連続性・偶然・変化』同文舘出版，1991 年).

Yamamura, Kozo and Wolfgang Streeck (eds.) (2003), *The End of Diversity? Prospects for German and Japanese Capitalism*, Ithaka, NY: Cornell University Press.

Zeitlin, Jonathan and Gary Herrigel (eds.) (2000), *Americanization and Its Limits: Reworking US Technology and Management in Post-War Europe and Japan*, Oxford, UK, New York: Oxford University Press.

Zilbert, Edward R. (1981), *Albert Speer and the Nazi Ministry of Arms: Economic Institutions and Industrial Production in the German War Economy*, London: Associated University Presses.

アーベルスハウザー著作一覧(刊行年の新しい順に)

著書，共著への寄稿

Nach dem Wirtschaftswunder. Der Gewerkschafter, Politiker und Unternehmer Hans Matthöfer, Bonn 2009.

Des Kaisers neue Kleider? Wandlungen der Sozialen Marktwirtschaft (=Roman Herzog Institut, Position 7), München 2009.

Europas Schicksal: Wirtschaft oder Politik? Die Montanunion als Lehrstück europäischer Integration (=Schriften der Stiftung Bibliothek des Ruhrgebiets 24), Bochum 2008.

Kulturkampf. Der deutsche Weg in die Neue Wirtschaft und die amerikanische Herausforderung, Berlin 2003 (2. Auflage in Vorbereitung, Berlin 2009). (英訳: *The Dynamics of German Industry. Germany's Path toward the New Economy and the American Challenge* [=Making Sense of History. Studies in Historical Cultures, 6], New York, Oxford 2005.)

Deutsche Wirtschaftsgeschichte seit 1945, München 2004 (=Schriftenreihe der Bundeszentrale für politische Bildung, 460, Bonn 2004.)

Rüstungsschmiede der Nation? Der Kruppkonzern im Dritten Reich und in der Nachkriegszeit 1933–1951, in: *Krupp im 20. Jahrhundert. Die Geschichte des Unternehmens vom Ersten Weltkrieg bis zur Gründung der Stiftung*, hrsg. v. L. Gall, Berlin 2002, Teil III.

Vom wirtschaftlichen Wert der Mitbestimmung. Neue Perspektiven ihrer Geschichte in Deutschland, Expertise für das Projekt Mitbestimmung und neue Unternehmenskulturen der Bertelsmann Stiftung und der Hans-Böckler-Stiftung, Gütersloh 1998.

Wirtschaft und Rüstung in den Fünfziger Jahren (=*Anfänge westdeutscher Sicherheitspolitik 1945–1956*, Bd. 4/1, hrsg. v. Militärgeschichtlichen Forschungsamt), München 1997.

Zur Vorbeugung der Armuth.... Der Kreis Herford im Spiegel seiner Sparkasse 1846–1996, Stuttgart 1996.

Revolution in Rheinland und Westfalen. Quellen zu Politik, Wirtschaft und Gesellschaft 1918–1923, Essen 1988 (zusammen mit Ralf Himmelmann).

Die Langen Fünfziger Jahre: Wirtschaft und Gesellschaft der Bundesrepublik Deutschland 1949–1966, Düsseldorf 1987.

Der Ruhrkohlenbergbau seit 1945. Wiederaufbau, Krise, Anpassung, München

1984.

Wirtschaftsgeschichte der Bundesrepublik Deutschland, 1945–1980 (=Neue Historische Bibliothek, es 1241), [1. Aufl. Frankfurt/M. 1983], 7. Aufl. Frankfurt/M. 1993. (酒井昌美訳『現代ドイツ経済論――1945-80年代にいたる経済史的構造分析』朝日出版社，1994年)

Eine nationalsozialistische Sozialrevolution? (=Nationalsozialismus im Unterricht, Teil 4: Wirtschafts- und Sozialpolitik, hrsg. v. Deutschen Institut für Fernstudien 〈DIFF〉, Tübingen), Weinheim 1983 (zusammen mit Anselm Faust).

Sozialgeschichtliches Arbeitsbuch III. Materialien zur Statistik des Deutschen Reiches 1914–1945, München 1978 (zusammen mit Dietmar Petzina und Anselm Faust).

Wirtschaft in Westdeutschland 1945–1948. Rekonstruktion und Wachstumsbedingungen in der amerikanischen und britischen Zone (=Schriftenreihe der Vierteljahrshefte für Zeitgeschichte, 30), Stuttgart 1975.

編著

Tempora. Deutschland und Europa in der Weltwirtschaft von 1945 bis in die Gegenwart: Quellen zur Geschichte und Politik, Stuttgart und Leipzig 2007 (Zusammen mit Reinhard Neebe).

Tempora. Deutschland und Europa in der Weltwirtschaft bis 1945: Quellen zur Geschichte und Politik, Stuttgart und Leipzig 2007 (Zusammen mit Reinhard Neebe).

Goering's Atlas. Das Handwerkszeug des Wirtschaftsdiktators: Geheimes Kartenmaterial aus dem Büro des Beauftragten für den Vierjahresplan, Braunschweig 2004. [kommentierter Nachdruck der OMGUS-Ausgabe von 1946] (英訳: *Goering's Atlas. The Insignia of the Arms Dictator. Secret Cartographic Material from the Office of the Plenipotentiary for the Four-Year-Plan Reich Marshal Hermann Göring*, New York 2005.)

Die BASF: Eine Unternehmensgeschichte [1. Aufl. 2002], 2. Aufl, München 2003. (英訳: *German Industry and Global Enterprise. BASF: The History of a Company*, hrsg. v. W. Abelshauser, Cambridge, New York 2004.)

Wirtschaftsordnung, Staat und Unternehmen. Neuere Forschungen zur Wirtschaftsgeschichte des Nationalsozialismus. Festschrift für Dietmar Petzina, Essen 2003 (zusammen mit J.-O. Hesse u. W. Plumpe).

Unternehmenskultur und Weltmarkt. Reden, hrsg. v. W. Abelshauser, Max Dietrich Kley u. Otto Graf Lambsdorff, München 2003.

Neue Institutionenökonomik als Historische Sozialwissenschaft (Themenheft),

Geschichte und Gesellschaft 27 (2001), Heft 4.

Bibliographie zur Wirtschaft Ostwestfalen-Lippes seit 1815, Essen 2000.

Die etwas andere Industrialisierung. Studien zur Wirtschaftsgeschichte des Minden-Lübbecker Landes im 19. und 20. Jahrhundert, Essen 1999.

Politische Ökonomie (Themenheft), *Geschichte und Gesellschaft* 25 (1999), Heft 2.

Soziale Sicherung in vergleichender Perspektive: Deutschland und Frankreich (Themenheft), *Geschichte und Gesellschaft* 22 (1996), Heft 3.

Umweltgeschichte. Umweltverträgliches Wirtschaften in historischer Perspektive (=*Geschichte und Gesellschaft*, Sonderheft 15), Göttingen 1994.

Konflikt und Kooperation. Strategien europäischer Gewerkschaften im 20. Jahrhundert, Essen 1988.

Die Weimarer Republik als Wohlfahrtsstaat. Zum Verhältnis von Wirtschafts- und Sozialpolitik in der Industriegesellschaft (=Beiheft 81 der *Vierteljahrsschrift für Sozial- und Wirtschaftsgeschichte*), Stuttgart 1987.

Deutsche Sozialgeschichte 1914–1945. Ein historisches Lesebuch, München 1985 (zusammen mit Anselm Faust und Dietmar Petzina).

Deutsche Wirtschaftsgeschichte im Industriezeitalter. Konjunktur, Krise, Wachstum, Königstein/Taunus und Düsseldorf 1981 (zusammen mit Dietmar Petzina).